编写人员

主　编：董浩晴　赵卫宽

副主编：张　侃　胡　瑛

参　编：（以撰写内容先后为序）

赵卫宽　张　丽　张　侃　郑雅方

韩文伟　王俊杰　胡　瑛　董浩晴

新时代司法职业教育"双高"建设精品教材

罪犯心理分析

董浩晴　赵卫宽 ◎ 主编

华中科技大学出版社
http://press.hust.edu.cn
中国·武汉

内 容 提 要

本教材积极破解文科教材理论与实践编制的难题，创新构建教材内容的知识技能体系。全书分为导论、罪犯心理的结构和变化、罪犯改造动机、罪犯服刑态度、罪犯群体心理、罪犯类型心理、罪犯违规心理、罪犯异常心理八个学习单元，每个学习单元包括知识导航、项目学习、操作训练和思考练习等模块。本教材旨在打破传统教材的学科知识体系，以职业能力为依据确定课程内容，以工作过程为线索组织内容结构，以项目任务为载体设计教学活动，以认知过程为基础安排学习顺序，以岗位要求为标准评价学习效果。坚持以"学生为中心、能力为本位"，以实际工作任务为导向，进行教学做一体化设计。

图书在版编目（CIP）数据

罪犯心理分析／董浩晴，赵卫宽主编．－－武汉：华中科技大学出版社，2024.6．－－（新时代司法职业教育"双高"建设精品教材）．－－ISBN 978-7-5772-0956-2

Ⅰ．D917.2

中国国家版本馆 CIP 数据核字第 2024RW5018 号

罪犯心理分析
Zuifan Xinli Fenxi

董浩晴　赵卫宽　主编

策划编辑：	张馨芳
责任编辑：	苏克超
封面设计：	孙雅丽
版式设计：	赵慧萍
责任校对：	张汇娟
责任监印：	周治超
出版发行：	华中科技大学出版社（中国·武汉）　电话：（027）81321913
	武汉市东湖新技术开发区华工科技园　邮编：430223
录　　排：	华中科技大学出版社美编室
印　　刷：	武汉科源印刷设计有限公司
开　　本：	787mm×1092mm　1/16
印　　张：	13.25　　插页：2
字　　数：	296 千字
版　　次：	2024 年 6 月第 1 版第 1 次印刷
定　　价：	58.00 元

本书若有印装质量问题，请向出版社营销中心调换
全国免费服务热线：400-6679-118　竭诚为您服务
版权所有　侵权必究

PREFACE 编写说明

罪犯心理分析课程是司法职业教育类"刑事执行专业"的核心课程。《罪犯心理分析》教材编写旨在紧跟时代变化,突出内容的时效性,确保学生能够掌握前沿理论及最新的司法实践。本教材的编写围绕培养学生运用心理学相关原理进行分析的能力,旨在提高学生的专业水平,使其能够灵活应对罪犯改造中的各种复杂情况。

司法警官职业教育的使命在于培养具备司法实践能力的专业人才以满足社会需求。在这一使命的引领下,本教材的编写不仅着眼于满足学生的学习需求,更注重培养学生的创新思维和实践能力。我们力求以高水准、高品质、独具特色的教学内容,为学生提供一份全面而深入的学习资料,助力他们在司法行政领域的专业成长。

本教材坚持以习近平新时代中国特色社会主义思想为指导,全面贯彻党的二十大精神,深入贯彻习近平法治思想,结合最新的相关理论及司法改革趋势,吸收了罪犯监管改造研究的最新成果。全书共分8个学习单元,涵盖导论、罪犯心理的结构和变化、罪犯改造动机、罪犯服刑态度、罪犯群体心理、罪犯类型心理、罪犯违规心理、罪犯异常心理等内容,旨在为学生提供系统全面的罪犯心理分析知识和职业技能,为其未来的工作奠定坚实的理论基础。

本教材适用于司法行政系统所属院校司法行政警察类专业、高职高专公安司法类相关专业,同时适用于监狱在职民警业务培训。

本教材由董浩晴、赵卫宽担任主编,张侃、胡瑛担任副主编。编写团队由多位长期从事罪犯心理分析、承担罪犯教育课程授课任务的资深教师组成,他们在教学实践中积累了丰富的经验,并具备较高的理论水平。在编写过程中,注重确保教材体系完备、内容详略得当,合理且必要地编排案例,帮助学生更加深入地理解和灵活运用所学知识技能。

本教材学习单元1由赵卫宽撰写,学习单元2、学习单元3由张丽撰写,学习单元4由张侃、郑雅方撰写,学习单元5由韩文伟、王俊杰撰写,学习单元6、学习单元7由胡瑛撰写,学习单元8由董浩晴撰写。

本书参考、借鉴了罪犯心理分析方面的有关教材、专著、论文和网络信息资源，并引用了一些相关的文字、图片等资料，恕不一一注明，谨向相关作者表示衷心的谢意！同时，我们也热诚欢迎广大教育工作者和专业人士对本教材提出宝贵的意见和建议，共同努力，促进司法警官职业教育的发展和进步，为法治事业贡献力量。

《罪犯心理分析》编写组

2024 年 4 月 19 日

目录

学习单元 1　导论 ··· 1
　学习任务 1　罪犯心理分析的概念　/ 2
　学习任务 2　罪犯心理分析的课程内容和体系　/ 10
　学习任务 3　罪犯心理分析的方法　/ 12

学习单元 2　罪犯心理的结构和变化 ·· 24
　学习任务 1　罪犯心理结构　/ 25
　学习任务 2　罪犯心理变化　/ 39

学习单元 3　罪犯改造动机 ·· 43
　学习任务 1　罪犯改造动机概述　/ 45
　学习任务 2　罪犯改造动机的形成　/ 48
　学习任务 3　罪犯积极改造动机及其激励　/ 53
　学习任务 4　罪犯抗拒改造动机及其控制　/ 57

学习单元 4　罪犯服刑态度 ·· 60
　学习任务 1　罪犯服刑态度概述　/ 61
　学习任务 2　罪犯服刑态度的形成　/ 64
　学习任务 3　罪犯服刑态度的转变　/ 67

学习单元 5　罪犯群体心理 ·· 83
　学习任务 1　罪犯群体与群体心理概述　/ 85
　学习任务 2　罪犯群体心理效应与群体行为　/ 94
　学习任务 3　罪犯非正式群体　/ 104
　学习任务 4　罪犯群体的人际互动　/ 113

学习单元 6　罪犯类型心理……………………………………………………121
学习任务 1　罪犯分类概述　/ 122
学习任务 2　不同犯罪类型罪犯心理　/ 123
学习任务 3　特殊类型罪犯心理　/ 133

学习单元 7　罪犯违规心理……………………………………………………145
学习任务 1　罪犯违规心理概述　/ 147
学习任务 2　罪犯自杀自伤心理　/ 152
学习任务 3　罪犯诈病心理　/ 162
学习任务 4　罪犯不服管教、拒绝劳动心理　/ 165
学习任务 5　罪犯脱逃心理　/ 171

学习单元 8　罪犯异常心理……………………………………………………178
学习任务 1　罪犯异常心理概述　/ 180
学习任务 2　心理问题　/ 182
学习任务 3　神经症　/ 187
学习任务 4　人格障碍　/ 194
学习任务 5　精神病　/ 197

参考文献………………………………………………………………………204

学习单元 1

导论

知识导航

一、学习内容导图

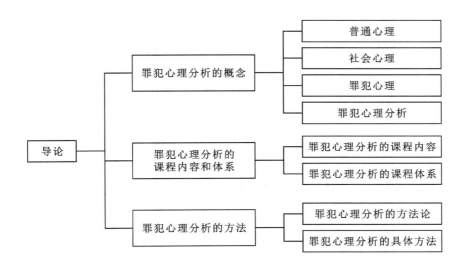

二、学习任务目标

（1）了解罪犯心理分析的概念、罪犯心理分析的课程内容和体系、罪犯心理分析的方法。

（2）根据相关知识理解和运用罪犯心理分析的基本原理。

（3）培养科学精神、精细严谨的态度；强化系统思维、辩证思维和创新思维，以及理论联系实际的作风。

三、学习情境导入

评估有再犯罪危险，依法不予假释

罪犯富某，因犯抢劫罪、盗窃罪，于2008年6月被判处有期徒刑15年，剥夺政治权利1年，并处罚金人民币35000元。判决生效后交付执行。2012年1月、2014年5月各减刑1年；2016年4月减刑5个月。已执行刑期10年11个月。执行机关以罪犯富某确有悔改表现，假释后没有再犯罪危险为由，报请对其予以假释。某市人民检察院向某市中级人民法院提交了检察意见书，认为该犯多次违反监规，不能认为确有悔改表现，因此不同意执行机关提请的假释意见。某市中级人民法院于2018年12月4日立案后，依法在罪犯服刑场所的公共区域和互联网进行了公示，并于12月13日公开开庭审理了本案。经综合评估，认为该犯假释后有再犯罪的危险。因此，依法裁定对罪犯富某不予假释。

从罪犯心理分析的角度，探讨危险评估对罪犯假释的影响。

项目学习

学习任务1　罪犯心理分析的概念

一、普通心理

理是事物本身的次序。心理，字意为心中包含的情理，是指人类对客观物质世界的主观反映。人的心理活动经常表现出来的各种形式、形态或状态叫作心理现象。从心理的动态-稳态维度划分，可分为心理过程、心理状态和个性心理；从心理的能否被觉知来分，可分为意识和无意识。心理现象既是人脑的机能，又受社会的制约，是自然和社会相结合的产物。意识是心理发展的最高层次，只有人才有意识。

图1-1为心理现象结构图。

```
          ┌ 心理过程 ┌ 认识过程（知）：感觉、知觉、记忆、表象、言语、思维、想象等
          │ (共性)  │ 情感过程（情）：情绪和情感，以及喜怒哀乐爱憎惧等，是态度体验
          │ (动态)  └ 意志过程（意）：与克服困难相联系的决断和坚持等
心理现象    │ 心理状态 ┌ 认识状态：好奇、疑惑、深思、注意等
(动态·稳态) ┤ (暂时状态)┤ 情感状态：淡泊、焦虑、渴求等
          │         └ 意志状态：克制、犹豫、镇定等
          │ 个性心理 ┌ 倾向性（动力系统）：需要、动机、兴趣、态度、价值观、信仰等
          │ (个性)  │ 心理特征：气质、性格、能力、智能等
          └ 稳态    └ 调控（核心是自我意识）：自我认识、自我情感、自我控制等
```

图 1-1　心理现象结构图

（一）心理过程

心理过程指一个人心理现象的动态过程。包括认识过程、情感过程和意志过程，反映正常个体心理现象的共同性。感觉、知觉、表象、记忆、想象、思维等属于认识过程；快乐、悲哀、愤怒、恐惧等是情感过程；决心、毅力、目的性、自制力等体现了意志过程。

心理支配人的行为活动，又可以通过行为活动表现出来。知是人脑接受外界输入的信息，经过头脑的加工处理转换成内在的心理活动，进而支配人的行为的过程；情是人在认知输入信息的基础上所产生的满意、不满意、喜爱、厌恶、憎恨等主观体验；意是指推动人的奋斗目标并且维持这些行为的内部动力。知、情、意是人类心理活动的三种基本形式，分别是对事实关系、价值关系和自身行为关系的一种主观反映。人为了生存和发展就必须首先感知和了解各种事物的事实关系，其次要掌握这些事物对于人的价值关系，最后要掌握每个行为的价值关系并且判断、选择、组织和实施一个最佳的行动方案。人们活动的时候，通过各种感官认识外部世界事物，通过头脑的活动思考着事物的因果关系，并伴随着喜怒哀乐等情感体验。

从广义角度来看，知、情、意都是认知活动，只是各自侧重于不同的角度。情感侧重于从意义的角度进行认知，意志侧重于从行为效应的角度进行认知。认知主要是关于"是如何"的认识，情感主要是关于"应如何"的认识，意志主要是关于"怎么办"的认识。情感是一种特殊的认知，意志又是一种特殊的情感。情感以认知为基础，认知以情感为导向；意志以情感为基础，情感以意志为导向。

知识拓展

情感机器人

情感是人脑对于事物价值特征的主观反映。情感机器人是在普通机器人的基础上，植入价值变量数据库，从而使机器人拥有"情感态度体验"。

> 情感机器人能精准捕捉人类的开心、惊讶、生气、悲伤等情感。能运用情感识别功能对附近的人做出反应：讲笑话、跳舞，甚至说唱。还能与人进行眼神交流。
> 2017年12月5日，合肥工业大学正式发布了由该校科研团队研制的情感机器人"任思思"和"任想想"。其情感计算与先进智能机器实验室是国内首个以情感计算命名的实验室。围绕情感计算与先进智能机器，凝练出六个具体的研究方向：情感计算、自然语言处理、听觉信息认知计算、视觉信息认知计算、情感可穿戴计算、机器人云理论及其应用。

（二）个性心理

个性心理是一个人在社会生活实践中形成的相对稳定的各种心理现象的总合。个性心理简称个性或人格，包括个性倾向性、个性自我调控和个性心理特征等，反映人的心理现象的个别性的一面。个性倾向性是推动人进行活动的动力系统，它由需要、动机、兴趣、信念、理想、世界观、价值观等组成。个性自我调节的核心是自我意识，它包含知、情、意三种成分。个性心理特征由人的能力（含智力）、气质和性格组成。

个性心理是在完成一般心理过程后发展起来的，没有一般的心理过程的发生发展，就不可能有个性心理的发生、发展。也可以比喻为：一般的心理过程是基础，个性心理是上层建筑。

（三）心理状态

状态是人或事物表现出的形态。心理状态指心理活动在一定时间内的完整特征。如注意、疲劳、紧张、轻松、忧伤、喜悦等。心理状态犹如心理活动的背景，心理状态的不同，可能使心理活动表现出很大的差异性，心理状态是联系心理过程和心理特征的过渡阶段。心理状态的主要构成成分可以分为认知的心理状态、情感的心理状态、意志的心理状态。一个人在特定时刻的心理状态，是当前事物引起的心理过程、过去形成的个性特征和以前的心理状态相结合的产物。

状态与过程是一对范畴，状态是过程历时态中的局部或片段，是组成某种过程的最小单位。广义心理过程是由心理状态的集合组成的。在宏观尺度上为状态的，在更微观的尺度上为另一低层次及相应质的过程，反之亦然。心理过程都是在一定的心理状态的背景中进行，都表现为一定的心理状态。如注意的分散与集中；思维的明确性、迅速性和灵感状态；情绪的激动与沉着；意志方面的果断与犹豫等。

心理状态既有各种心理过程的成分，又有个性差异的色彩。心理过程是不断变化着的、暂时性的，个性心理特征是稳固的，而心理状态则是介于二者之间的，既有暂时性，又有稳固性，是心理过程与个性心理特征统一的表现。心理状态是个别心理过程的结合、统一，往往成为某种个性特征的表现，反映出一个人的个性面貌。但是，心理状态既不像个性差异那样持久、稳定，也不像心理过程那样流动变化，它一经产生即可以持续一段时间，从几分钟到几天，甚至几个月或几年，它是一种暂时的或动态的稳定性存在。

二、社会心理

社会心理是个体和群体在社会相互作用中的心理和行为，社会心理的研究主要探讨人类社会行为的心理根据。社会心理可以分为个体心理和群体心理。

（一）个体心理

个体心理即体现社会思维的个体社会心理，是指受他人和群体制约的个人的思想、感情和行为。个体心理主要涉及与个体有关的心理与行为，个体知觉自己和他人，个体的信念、判断、态度。例如，社会动机与工作绩效，社会态度及态度改变，社会认知与自我意识，社会判断与社会印象，人格与社会发展，应激和情绪问题，归因问题等。

（二）群体心理

群体心理即体现社会关系和社会影响的群体社会心理，是指人们在共同活动中所产生的群体本身特有的心理现象，是人际的相互作用。主要从宏观环境与群体的角度研究人类心理与行为，既有群体对个体的影响，也有个体对群体的影响，这些影响改变着群体。社会关系方面，例如，人际知觉与人际吸引，竞争与合作，侵犯和助人等；社会影响方面，例如，社会促进与社会抑制，社会交换与社会影响，群体压力与群体凝聚力，社会心理气氛与公众心态，从众和服从，责任扩散与群体去个性化，逆反心理与排外意识，群体过程与群体决策等。

社会心理是在社会成员共同生活下产生的，它具有个体心理的全部特点，但又不是个体心理的全部总和。社会心理离不开个体心理，但是对个体心理来说社会心理又是重要的社会现实，直接影响个体心理的产生和发展。

三、罪犯心理

罪犯心理是罪犯在服刑期间存在的，其原有心理与服刑环境相互作用下产生的，并通过服刑活动表现出来的心理和行为的总和。辩证唯物主义认为，心理是人脑的机能，是人脑对客观现实的反映，罪犯心理也不例外。罪犯心理是罪犯大脑对监狱惩罚、改造、教育等客观现实的反映。罪犯心理的产生条件和构成内容与常人不同，主要表现在如下方面。

（一）罪犯心理是在特定的时空条件下产生

罪犯心理实际上是一种监狱社会心理。罪犯心理在特定时间——服刑改造时期，特定空间——监狱环境下产生。人的心理就其内容来说都来自客观现实，客观现实是心理的源泉，心理是对客观现实的反映。罪犯过去的生活环境构成了其原有的心理源泉，新的监狱生活环境，则是其新服刑心理产生的源泉。

（二）罪犯心理是服刑前已存在的心理与服刑环境相互作用的产物

人脑不是复印机而是加工器。人在新事物作用下所产生的反映，均经过已有的知识、经验以及个人特征的折射，带有主观性。同样，罪犯心理也是其对周围客观现实的主观反映，罪犯对服刑环境的反映必然通过其原有的心理进行。罪犯的原有心理，既有常态心理，也有区别于常人的犯罪心理和在接受刑事审判过程中形成的刑罚心理。

（三）罪犯心理存在于其服刑活动中并通过服刑活动得以表现

人们对客观现实的反映不是机械的、静止的、孤立的，而是通过活动完成，并在活动中表现出来。罪犯心理也是在服刑活动中形成，并在服刑活动中随着客观因素的变化而变化。

时政链接

加强社会心理服务体系建设

习近平总书记在党的十九大报告中指出，加强社会心理服务体系建设，培育自尊自信、理性平和、积极向上的社会心态。

国家"十三五"规划纲要提出，健全社会心理服务体系，加强对特殊人群的心理疏导和矫治。

心理困惑大多数人都有，大多数人都需要社会心理服务和支持。罪犯心理是一种监狱社会心理，罪犯也是特殊人群，需要强化对他们的心理疏导和心理矫治，培育其自尊自信、理性平和、积极向上的健康心态。

四、罪犯心理分析

（一）罪犯心理分析的含义

罪犯心理分析主要是指对罪犯行为的心理根据及其调控进行调查解析，为各项罪犯改造工作提供依据。

应综合运用行为观察、调查访谈、心理测验等方法，对罪犯的智力水平、人格特征、行为表现、心理健康状况、潜在危险性、改造质量等进行评价和鉴定。重点分析罪犯的心理结构及变化规律，揭示罪犯个体心理、群体心理、违规心理、异常心理特征，为科学地开展监管、教育、劳动、心理矫治等提供依据。同时，通过对罪犯积极行为和消极行为的心理分析，引导罪犯消除和减少犯罪心理和其他消极心理，建立和强化守法心理和其他积极心理。

（二）罪犯心理分析的历史发展

1. 西方国家有关罪犯心理的分析研究

为什么要分析研究罪犯心理？这是人们首先要思考的一个问题。刑事科学从对犯罪行为的关注转移到对犯罪人的重视，使罪犯心理的分析研究成为必要。

与犯罪古典学派认为人有自由意志，可选择犯罪和守法行为不同，犯罪实证学派认为外在的环境因素可影响一个人的行为类型，就影响犯罪人形成犯罪倾向的个体因素、社会因素展开研究，对犯罪探讨的重点从犯罪行为转向犯罪人。主张应排除或改善可能影响人犯罪的因素，通过对犯罪的社会预防和个别预防达到社会防卫的目的，刑罚也从单纯的惩罚转入到对罪犯治疗、矫治的关注，由对已然的犯罪行为的惩处转到未然的犯罪行为的防范上来。认为刑罚是改善性格的一种手段，强调与犯罪做斗争的中心在于犯罪人的人身危险性、反社会性格。关注罪犯生理、心理与犯罪行为之间的联系，不仅赋予了刑罚新的使命，也使罪犯心理的研究成为必要。

19世纪末20世纪初以来，对罪犯进行心理分析，并在此基础上进行心理矫治，一直是西方国家监狱和矫正机构的重要工作。但是到了20世纪70年代以后，这项工作遇到了巨大的挑战。其主要原因是一些人对罪犯矫治效果的评价持否定态度。其中具有代表性的是美国社会学家马丁森和他的两位同事考察了1194种矫正方法后，发表研究报告，提出了矫正对减少重新犯罪没有产生效果的观点，引起巨大反响，被称为"马丁森炸弹"。还有一些研究人员则对罪犯的矫治效果持肯定性评价，并认为，以现代心理科学和行为科学为基础的心理矫治不仅不会消失，而且会得到进一步发展。

2. 我国有关罪犯心理的分析研究

我国对罪犯心理的分析研究开始于20世纪80年代初期。当时社会治安问题尤其是青少年犯罪现象十分突出，监狱的罪犯不仅在数量上增加，而且在构成上与过去相比也发生了很大的变化。如何认识罪犯，并在此基础上改造罪犯，成为十分紧迫的理论和实践课题。1981年8月18日至9月9日"八劳"会议上，时任中共中央书记处书记、全国人大常委会副委员长习仲勋同志代表党中央到会作了重要讲话，建议公安部成立一个"犯人心理研究所"，首次提出开展对罪犯心理的研究。

中央司法警官学院何为民于1981年11月3日在《光明日报》上发表了题为《研究罪犯心理学的实践意义》一文，该文是最早关于建立罪犯心理学的理论文章。此后，罪犯心理分析矫治的教学与研究也逐步开展。司法部先后组织编写了《罪犯改造心理学》《罪犯心理学》《罪犯心理与矫正》等中职、高职专业教材。中央司法警官学院等也组织编写了《罪犯改造心理学》《罪犯心理矫治》等普通本科专业教材。

20世纪80年代末，我国监狱兴起了新的改造罪犯的方法——罪犯心理矫治，罪犯心理矫治的教学与研究进一步发展。从1987年到1993年，湖北省警官学校（现武汉警官职业学院）曹中友、赵卫宽、张德君等人在《湖北新生报》发表"罪犯心理咨询"专栏文章20多篇，曹中友著有《罪犯反改造心理与对策》一书。1997年9月，湖北省警官学校在全国首次开班"罪犯心理矫治专业"，并组织编写一套罪犯心理矫治专业系列教材。2015年，广东司法警官职业学院范辉清主编的教材《罪犯心理分析与治疗》出版；2022年，浙江警官职业学院邵晓顺主编的活页式教材《罪犯心理分析》出版。

在罪犯心理分析研究中，特别关注罪犯的人身危险性、反社会性格等危险心理测评分析，并根据危险评估情况，强化罪犯的危险控制措施，确保监狱安全稳定，降低重新犯罪率。经评估没有再犯罪危险的，才可以假释。司法部监狱管理局2016年4月21日发布的《关于开展罪犯危险性评估工作的意见（试行）》要求，对罪犯发生危及监狱秩序与稳定的脱逃、行凶、暴狱、抗改、自杀等行为以及再犯罪的可能性进行系统科学的评估和预测。2004年，浙江警官职业学院黄兴瑞著的《人身危险性的评估与控制》一书出版。2009年，汕头大学杨诚、中国政法大学王平主编的《罪犯风险评估与管理：加拿大刑事司法的视角》出版。2018年，江苏省监狱管理局吴旭主编的《罪犯再犯危险与矫正需求评估量表研发报告与指导手册》出版。

我国台湾地区对罪犯心理分析与矫治开展了有价值的研究。具有代表性的成果有蔡墩铭于1988年7月出版的《矫治心理学》，张甘妹、韩忠谟与周治平于1965年至1969年主持完成的"再犯预测研究"。

知识拓展

假释罪犯的危险预测分析

美国芝加哥大学的伯吉斯教授对伊利诺伊州的彭的克、门那尔、朱利三所矫治机构（监狱）假释的3000名犯罪者（各所1000名）进行了假释前生活经历的调查。根据收集的资料，选出21个预测因子，并对各因子给予一定的分数。再根据假释者所得分数的多少，制作成分数与假释成功之间的关联表。分数越高，假释成功的可能性越大，反之，则再犯的可能性越大。该表实际上就是世界上最早的再犯预测表。21个预测因子为：犯罪性质，共同犯罪情况，国籍，父母情况，婚姻情况，犯罪类型，社区情况，犯罪发生的地点，所居住社区的大小，提请假释时的年龄，智力情况，近邻的类型，逮捕时是否有住所，法院在判决时是否宽大，入监前是否有诉辩交易，刑期，假释提请前服刑期，前科情况，以往职业的记录，监狱内服刑表现，性格与精神医学诊断结论。在此基础上，构建了预测因子给点方法（见表1-1）和假释时罪犯危险预测表（见表1-2）。

表1-1　预测因子给点方法

假释前的职业记录	矫治机构假释违反率		
	彭的克	门那尔	朱利
无职业	28.0%	25.0%	44.4%
有偶然的职业	27.5%	31.4%	30.3%
有不规则的职业	15.8%	2.3%	24.3%
有规则的职业	8.8%	5.2%	12.2%

表1-2　假释时罪犯危险预测表

计分情况	假释成功或者失败期待	
	失败的比率/（%）	成功的比率/（%）
16~21分	1.5	98.5
14~15分	2.2	97.8
13分	8.8	91.2
12分	15.1	84.9

续表

计分情况	假释成功或者失败期待	
	失败的比率/（%）	成功的比率/（%）
11分	22.7	77.3
10分	34.1	65.9
7~9分	43.9	56.1
5~6分	67.1	32.9
2~4分	76.0	24.0

学习任务 2　罪犯心理分析的课程内容和体系

一、罪犯心理分析的课程内容

罪犯心理分析课程研究，在刑罚执行条件下，罪犯心理的形成、发展、变化及其规律。

（一）罪犯心理分析的基本原理

罪犯心理分析的基本原理主要包括以下内容。
（1）罪犯心理分析的概念、内容、方法，实践领域应用等。
（2）罪犯心理的形态。罪犯心理的形态是指罪犯心理的静态要素结构和动态变化规律。可以从两个方面来把握：一是从横向概括不同类型不同个体的罪犯心理在结构内容上有何共性；二是从纵向研究罪犯的心理如何形成，如何发展变化，其转化的动力、过程是什么，其恶性变化有何原因，如何表现。

（二）罪犯的个体心理

研究罪犯心理，重在揭示监狱社会环境中罪犯的行为及其心理根据，包括罪犯在服刑期间形成的特殊个体心理、群体心理和互动心理。

罪犯个体心理是罪犯心理现象中最典型、最稳定的成分，它体现了罪犯与正常人的主要差异，是罪犯心理研究的核心内容。罪犯个体心理最典型的因素是罪犯的认知、动机、态度和自我意识等。这些因素同时体现了在监狱社会环境中，罪犯的社会动机、社会态度和自我同一性等社会心理特征。

（三）罪犯的群体心理

监狱这一特殊的环境使罪犯形成一个特殊的群体。罪犯这一群体中有着特殊的人际关系和特殊的群体氛围。同时，由于罪犯的犯罪经历、犯罪性质、刑期以及年龄、性别、民族等属性不同，存在大群体心理及行为差异，需要对罪犯心理的这些类型特征进行研究。

（四）罪犯的特殊心理

罪犯的特殊心理，是指罪犯在服刑环境的社会互动中，出现的违规、又犯罪的攻击行为心理，以及异常心理。罪犯在服刑环境的社会互动中，会出现一些违规性的攻击侵犯行为。例如，一些罪犯因对前途悲观而产生自杀、自残心理，因逃避或抗拒改造而产生诈病心理，更严重的会出现脱逃、破坏监狱秩序等又犯罪心理。罪犯心理学研究罪犯的攻击心理及其控制、减少的科学方法，是维护监狱安全的迫切需要。罪犯因长期监禁容易产生拘禁反应、人格障碍等异常心理，罪犯在刑期届满时产生回归社会的心理，有的甚至产生重新犯罪的心理。

二、罪犯心理分析的课程体系

罪犯心理分析的课程体系包括 4 个模块共 8 个学习单元。

（一）模块一　罪犯心理分析的基本原理

1. 学习单元 1　导论

包括：学习任务 1　罪犯心理分析的概念；学习任务 2　罪犯心理分析的课程内容和体系；学习任务 3　罪犯心理分析的方法。

2. 学习单元 2　罪犯心理的结构和变化

包括：学习任务 1　罪犯心理结构；学习任务 2　罪犯心理变化。

（二）模块二　罪犯个体心理

1. 学习单元 3　罪犯改造动机

包括：学习任务 1　罪犯改造动机概述；学习任务 2　罪犯改造动机的形成；学习任务 3　罪犯积极改造动机及其激励；学习任务 4　罪犯抗拒改造动机及其控制。

2. 学习单元 4　罪犯服刑态度

包括：学习任务 1　罪犯服刑态度概述；学习任务 2　罪犯服刑态度的形成；学习任务 3　罪犯服刑态度的转变。

（三）模块三　罪犯群体心理

1. 学习单元 5　罪犯群体心理

包括：学习任务 1　罪犯群体与群体心理概述；学习任务 2　罪犯群体心理效应与群体行为；学习任务 3　罪犯非正式群体；学习任务 4　罪犯群体的人际互动。

2. 学习单元 6　罪犯类型心理

包括：学习任务 1　罪犯分类概述；学习任务 2　不同犯罪类型罪犯心理；学习任务 3　特殊类型罪犯心理。

（四）模块四　罪犯特殊心理

1. 学习单元 7　罪犯违规心理

包括：学习任务 1　罪犯违规心理概述；学习任务 2　罪犯自杀自伤心理；学习任务 3　罪犯诈病心理；学习任务 4　罪犯不服管教、拒绝劳动心理；学习任务 5　罪犯脱逃心理。

2. 学习单元 8　罪犯异常心理

包括：学习任务 1　罪犯异常心理概述；学习任务 2　心理问题；学习任务 3　神经症；学习任务 4　人格障碍和性心理障碍；学习任务 5　精神病。

学习任务 3　罪犯心理分析的方法

一、罪犯心理分析的方法论

心理学的方法论是建立在唯物辩证法和现代科学发展的基础上的，它包括不同层次的三个部分，即哲学方法论、一般科学方法论和具体方法。

（一）罪犯心理分析的哲学方法论

坚持唯物辩证法，就要坚持实践反映论。实践反映论包括以下几个主要观点。

1. 物质性观点

人的心理是以人脑为基础的，没有人脑或者是存在严重脑疾病的个体，即使生活在人类社会中，也不可能形成正常的人的心理。正因为人的心理反应具有社会性，同时又依赖于人脑的生理活动，所以，心理学从总体上应该采取社会科学和自然科学的综合研究方法。在罪犯心理分析研究中也应重视综合的观点，实证的研究方法应该占主要地位。

2. 决定性观点

物质决定意识，外部世界、自然界的规律，乃是人的有目的的活动的基础。心理现象是人脑对客观现实的反映，正是坚持了决定论原则。坚持辩证决定论的实践反映论就是要既承认客观规律性，又承认主观能动性；既承认客观现实或环境对人的心理的决定作用，又承认外因通过内因而起作用。把罪犯的心理和行为看成是与环境无关的天生犯罪人论和将其看成是完全受环境因素决定的机械决定论都是不科学的。

3. 社会性观点

人类心理是人类社会的产物，人类心理的社会性体现在两个方面。一方面，人的形体和脑不仅仅是自然的产物，也是社会的产物。人的双手、人的直立行走、人脑的结构和机能、语言和思维等都是人类长期社会实践活动的结果。另一方面，任何个体心理的正常发展，都离不开社会实践活动。比如，"狼孩"虽然具有人类的基本遗传素质，但没有人类的正常心理。罪犯心理分析研究要注意从罪犯的家庭、学校、同伴、职业等生活环境中寻找其犯罪的原因，探究影响罪犯心理的因素。

4. 能动性观点

人对客观世界的反映，不是呆板的、机械的，而是自觉的、能动的，即人对客观世界的反映具有主观能动性特点，是在尊重客观规律的前提下，发挥人自身的自觉能动作用。在罪犯心理分析研究中，要在尊重客观事实的基础上，注意发现犯罪行为发生的内部原因和规律，为犯罪预防和控制提供理论依据。

5. 发展性观点

物质和运动是不可分的，任何事物都处于运动变化之中，人类的实践活动，包括在人类实践活动中产生并发展的心理活动，也都处于不断的发展变化中。所以，人的心理反应具有发展性特点。新生儿刚来到这个世界上，只带有一些先天的无条件反射和遗传本能，随着个体从事的实践活动的发展，个体的心理活动也不断地丰富、发展和提高。从无条件反射到条件反射、从感知觉到语言思维、从具体形象思维到抽象逻辑思维等，都体现了人类心理的发展变化。要以发展变化的眼光去看待罪犯心理的形成、发展，把罪犯心理的形成作为一个过程来研究。

（二）罪犯心理分析的一般科学方法论

以系统科学为代表的系统方法是现代的一般科学的一般方法论。系统方法是指按事物本身的系统性把研究对象作为一个具有一定组成、结构和功能的整体来加以考察的方法，也就是从整体与部分之间、整体与外部环境之间的相互联系、相互制约、相互作用的关系中综合地研究对象的一种方法。整体性、结构性和动态性是系统方法的三个特征。罪犯心理分析作为心理学的应用，系统观念、系统方法对其研究具有指导作用。

（1）罪犯心理分析要体现罪犯心理系统的整体性、结构性特征。系统的整体性、结构性观点认为，事物及过程是一个由各要素合乎规律地组合成的有机整体，整体大于部分之和，具有各部分所不具有的新性质；系统的稳定联系，构成其结构，保证系统的有序性，一定的系统结构具有一定的系统机能及活动规律。罪犯心理是人整体心理的一部分，它本身又包含着许多子系统，应将其融入整个心理系统去研究。罪犯心理的形成和发展是其整个心理系统活动的结果，要把它作为一个整体来看待，隔离出任何一部分都不能全面、完善地说明罪犯的心理和行为。运用系统方法来研究罪犯的整个心理系统的结构、机能、自我组织和调节运动的规律，正是要从总体上理解、掌握和控制罪犯心理。

（2）罪犯心理分析要把罪犯心理的发展变化视为一个自组织过程。系统的动态性观点认为，一个开放系统是不断运动、发展变化的，只有和环境相互联系、影响和作用，才能保证系统的有序性结构的发展，因此系统具有自组织性，即具有自我调节和自我控制的特征。罪犯心理是在自组织过程中形成和发展起来的。罪犯依据自己对客观世界的认识和分析做出某种反应，这种反应的结果又经反馈传入其大脑，经过进一步的分析，做出进一步的反应。对于罪犯消极的心理反应而言，反馈如果是积极的，即反馈信息强化其原有的认识或大脑皮层的活动，可能导致其违法犯罪行为的愈演愈烈、不断升级；如果反馈是消极的，即反馈信息弱化其原有的认识或大脑皮层的活动，则可能促使其收手不干、改邪归正。

思政园地

辩证唯物主义是中国共产党人的世界观和方法论

2015年1月，习近平总书记指出，学习掌握唯物辩证法的根本方法，不断增强辩证思维能力，提高驾驭复杂局面、处理复杂问题的本领。

> 2020年10月，习近平总书记指出，系统观念是具有基础性的思想和工作方法。

二、罪犯心理分析的具体方法

罪犯心理分析的具体方法主要有观察法、实验法、调查法、心理测验法、个案法和心理评估法。这些方法都有自己的适用领域，也有自己的局限性，应配合使用，多角度地对罪犯心理活动规律进行分析研究。

（一）观察法

观，指看、听等感知行为；察，指分析研究。观察法是指通过感官或者仪器有目的、有计划地对罪犯的言语和行为进行查看、记录、分析，判断罪犯心理活动特征和规律的方法。有长期观察和定期观察，有全面观察和定点观察，有直接观察和间接观察，有公开观察和暗中观察等。如果能得到罪犯的配合，并教授他们自我观察的基本技能，可以由罪犯自己对自身的心理状态进行观察。在实际工作中，这些方法经常结合在一起使用。

观察法要求观察具有明确的目的性和计划性，较系统地对观察的具体情境和罪犯的各种表现作详细的记录，对系统观察获得的材料做出科学的分析和评估，使其具有理论认识的价值。其实际操作过程，可以用检验"暴力犯比一般人更具攻击性"这样一个命题来说明。一是给"攻击性"这一概念下一个操作性定义，即什么行为属于攻击行为，什么现象能够反映人的攻击性；二是选择观察时间和地点，并作详细记录，最好使用摄像机等自动观察设施；三是对观察所获得的材料进行编码、数据化；四是对数据进行统计分析，得出适当、可信的结论。

（二）实验法

实验法是指在控制条件下对罪犯某种心理现象进行观察的方法。通常，研究者基于一定的假设，通过操作一些变量来进行实验。实验法与观察法的主要不同在于在实验中，研究者可以积极干预罪犯的活动，创造某种条件使某种心理现象得以产生并重复出现。实验法主要有实验室实验法和自然实验法，还可以进行模拟实验。

1. 实验室实验法

实验室实验法是在实验室内借助专门的实验仪器和设备，在对实验条件严加控制的情况下进行的。例如，在实验室中安排由弱到强的几种不同的照明条件，让罪犯分别对一个短暂出现的信号做出按键反应，通过仪器记录被试每次的反应时间，可以了解照明对罪犯反应时的不同影响。实验室实验法便于严格地控制各种因素，并通过专

罪犯心理分析

门的仪器进行测试和记录实验数据，一般具有较高的信度，多用于对心理过程和某些心理活动的生理机制等方面问题的研究。

2. 自然实验法

自然实验法也叫现场实验法，是指在监狱正常生活条件下，有目的、有计划地创设和控制一定的条件来对罪犯心理进行研究的一种方法。自然实验法虽然也对实验条件进行适当的控制，但它是在罪犯正常的学习和劳动情境中进行的。例如，研究考核评价对罪犯改造态度的影响问题，可以选择一批罪犯作为被试，随机地把他们分到三种具有不同考评性质的实验组中，A组罪犯为表扬组，不管他们实际工作结果如何，总是予以表扬；B组罪犯为批评组，对其总是予以批评；C组罪犯为控制组，对其采取忽视的态度，既不表扬也不批评。经过一段时间后，对三组罪犯的改造态度、改造积极性等进行比较，如果三组罪犯之间存在显著性差异，就可以得出"不同考核评价对罪犯的改造有影响"的结论。自然实验法比较接近人的生活实际，易于实施，又兼有实验法和观察法的优点，随着罪犯心理分析的发展，这种方法将得到大量的运用。

3. 模拟实验

模拟实验是在人为控制研究对象的条件下进行观察，模仿实验的某些条件进行的实验。在难以直接拿罪犯做实验时，有时用模仿监狱活动的某些条件进行实验研究，如著名的斯坦福监狱实验。

知识拓展

斯坦福监狱实验

1971年，津巴多在斯坦福大学任教，为了研究人的行为，把心理学系大楼的地下室改装成监狱，花15美元一天请来了学生参与实验。共70名学生申请参与实验，24名学生通过了测试，以随机的方式被分成了两组角色：其中，9名担任"囚犯"，9名则以三人一组轮班担任"看守"的角色，余下6名作为候补。

模拟监狱生活。"囚犯"们像平时一样一大早出门的时候被响着警报的警车"逮捕"。然后他们被采集指纹、蒙上眼睛、关进监狱。接着被剥光衣服、搜身、去虱子、理发、拿到囚服、得到一个号码，并在一只脚上拴上链子。另外的被试变成了身穿警服、手持木棍的"狱警"。开始一切都很正常，可是到了第二天，"囚犯"们对于被监禁做出了反抗。"狱警"

们迅速而残忍地实施了报复。他们把"囚犯"全身扒光,搬走了"囚犯"的床,把这次反抗的头目拉去关了禁闭,并且开始骚扰"囚犯"。不久之后,"囚犯"开始无条件地服从"狱警"。经过了仅仅几天逼真的角色扮演之后,"囚犯"报告说他们之前的身份似乎已经完全被抹去了,他们成为自己在监狱中的号码。同样的情况也发生在"狱警"身上,他们辱骂并且虐待自己的"囚犯"。

研究者用闭路电视与录音装置观察"囚犯"与"狱警"的反应,并定时与他们个别谈话。实验原定两个星期,但只进行了六天便不得不停止了。因为实验者也被卷入了自己的实验——完全忙于应对管理"监狱"时每天所遇到的危机,而忘记了他们实验的目的是什么。"囚犯"和"狱警"都有了异常的行为表现。如扮演"囚犯"的被试逐渐变得依赖、软弱、无助、抑郁、易怒,而扮演"狱警"的被试则越来越有虐待"囚犯"的倾向。

思考:
谈谈参与者实验中的心理变化过程。

(三)调查法

调查法是指为研究罪犯的某种心理,直接找到有关的人去询问情况,以了解罪犯的心理特点和心理发展规律的方法。主要有开座谈会、访谈、生活史调查、查阅案卷材料等形式。

1. 访谈法

访谈法是指直接听取罪犯关于犯罪事实和生活经历的陈述,了解其过去经历、现在感受和未来设想的方法。通过访谈,了解罪犯的个人经历、目前生活状况、精神疾病症状、对过去历史和当前问题的描述、对主要人物或关键事件的看法等信息,从而对罪犯的感知觉、言语、一般行为表现、情绪与感情、自我意识等心理状况做出分析和判断。

2. 生活史调查

生活史调查是指通过询问罪犯及其父母和有关人员,查阅记载罪犯过去生活情况的各种文字材料如日记、书信、档案等,了解罪犯生活经历的方法。通过生活史调查,可以了解罪犯的受教育史、从业史和违法犯罪史等情况。

（四）心理测验法

心理测验法是指用一套预先经过标准化的问题（量表）来测量罪犯某种心理品质的方法。按内容可分为智力测验、成就测验、态度测验和人格测验；按形式可分为文字测验和非文字测验；按测验规模可分为个别测验和团体测验等。根据量表适用对象的不同，心理量表可以分为通用量表和专用量表两种。

1. 通用量表

通用量表主要有智力测验、人格测验和心理健康状况测验三类量表。智力测验最常用的是韦氏成人智力量表（WAIS-R）。人格测验主要有明尼苏达多项人格测验（MMPI）、艾森克人格问卷（EPQ）和卡特尔16种人格因素问卷（16PF）等。我国司法领域常使用MMPI进行精神诊断鉴定和预测罪犯刑满释放后的行为倾向。EPQ包括4个量表，分别测罪犯的内外倾向（E量表）、情绪性（P量表）、精神质（N量表）和说谎或掩饰倾向（L量表）。EPQ可用于新收罪犯的心理普测，对分量表分数偏高的罪犯进行针对性的访谈，也可用于预测罪犯监禁适应水平。16PF能较好地反映人格的复杂层面，有助于发现罪犯的心理缺陷，也可用于入监罪犯的诊断。心理健康状况测验主要采用症状自评量表（SCL-90）、焦虑自评量表（SAS）和抑郁自评量表（SDS）等。其中，SCL-90主要测量9个方面，即躯体化、强迫症状、人际关系敏感、抑郁、焦虑、敌对、恐怖、偏执和精神病性，可用来检测一定时间内罪犯心理健康的综合症状，可作为进一步检查的基础。

2. 专用量表

中国罪犯心理评估系统所包含的量表即为专用量表。其中的中国罪犯心理评估个性分测验（COPA-PI）量表，具有较好的信效度。在国外，许多研究者编制了一些罪犯心理测验量表，如矫治态度测验、矫治行为测验、矫治人格评价测验、矫治环境评价测验、矫治预测测验等量表。

（五）活动产品分析法

活动产品分析法主要是指根据罪犯各种形式的活动成果来分析和了解罪犯的心理状况和特点的一种方法。活动成果包括日记、信件、文稿、著作、绘画、模型或其他创作制品、劳动产品等。例如，通过对罪犯日记的分析，可以了解罪犯的犯罪心理的形成与发展过程。

活动产品分析法实际上是一种"表露法"类型的投射技术分析，罪犯的心理结构投射到他们编制的作品中，我们可以发掘罪犯人格中的无意识成分。房树人测验、雨中人心理测验都是经常用到的投射测验。

案例链接

监狱原生艺术创作疗法

某监狱通过原生艺术疗法，发现精神病犯人陈某的第一幅画就暴露了他的自杀念头。陈某的"处女作"画的是烟囱，烟囱上方一缕烟飘向远方。他自己将其命名为《随它已去》。

心理分析意见。画者自己犯下了伤害亲人的罪行，家庭已残缺，自责内疚，但无力挽回局面，并希望通过安乐死了却此生。整个画面情境低沉，表达了画者轻生的念头，应予高度关注。狱警随后与陈某深入交谈后，果然发现了其因自责有自杀念头。

陈某的心理转变之路。随后的三幅画分别是：只有竹竿没有竹叶的竹子、被砍的树桩、像鸡蛋一样的"歉"字，这些画反映出了他的自责。精神病人参与创作的过程本身就是一种治疗活动，这种表达方式具有诊断评估价值和治疗价值。

（六）个案法

个案法是对单个案例或有限数目的案例所进行的全面、深入、详细的考察和研究，以便发现影响罪犯某种行为和心理现象的原因。例如，通过个案分析，可以了解个体的生存环境对犯罪行为的影响。个案法有时和其他方法结合在一起使用，可以收集更丰富的个人资料。

由于个案法限于使用少数案例，研究的结果可能只适用于个别情况。因此，在推广运用这些结果或做出更概括的结论时，必须持慎重的态度。一般地说，个案法常用于提出理论或假设，要进一步检验理论或假设，则有赖于其他方法的帮助。

（七）心理评估法

心理评估法是综合运用行为观察、调查访谈、心理测验等方法，对罪犯的智力水平、人格特征、行为表现、心理健康状况和潜在危险性等进行评价和鉴定的过程。通过评估，能获得罪犯较为真实、准确、深层次的信息，为科学地开展监管、教育、劳动、心理矫治等提供依据。

罪犯心理评估的种类，按评估的对象分，可以分为罪犯个体心理评估和罪犯集体心理评估；按评估目的不同，可分为基础性评估、矫治性评估和预测性评估；按评估对象所处改造时期不同,可分为罪犯入监初期心理评估、罪犯服刑中期心理评估和罪犯出狱前心理评估。

撰写罪犯心理评估报告是罪犯心理评估的重要一环。罪犯心理评估报告是指根据罪犯心理评估目的,对照罪犯背景信息和心理分析测评结果,对罪犯心理进行总结诊断,提出具体的指导性建议,而撰写的分析评价报告。罪犯心理评估报告的一般格式主要包括一般信息、要解决的问题、实施测验及对其结果的解释、背景信息、行为观察、危险性预测、总结与建议等七个部分。

学练园地

根据案例材料制作罪犯心理评估报告

第一部分 案例材料

一、基本资料

王某,女,19岁,未婚,2024年3月因故意杀人入狱,入狱前是××中学高三学生。

二、心理测试结果

(1) EPQ 的分数:$E=35$,$N=60$,$P=65$,$L=45$。

该测试结果表明:性格内向、喜欢独处,对他人不太关心,情绪不太稳定。

(2) SCL-90 的分数:总分 231,躯体化 2.36,强迫症状 3.21,人际关系敏感 3.08,抑郁 2.79,焦虑 3.05,敌对 2.76,恐怖 1.46,偏执 2.40,精神病性 2.75,其他 2.29。

该测试结果表明:身体有一些不适感,如头痛、腰痛等,生活中会出现明知道没有必要但又无法摆脱的无意义思想、冲动、行为等表现,对目前的生活有所担忧,与狱友的人际关系不太好,导致在饮食和睡眠方面有一些不适。

三、背景资料

通过对过去与王某有过交往的各类人员(父母、同学、朋友、民警等)进行调查,他们普遍认为,王某比较老实,学习成绩一般,没有特殊的兴趣爱好。但她在个性上的不良特点也很明显:与他人发生冲突后,情绪极不稳定,非常消沉;在与同学交往中,独来独往,狭隘自私,以自我为中心,敏感多疑;在狱中与狱友关系也有点紧张,大家认为她不爱卫生,与她交往少。

（四）主诉资料

认为自己心理有问题，胆子小，受了别人的欺负不敢攻击，害怕被报复或是加刑。心里一直在思考这个问题，导致心情差，头脑昏沉；这种状况持续了3个月，自我感觉越来越严重，担心自己会崩溃。

第二部分　根据案例材料制作罪犯王某心理评估报告

一、一般信息

评估者：监狱心理咨询民警。

被评估者：服刑人员王某，女，19岁，未婚，入狱前系××中学高三学生，因犯故意杀人罪被判有期徒刑18年。

评估时间：2024年4月15日。

二、要解决的问题

（1）王某在认识上或情绪上的具体问题是什么？

（2）罪犯王某的心理问题属于什么范围？程度如何？是机能性障碍还是器质性障碍？

（3）王某对自身所存在的障碍有什么反应？

（4）王某心理问题产生的原因有哪些？

（5）对王某的鉴别诊断是什么？

（6）对王某应选择什么样的心理矫治方法最有效？

三、测验及结果解释

对王某进行EPQ测验，结果如下：$E=35$，$N=60$，$P=65$，$L=45$。测验结果表明：王某性格内向、喜欢独处，对他人不太关心，情绪不太稳定。对王某进行SCL-90测验，结果如下：总分231，躯体化2.36，强迫症状3.21，人际关系敏感3.08，抑郁2.79，焦虑3.05，敌对2.76，恐怖1.46，偏执2.40，精神病性2.75，其他2.29。测验结果表明，王某身体有一些不适感，如头痛、腰痛等，生活中会出现明知道没有必要但又无法摆脱的无意义思想、冲动、行为等表现，对目前的生活有所担忧，与狱友的人际关系不太好，导致在饮食和睡眠方面有一些不适。

四、背景信息

通过对过去与王某有过交往的各类人员（父母、同学、朋友、民警等）进行调查，他们普遍认为，王某比较老实，学习成绩一般，没有特殊的兴趣爱好。在与同学交往中，独来独往，狭隘自私，以自我为中心，敏感多疑。与他人发生冲突后，情绪极不稳定，非常消沉。在狱中与狱友关系也有点紧张，大家认为她不爱卫生，与她交往少。

五、行为观察

通过观察，发现王某在心理测验过程中配合很好，并且很想通过测验了解自身的心理问题与心理困扰，认为自己有心理问题。在服刑中，王某对待学习、劳动的态度比较积极，没有不良表现。但她很少与人交往，焦虑情绪明显，人际关系紧张。

六、危险性预测

根据各方面的资料，可以预测王某在服刑过程中可能存在自杀危险性。如果不对与她有关的各种矛盾作妥善处理，也存在伤害他人、毁坏物品的危险性。

七、总结与建议

（1）小结：王某因个性不良而走上杀人的犯罪道路，但她认识能力正常。在监狱中改造表现正常，但强迫、焦虑明显，应加以重点防范和矫治。

（2）诊断：王某有严重心理问题。

（3）建议：进行专业心理辅导，平时民警要多与她进行沟通，让她认识到大家都很关心她，希望能和她交朋友，让她消除焦虑，及时有效地化解她与周围狱友的矛盾，避免矛盾激化导致不良后果。

操作训练

本单元学习情境任务评析

《刑法》第八十一条规定，被判处有期徒刑的犯罪分子，执行原判刑期二分之一以上，被判处无期徒刑的犯罪分子，实际执行十三年以上，如果认真遵守监规，接受教育改造，确有悔改表现，没有再犯罪的危险的，可以假释。对没有再犯罪的危险具体应该如何理解？《最高人民法院关于办理减刑、假释案件具体应用法律的规定》对此有非常细致的规定。其第二十二条规定：办理假释案件，认定"没有再犯罪的危险"，除符合刑法第八十一条规定的情形外，还应当根据犯罪的具体情节、原判刑罚情况、在刑罚执行中的一贯表现，罪犯的年龄、身体状况、性格特征，假释后生活来源以及监管条件等因素综合考虑。

某市中级人民法院经审理查明，罪犯富某在服刑期间，能够认罪悔罪，接受教育改造；考核期间共获得表扬奖励5次；罚金35000元全部缴纳。另查明，该犯2012年8月因打架受记过处分一次，2017年1月因打架受警告处分一次；2017年10月因与其他罪犯为琐事争执、推搡被扣考核分135分；2018年2月因不服从管理被扣考核分70分。某市中级人民法院认为，罪犯富某在服刑期间虽能认罪悔罪，接受教育改造，符合"执行原判刑期二分之一以上"的法律规定，但该犯在服刑期间不服从管理，多次违反监规，悔改表现较差，且该犯在抢劫犯罪中结伙拦截和抢劫驾驶小客车和电动车的人员4次，在盗窃犯罪中结伙盗窃小客车3次共3辆，主观恶性较深，社会危害性较大。经综合评估，认为该犯假释后有再犯罪的危险（即人身危险性）。因此，依法裁定对罪犯富某不予假释。

思考练习

1. 简述心理现象的结构。
2. 罪犯心理分析的课程内容有哪些？
3. 名词解释：社会心理；罪犯心理；心理测验法；访谈法；个案法；活动产品分析法；心理评估法。
4. 实践活动：绘制罪犯心理分析课程教学体系的思维导图。

A. 学习任务：

掌握罪犯心理分析的课程体系。

B. 学习过程：

（1）学生绘制思维导图；

（2）展示制作成果并说明思路；

（3）学生相互评议，并提出建设性意见；

（4）师生总结提升；

（5）学生课堂学习效果考核评价；

（6）延伸思考：罪犯心理分析的课程内容和教学体系有何关系？

学习单元 2

罪犯心理的结构和变化

知识导航

一、学习内容导图

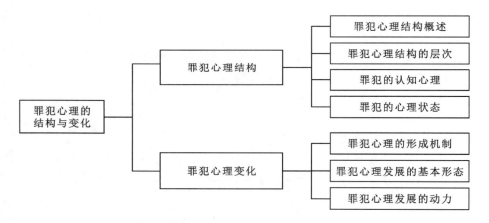

二、学习任务目标

（1）了解罪犯心理结构的特点、层次及状态。
（2）了解罪犯心理的形成机制。
（3）掌握监狱行刑权对罪犯心理发展的影响。

三、学习情境导入

> 服刑人员张某，30岁，犯故意伤害罪、脱逃罪。张某的父母经商，家庭条件优渥，自幼聪明，学习成绩排名靠前。初中阶段和一名女生谈恋爱，但是该女生最后抛弃张某而选择了其他男生。之后，张某又经历了校园霸凌事件，内心受到重创，不敢上学。某日张某在酒吧结识了社会上的混混，与他们一起从事违法活动，想通过打架、偷抢等违法行为发泄内在苦闷，结果因故意伤害罪被判刑8年。张某入狱后，未认识自身错误，消极怠工，企图做轻松劳动，换了劳动工作后还不满足，在劳动工地趁机脱逃，在外脱逃长达5年。后经检举再次被抓捕，在牢里日夜想着复仇，并用石头在手臂上划出一道伤疤提醒自己。再次入狱后仍不服从管教，殴打其他罪犯被惩罚。他在警察面前提到"在这样的环境待那么久，那我还不如死了"等。
>
> **思考：**
> 请你根据所学，对该犯的犯罪心理和服刑心理进行分析。

项目学习

学习任务1　罪犯心理结构

一、罪犯心理结构概述

（一）罪犯心理结构的概念

罪犯心理结构是指犯罪人在犯罪后被认定有罪并在强制改造中所表现出来的各种心理的综合反映，主要由心理过程、心理状态和个性心理组成。罪犯心理结构包括两个层次：第一个层次是罪犯原有的心理结构及其延续；第二个层次是罪犯服刑过程中的心理反应，包括作为普通人的普通心理、作为犯罪人的犯罪心理和作为服刑人的服刑心理。而我们经常提到的罪犯心理改造指的是罪犯心理结构的改造，即犯罪心理结构的消除与守法心理结构的建立。

（二）罪犯心理结构的特点

罪犯心理结构与自身的自由程度相关联。罪犯未进入监狱前，获取到的信息源较多，接触的人员鱼龙混杂，因此其心理较复杂且多变。罪犯进入监狱后，处于严格的管制之中，从收押时的检查登记，到编组学习劳动与宣布监规纪律，都有明确的纪律要求。在这一环境下，罪犯接触到的外界信息较少，从交往对象的限制到信息来源的限制都决定了其心理结构的特殊性与被动性。当罪犯失去自由进入到监狱后，其心理往往会发生一些变化，如内心期望的变化，这种期望与判决、监舍条件、管理制度及刑期相关。此外，当罪犯面对自己无法获得自由、行动受到严格限制的事实时，会产生一定的急躁心理，失去自尊心和上进心，减弱荣誉感和道德感，表现出抵触不满或悲观失望情绪。

罪犯心理结构具有延续性，特别是犯罪心理，它以不良的个性倾向为核心，较为稳定，并会在新的情况下以新的形式表现出来。如罪犯在改造前，其心理结构有对抗社会、无政府主义等特点。而在服刑后，罪犯又会表现出随意违反监规纪律、不接受教育改造、抗拒劳动等特点。同时，罪犯服刑前在世界观、人生观、价值观等意识方面存在愚昧无知的问题。服刑后，虽然辅之以必要的劳动教育改造，但罪犯在较长时间内对改造前途、人生意义等方面仍坚持原有认识，甚至以实际行动予以抵制。部分罪犯还存在一定的冒险侥幸心理，在服刑后出现得过且过、混刑度日等行为。

罪犯心理结构以罪犯特有的自我意识为基础。当罪犯服刑后，监狱内部的特殊环境会使罪犯产生"犯人"这种特殊自我意识。而这一自我意识影响着罪犯对待判决的态度，会使世界观、道德观、能力、性格等因素发生改变，从而导致心理结构的改变。

（三）罪犯心理结构的影响因素

罪犯心理结构是罪犯心理的重要组成部分，对罪犯心理结构影响因素的探究有利于罪犯的改造教育。当前罪犯的心理结构主要受两大因素影响：一是罪犯的人性基础；二是监狱环境。两者相互作用，影响罪犯心理结构的变化。

1. 罪犯的人性基础

当有机体心理、生理处于不平衡状态或存在某种欠缺时，便会产生需要。例如：血液中血糖成分下降会产生饥饿求食的需要；水分缺乏会产生口渴想喝水的需要；生命财产得不到保障会产生安全的需要；孤独会产生交往的需要。一旦机体内部的某种缺乏或不平衡状态消除了，需要也就得到了满足。但是人的需要永无止境，而满足需要的方式又受到实际条件的限制与约束。从犯罪心理的形成和发展来看，内在需要失衡，同时又寻求不到满足需要的方式，是个体产生犯罪行为的根源。

在社会化过程中，个体没有将社会需要（尤其是社会主流价值观）完全内化为个体意识，引起自身需要结构的不合理，从而导致需要的失衡。罪犯人格缺陷的实质是对社会的轻视、漠视、蔑视甚至敌视的态度，将这些态度表现到实际的行为中，便成为主观罪过的基础。行为人正因为有了这样的态度，才会有意识地运用自己的意志，采取社会不认可的方式满足自己的需要。这种人性基础构成了罪犯心理结构特征的本质因素。

知识拓展

马斯洛的需求层次理论

马斯洛于1943年在《人类动机理论》中首次提出需求层次理论，认为人的需求包括五个层次，从最基本的需求开始，然后再到更高层次，呈金字塔形，最基本的需求放在底部，而最高级的层次在金字塔的顶部。马斯洛认为，一个人只有满足了当前层次的需要，才能进入下一层次。

第一层次的需求是生理需求。生理需求是人类最基本的需求，对我们的生存至关重要。如食物、健康、水等需求属于生理需求。

第二层次的需求是安全需求。一旦生理需求得到满足，就会进入安全需求。在安全需求层次，个人需求的关注点放在环境安全和保障等方面，比如经济条件能够养活自己，居住环境治安良好，情感上免于恐惧、焦虑和不安，医疗有保障等。

第三层次的需求是归属和爱的需求。在这个阶段，生理需求和安全需求已经被满足，人类的行为开始由情感驱动，渴望建立社会情感关系的连接。归属和爱的需求的例子有：有一帮好友可以交流；在家庭里被接纳；有一段关系稳定的亲密关系；在公司里有被需要的归属感。

第四层次的需求是尊重的需求。当一个人满足了其对归属感和爱的需求时，就会出现对自我认可或希望受到他人认可的尊重需求。尊重需求包含自尊，如相信自己，认可自我价值，独立的自信和自我掌控权。尊重需求还包含他尊，比如获得地位和名望，他人因为你的社会性成就而认可你、尊敬你。

第五层次的需求是自我实现的需求。它是最高层次的需求，涉及个人如何运用自己的能力或潜力来实现个人价值的最大化。

2. 监狱环境

监狱作为国家刑罚执行机关，是对罪犯实施惩罚与改造的场所。罪犯进入监狱，面对高墙电网、森严的武装警戒，自然会产生一种恐惧感。同时，罪犯从饮食起居到一言一行，从学习到生产劳动等各个方面，都处于监狱民警的严格监督下，有详细的行为规范和纪律要求，这些对罪犯的各种不良行为有强有力的震慑和约束作用。

但这样的环境也容易使罪犯产生过度紧张和恐惧情绪。长期生活在这样的环境之中，若缺乏必要的心理健康知识，缺乏排解心理压力的能力，罪犯的紧张恐惧不但会加重原有的心理障碍，还会产生新的心理问题。尤其是初次入狱的罪犯，极易产生拘禁反应，出现心理问题，严重者甚至会出现精神异常。

二、罪犯心理结构的层次

罪犯心理作为个体的内在组成部分，是罪犯外在行为的重要影响因素，是一个复杂整体。根据理论研究的需要，我们将罪犯心理划分为罪犯普通心理、罪犯犯罪心理和罪犯服刑心理。

（一）罪犯普通心理

人具有生物性和社会性，但社会性始终是其本质属性。罪犯在犯罪前经历了社会化的过程，具有一定的社会性。罪犯普通心理是指罪犯作为一个人与社会守法公民所共有的心理。在罪犯头脑中，犯罪心理和普通心理，有时是并存的，有时是交替出现的。

一般情况下，犯罪人在犯罪情境中或实施犯罪行为时，其普通心理被抑制；而当犯罪人离开实施犯罪的情境之后，尤其是犯罪人被判刑入狱后，随着犯罪心理的衰落，普通心理又得以恢复。在监狱内，为了让罪犯获得更好改造效果，民警会安排一定的思想教育及劳动改造，推动普通心理的唤醒，而这将成为其改恶向善的良好心理基础。我们改造罪犯，就是要改变其内在恶的部分，发展其普通心理品质，强化其内在良知。

1. 罪犯普通心理的形成与正常公民一致

罪犯的心理由心理过程、心理状态和个性心理三部分构成。罪犯同样拥有社会守法公民的喜怒哀乐等情绪体验，渴望亲情、友情和爱情，希望得到外界支持。罪犯虽然成了"罪人"，但他们仍有自尊心，需要监狱民警维护其尊严、尊重其人格。

罪犯和社会守法公民一样都经历了社会化过程，在家庭、学校和社会环境等因素的相互作用中，塑造了其独立个性与特定情感，同时也形成了一定的认知方式。社会守法公民的社会化过程是完全或基本完全的，这使他们能够适应社会的要求；而罪犯的社会化过程则是不完全的或有缺陷的，在外界消极因素或不良环境的影响下，会导致其在社会活动中出现违背伦理或法律的行为。

2. 罪犯普通心理在监狱中有特殊表现

在内容上，罪犯在服刑期间更注重对基本需求的满足。因为罪犯在服刑期间，由于人身自由被剥夺，有些基本需求难以实现，在这些方面的需求会比社会守法公民更强烈。如在艰苦的改造环境中，罪犯更期望衣、食、住等方面的改善；罪犯在面对刑罚或其他罪犯的侵害时，对安全的需求更为强烈；已婚罪犯由于性生活的中止，使他们对性的需求异常强烈；当罪犯受到强制隔离时，或被社会人士歧视时，更需要来自民警，尤其是亲人的理解、关爱和帮助。罪犯大多缺乏高级的社会情感，如自尊、自我实现等，且罪犯在各种需求的满足程度上较社会守法公民要低。

在实现途径上，需求的满足途径具有特殊性。如对性的需求，由于没有满足的途径，罪犯只好以代偿的方式来获得满足。有些罪犯相互交流过去的性经验和性体验；有些罪犯偷偷摸摸，相互抚慰；有些罪犯的情感得不到寄托，在狱内以同性恋的方式来满足自己的性冲动。

总之，罪犯作为一个社会人，有着与常人相同的地方，如共同的需求、愿望、意向等，有正常人的喜怒哀乐、悔恨和憧憬、嫉妒和羡慕、羞耻心和荣誉感。有些罪犯甚至还保持着某种程度的爱国心，对党、社会主义和人民有着朴素的情感等。罪犯与守法公民相同的普通心理应当成为监狱矫正工作的出发点，这是罪犯改造的起跑线。如果我们不承认这些事实，也就从根本上否认了改造罪犯的可能性。

罪犯的上述普通心理，除性需求无法满足外，监狱机关一般会酌情考虑其他需求的满足。

思政园地

规范发展心理健康服务

2016年8月，习近平总书记出席全国卫生与健康大会，指出：要加大心理健康问题基础性研究，做好心理健康知识和心理疾病科普工作，规范发展心理治疗、心理咨询等心理健康服务。

心理育人是通过心理健康教育来实现育人的目的。是从教育对象的身心实际出发，遵循人的心理成长规律和教育规律，通过多种方式实施心理健康教育，有目的、有计划地对教育对象进行积极心理引导，缓解心理困惑，开发心理潜能，提升心理品质，促进人格健全。

罪犯与守法公民相同的普通心理，反映了人的心理成长规律，是监狱改造罪犯的基础，是罪犯改造进程的起跑线。要贯彻习近平总书记关于规范发展心理治疗、心理咨询等心理健康服务的重要讲话要求，以罪犯普通心理为基础，实施心理育人，全面做好罪犯的心理健康教育与矫治工作。

（二）罪犯犯罪心理

犯罪心理是指行为人在准备和实施犯罪行为过程中的心理现象的总和。罪犯被依法判刑、进入监狱后，曾经支配其发生犯罪行为的犯罪心理仍然会不同程度地存在于罪犯心理中，不少罪犯的犯罪心理甚至是根深蒂固的。所以，对罪犯实施惩罚与改造，应通过消除罪犯犯罪心理，达到预防重新犯罪的目的。

罪犯犯罪心理的形成因素主要包括人生观和价值观缺陷、法律观念淡漠、道德水平低下、畸形需求强烈、犯罪动机难以控制、性格特征消极及自我意识缺陷等。

1. 人生观和价值观缺陷

正确的人生观、价值观会给人的行为以积极的作用，反之则会给人的行为以消极的作用。罪犯往往有着极端利己的价值观，只承认个人价值而否定他人、社会的价值，为了自身利益不择手段。具体表现为，犯罪人为了个人利益，坑蒙拐骗、骄奢淫逸、损人利己、违法犯罪、危害国家，甚至不惜代价践踏他人的生命和人格。他们的思想有一个典型特征——以自我为中心，衡量一切的标准就是其是否满足个人的需要。而这种价值的实现必定会给他人或社会造成危害，进而导致犯罪。同时，罪犯缺乏正确人生观的引导，无视人生的价值与意义，往往通过各种违法活动来满足自身畸形的人生需求。

思政园地

> **习近平：解决好世界观、人生观、价值观这个"总开关"问题**
>
> 2014年1月，习近平总书记在党的群众路线教育实践活动第一批总结暨第二批部署会议上强调，理想信念是共产党人的精神之"钙"，必须加强思想政治建设，解决好世界观、人生观、价值观这个"总开关"问题。
>
> 2014年5月，习近平总书记在北京大学师生座谈会上的讲话指出，要树立正确的世界观、人生观、价值观，掌握了这把总钥匙，再来看看社会万象、人生历程，一切是非、正误、主次，一切真假、善恶、美丑，自然就洞若观火、清澈明了，自然就能作出正确判断、作出正确选择。
>
> 此外，习近平总书记对宣传思想文化工作做出重要指示，强调，要加强社会主义核心价值体系建设，积极培育和践行社会主义核心价值观，全面提高公民道德素质，培育知荣辱、讲正气、作奉献、促和谐的良好风尚。

2. 法律观念淡漠

当前监狱中罪犯的构成不再是以文盲、法盲为主,他们大都在学生时代学习过一定的法律常识,但是他们法律观念扭曲,不相信法律的威力。如果罪犯错误的法律意识得不到纠正,那么罪犯的违规违纪行为甚至犯罪行为迟早会发生。

3. 道德水平低下

如果说法律评价的标准是行为的"社会危害",那么道德评价的标准则是"善恶"。良好的道德作为支配人们行为的精神力量,促使人们品德高尚而远离犯罪。而低下的道德水平容易滋生犯罪。通过对一些犯罪人员的分析,发现他们在道德价值观念上与公认的道德价值观念存在冲突。犯罪人从犯罪动机形成到犯罪行为实施都没有强有力的道德规范约束,而在不良道德价值观的驱使下直接实施犯罪行为。

4. 畸形需求强烈

罪犯的犯罪需求往往太过强烈以致失控,或满足需要的方式与社会规范对立。强烈的、畸变的需求是犯罪行为的内在驱动力。其主要表现为强烈的物质占有欲和享受欲;畸变的性欲;不健康的、畸形的心理需求(如报复、嫉妒、逞凶斗狠、寻求刺激,在违法团伙中讲"义气""够朋友");错误的精神需求(如封建迷信、权位欲、支配欲、领袖欲)等。

5. 犯罪动机难以控制

犯罪动机是驱使犯罪人决意实施犯罪行为的内在起因。它是在外界诱因的刺激下,主体不能以社会规范来调节强烈的、畸变的需求的基础上产生的,如非分的物质需求引起财产犯罪动机,淫乐需求引起性犯罪动机等。它是犯罪心理中最活跃的、起决定性作用的动力因素。当人的需要不能得到满足时,就会激发行为的动力,其中就包含犯罪的动机。如果个体具备的道德和法律素质,能较好调节自身需求结构,并通过其他合理途径来满足需求,或者压抑、克制自己的需求,就会避免产生一些过激行为。如果个体不具有相应的调节能力,放纵自身需求,就可能产生犯罪行为。

6. 性格特征消极

犯罪人性格特征消极是个体社会化缺陷的突出表现。对罪犯进行的人格测试结果表明,其性格特征消极,主要表现为:人格偏离,缺乏对社会、集体、他人的责任感与义务感,缺乏同情心,好逸恶劳,贪婪自私;思维狭窄,偏执性强,固执己见,多疑,以自我为中心;意志薄弱,自制力差,冒险、侥幸心理突出;情绪易冲动,理智感较差,报复心、嫉妒心、虚荣心较强,抗挫折能力较弱等。性格缺陷往往是各种致罪因素在一个人身上"化合反应"的催化剂。国外有一项调查发现，76%的罪犯性格消极低沉，41.6%的罪犯过度伤感，50.5%的罪犯易冲动。

7. 自我意识缺陷

自我意识是人对自身及主体关系的意识，是调节结构中最重要的成分。不成熟或歪曲的自我意识，是罪犯社会化缺陷的重要表现。自我认识及自我评价的幼稚性、歪曲性、盲目性，使人不仅不能正确地认识、评价自己以及人我关系，而且难以控制、调节自我情绪。很多暴力型犯罪，特别是激情犯罪，正是罪犯自我调节机制的缺陷造成的。

（三）罪犯服刑心理

罪犯服刑心理是指罪犯在服刑期间承受刑罚环境的刺激所产生的心理，主要包括罪犯的刑罚心理和刑罚执行之后所产生的改造心理。

1. 罪犯刑罚心理

罪犯刑罚心理直接受罪犯对刑罚的认知或罪犯对刑罚的态度的影响。

罪犯刑罚感受度是指刑罚作用于罪犯后所产生的罪犯对刑罚的评价态度，包括对刑罚痛苦的评价态度和对刑罚效用的评价态度。将对刑罚痛苦的评价态度列为横向维度，并分为弱、中、强三个等级；同时将对刑罚效用的评价态度列为纵向维度，并分为低、中、高三个等级。两条数轴相交，产生了刑罚感受度的四个区域。典型的区域特征表现如下。

（1）有效域：罪犯强烈感受到刑罚带来的痛苦，同时也承认刑罚的正确性并理解刑罚的意义所在，认罪悔罪，积极改造。

（2）初效域：对刑罚的痛苦感受较低，但对刑罚的正确性及其意义持肯定评价，大多数短刑犯持有这种心理。

（3）无效域：对刑罚的痛苦感受和效用感受都比较低，对刑罚改造持不合作的态度，大多数刑期不长的累惯犯持有这种心理。

（4）负效域：罪犯强烈感受到刑罚带来的痛苦，同时对刑罚持激烈的否定态度，不认罪服判，不悔罪服法，与改造相对立。

罪犯的刑罚感受度不是一成不变的，罪犯在监狱的时间变长后，在主客观因素影响下，可以从此区域进入彼区域（质的变化），也可能从该区的此点改变为彼点（量的变化），从而表现出罪犯刑罚心理的不同特点及其发展变化。

罪犯的监禁反应，又称拘禁反应，是罪犯因受强制性剥夺自由的监禁生活的刺激而出现的一种不良心理-生理反应。是罪犯在环境突然变化、突发事件刺激及长期压抑的狱内生活之下出现的心理-生理适应障碍，表现为不同程度的情绪行为异常反应。

根据监禁反应的严重程度，可分为两类：一类是拘禁性情绪反应；另一类是拘禁性精神病。

监禁反应的表现主要有：对自由的渴望；监禁引起的精神痛苦，如孤独、寂寞、恐惧、压抑、内疚、怨恨；挫折反应。

2. 罪犯改造心理

罪犯改造心理是指罪犯承受各种改造手段后所产生的心理反应，它随罪犯服刑改造而产生，又随罪犯回归社会而消失。随着改造手段的综合运用，罪犯接受了思想文化、法制政策和职业技术等方面的教育。这些新环境和新刺激使罪犯形成特有的服刑改造心理。根据罪犯改造心理所表现出来的性质差异，可以将其分为三类：罪犯积极改造心理、罪犯混改心理和罪犯抗改心理。

1) 罪犯积极改造心理

这类罪犯有罪责感，认罪悔罪。他们心理相对比较成熟，能够辩证地看待自己和周围事物，具有较强的适应监狱生活的能力；能够很好地完成劳动任务；较自觉地接受教育改造和监规纪律的约束，积极心理防卫机制突出；具有强烈的获奖动机，他们大多是初犯中的心理成熟者或经监狱改造成功的积极分子。

2) 罪犯混改心理

这类罪犯表现为混刑度日、消极改造。这是罪犯消极适应监狱环境的结果，也有可能是罪犯犯罪心理的延续。他们不公开抗拒改造，但经常投机取巧，"当一天和尚撞一天钟"。

一方面，由于刑期包袱重，情绪低沉，对前途和人生不抱希望，内心对改造生活和监狱民警都十分反感；另一方面，重判对他们产生了深刻的法律威慑效应，他们又不得不面对现实，为求生存而希望采取较好的改造态度，存在避罚心理。

3) 罪犯抗改心理

罪犯抗拒改造（简称"抗改"）是指他们在服刑期间，在言论上表现出对监狱机关的敌视和反抗，在行动上严重违反监规或重新犯罪。一些罪犯不认罪服法，不能适应监狱改造的要求，不服从监狱民警的管教，违反监规纪律，抗拒劳动，破坏生产工具等，甚至发生狱内自残、自杀、再犯罪等恶性事件。

罪犯接受改造与抗拒改造的矛盾心理是普遍存在的。那些抗拒改造行为在改造中属少数。当然，罪犯缺乏对刑罚效用的感受，不承认刑罚的正确性，不理解刑罚的意义，不能较好适应监狱生活，或少数监狱民警处事不公、执法有偏差等都可能造成罪犯抗拒改造心理的出现。

三、罪犯的认知心理

罪犯在认知上具有明显的偏见效应。对某个体或群体的主要印象，影响到对其具体特征的认识和评价，它不一定正确，但在一段时间内对罪犯的认知起很大作用，使他们自觉或者不自觉地出现偏见。罪犯入监初期，这种偏见明显地表现在难以适应监狱环境，对监狱生活的各方面都有一种疑惧和戒备心理。

认知上的偏见效应决定了罪犯对改造生活各方面都有一种反感和对立情绪。烦闷和孤独是他们共性的心理表现。他们一般能听从指挥，遵守纪律，从事劳动，但不是自觉的，而是带有屈从性的服从。民警不管怎样耐心教育，罪犯总是半信半疑。他们中间的大多数，在一段时间内考虑的不是如何改造自己的犯罪思想，而是怎样度过这漫长的刑期，个别罪犯幻想如何逃避改造生活。

（一）注意范围的局限性

由于服刑环境的影响和刺激，罪犯往往凭定势作用（或成见效应）去推断改造活动及其他犯人与民警。由于罪犯缺乏自我意识，没有自知之明，从而较难控制自己的行为，或者自我意识过强，思想负担较重。

（二）认知过程的偏差性

罪犯的认知过程具有偏差性，如认为，政府民警都是与他作对的，犯人才是可信的，是"难友"。罪犯对受害者身份存在偏见，认为受害者之所以被害是其本身有问题，如存在"她被性骚扰是因为她作风有问题，她要是不这样，谁会骚扰她"这种想法。罪犯为了维护自身正确性，会扭曲认知，如明知吸烟有害健康，却说："我花自己的钱，伤害自己的身体，我乐意，你管得着吗？"

（三）印象管理的虚伪性

为了让他人形成对自己的良好印象，罪犯的印象管理具有虚伪性。如罪犯在民警面前掩饰之前的打斗，对民警或者强势罪犯奉承等。

（四）行为归因的两极性

罪犯行为归因具有自利偏差的两极性特点。往往将自己错的行为、坏的结果归因于他人和社会；将自己对的行为、好的结果归因于自己。

四、罪犯的心理状态

心理状态是心理活动在一段时间内和特定情境中出现的相对稳定的持续状态。心理状态不像心理过程那样短暂可变，也不像个性心理那样持久稳定，心理学把心理状态看作是介于这二者的中间状态。

罪犯的心理状态是罪犯生理、心理因素与监禁环境因素相互作用、矛盾冲突的产物。罪犯普遍存在着几种矛盾冲突：认罪与不认罪的矛盾冲突，幻想自由与限制自由的矛盾冲突，好逸恶劳与强迫劳动的矛盾冲突，常态需要与需要满足受限的矛盾冲突。这些矛盾冲突是罪犯在罪犯主体与服刑客观环境之间所形成的种种矛盾的总和，直接影响到他们的认识、情感、意志、个性特征、个性倾向性等，从而形成、决定罪犯的心理状态。

当罪犯常出现某种心理状态，久而久之就会转化为个性心理的组成部分，形成一种性格特征。而这种性格特征反过来会对心理过程和心理状态起调节作用。就服刑改造的不同阶段来说，罪犯的心理状态有许多共性。通过总结这种共性，我们发现罪犯服刑的心理状态经历了三个阶段，从服刑初期的失落、恐慌、焦虑，到服刑中期的相对平稳，再到刑满释放前打破服刑中期的平静，重新呈现出较为复杂的亢奋波动状态。这三个阶段构成一个明显的"马鞍形"心理状态曲线。

（一）罪犯服刑初期的心理状态

服刑初期是指罪犯熟悉、适应监管环境的时期，通常为罪犯投入改造以后半年左右的时间。这一时期的罪犯心理状态主要产生于刑罚剥夺和对新环境的适应，具体表现为焦虑、孤寂、痛苦、怨恨和绝望等心理状态。

1. 焦虑心理

罪犯被依法剥夺人身自由以后，进入到一个新的环境，不仅需要在短时间内适应监狱的制度与生活，而且要担心与外面亲属朋友的人际关系。因此，面对陌生的监狱环境，罪犯容易产生焦虑心理，且涉及多个方面。一是忧虑家庭。成年罪犯担心婚姻或恋爱关系破裂，担心家庭生活无着落等，未成年罪犯则担心被父母抛弃。由此，罪犯入狱初期，较为关心是否有亲人或者朋友的探访、邮包、信件等。要是较长时间没有家庭音信，他们会焦虑不安，甚至产生轻生和跑回去看一看的念头。二是害怕能否适应监狱环境。刚进入监狱的罪犯，会害怕监狱民警，会担心被"老犯"殴打欺负，害怕因自身行为有错而招致更长的刑期，也会关心能否提前出狱，打听减刑、假释比例及条件等。

2. 孤寂心理

人的一些基本情感是需要通过交往来满足的。罪犯从一个自由的，充满亲情、友情的熟悉环境，来到一个处处受制约的、完全陌生的环境。这种改变一方面使他们无法从原有的亲朋好友处获得正常的情感满足；另一方面，基于制度上的约束、心理上的戒备以及交往对象上的限制等原因，他们无法在短期内与监狱民警或其他罪犯建立起融洽的人际关系。他们由于缺少知心的交往对象，常感到孤独、寂寞、苦闷，从而表现出对亲人的强烈思念。

3. 痛苦心理

罪犯痛苦心理与监狱环境密切相关。监狱作为国家刑罚执行机关，有着封闭的环境、严格的监管制度和改造任务，同时要求罪犯必须服从监规纪律。而罪犯处在这一高压环境中，怀念过去的自由生活，心里产生较大的落差，很容易产生痛苦心理。

4. 怨恨心理

那些对自身罪行缺乏正确认识的罪犯，在入监后往往会有怨恨心理。这种心理往往出现在过失犯、青年犯身上，他们知道自己的行为触犯了法律，但是他们认为自己不应该受到如此惩罚。

5. 绝望心理

绝望心理大多产生于长刑期罪犯中。当他们听到自己长期徒刑的判决时，知道自己大半辈子都将在监狱度过，顿感人生无望，打算行尸走肉般度过刑期。

（二）罪犯服刑中期的心理状态

服刑中期是罪犯接受改造的关键时期，通常占到罪犯实际服刑期限的大半。这一时期罪犯的不良心理、行为习惯与教育改造之间产生矛盾冲突，主要表现为后悔、醒悟、务实、屈从、反复等心理状态。

1. 后悔心理

当罪犯适应了监狱环境后，会在回忆往事时产生懊悔不安的情感状态。这种后悔体现在以下几个方面：通过监狱改造教育，认识到自身的违法犯罪活动对亲属、他人、社会带来的危害而认罪服法、真诚悔改；产生不合算的后悔心理，认为自己实施犯罪行为获得的利益与自身接受的刑罚不对等；后悔自己在实施犯罪的过程中失策，从而被捕入狱。

2. 醒悟心理

醒悟心理是在认罪悔罪心理的基础上，向好的方向发展的标志，是由被动接受改造过渡到自觉接受改造的内在动力，也是罪犯改造成新人的重要心理基础。醒悟心理易发生在服刑中期，罪犯在服刑期间失去人身自由的痛苦体验下，能静下心来反思自己的过失。而监狱内部的教育改造与民警的积极引导，也进一步削弱罪犯的犯罪心理，使他们明白遵纪守法的重要性。罪犯醒悟后，有了自我改造的需要和动机，在行动上会更加积极，认罪服法，积极接受改造。

3. 务实心理

当罪犯真正认识到自己已身处监狱、无法改变这种现状时，开始转向务实心理，通过自身的积极行动争取早日出狱。当罪犯出现务实心理时会表现出一些行为特征：努力争取减刑、假释的机会；尽量避免争端，抱着大事化小、小事化了的心态；当看到其他罪犯的违法违规行为时，往往睁一只眼、闭一只眼；能逃避的劳动改造尽量逃避。他们虽然渴望早日回归社会，但只要不触碰到他们的实际利益，大多会抱着"当一天和尚撞一天钟"的态度，混刑度日。

4. 屈从心理

罪犯经历了服刑早期的教育改造，已经知道监狱相应的规章制度，明白违背规章制度所带来的后果，明白自身力量无法与严密的监狱制度抗衡，逐渐产生屈从心理。为了能够早日出狱，他们开始被迫按照监管的要求行事。这种屈从心理容易由开始对监狱民警的唯命是从、绝对服从，发展成一切听命于他人、谨小慎微、缺乏主见的"监狱人格"。

5. 反复心理

相比于服刑初期和后期，服刑中期的罪犯改造总体上是平稳的，情绪也是稳定的。但由于改造思想的艰难性，罪犯在未被彻底改造好之前，其原有的不良心理、错误思想和恶劣行为容易反复出现。其出现往往与不恰当的监狱民警管教方法、不良的人际环境、罪犯之间的恶习感染、家庭的突然变故等外部因素有关。因此，罪犯改造是一个长期的，曲折的过程，需要通过监狱内部的奖惩和民警的不懈努力使罪犯的思想、心理、行为在反复中改善。

（三）罪犯服刑后期的心理状态

服刑后期是罪犯即将出狱逐步适应社会的时期，通常指罪犯出狱前的半年左右时间。罪犯在进入服刑后期，由于剩余刑期屈指可数，对于未来与自由的憧憬，开始由模糊、渺茫而逐渐变得清晰、可触，原先的许多"不安分想法"及各种各样的打算，在出狱前这个特殊时期重新被激活甚至膨胀生长。出狱前罪犯身上的兴奋与顾虑心理、自信与自卑心理、松懈倦怠心理、残余犯罪心理等可能会滋生，有的甚至过度生长，从而成为服刑改造中的"多事之秋"。

1. 兴奋与顾虑心理

罪犯在狱中最大的愿望就是能够早日出狱获得自由，当罪犯梦寐以求的愿望即将成为现实时，内心往往十分高兴。一想到自己可以脱离监狱的刑期，迎接自由的新生活，可以和家人朋友相聚，做自己想做的事，内心的喜悦就溢于言表。与此同时，罪犯不得不冷静思考自己的未来，在监狱封闭环境中早已与外界脱节，身无长技，走出监狱后可能还要面对他人的歧视，会思考如何更好地适应久违的社会等一系列问题，因此会觉得迷茫，不踏实，紧张的情绪也容易出现。兴奋的情绪体验中常伴有焦虑与不安，这使得罪犯处于一种矛盾状态，因此思想压力、心理压力也随之产生。他们逐渐将自身的角色由"罪犯"转化为"自由人",以"自由人"的意识行事,开始关心社会新闻,蓄须留发,纪律涣散。而这种兴奋与顾虑的心理表现在情绪上,则是情绪波动不稳定,或兴奋不已,或顾虑重重,有的甚至吃不下饭、睡不好觉;表现在行动上,则是积极为出狱做准备,有的出工不出力,注重保养身体,有的长时间集会、交谈,以分享快乐,还有的赠衣送物,互留姓名、地址,以备日后联系等。

2. 自信与自卑心理

具有自信心理的,大多数是那些通过教育改造获得良好认知的服刑人员。他们平时改造表现好,有立功、减刑等受奖记录,并学到一技之长,对回归社会后的前途、事业与家庭充满信心。具有自卑心理的,主要是一些平时表现不好,或表现一般,无受奖记录,文化低,无一技之长,年龄偏大,对回归社会后的前途感到渺茫的罪犯。他们因为服过刑的经历,怕回归社会后受到社会或家人的歧视,被人瞧不起,很难重新做人,因此内心充满疑惑不安。这种自卑心理往往使罪犯自暴自弃。

3. 松懈倦怠心理

松懈倦怠心理是罪犯在服刑的过程中,对生活、劳动、学习和改造过程产生的一种厌烦心理。临近改造尾期,罪犯无论是在身份意识上,还是在遵规守纪、劳动态度上,都会有不同程度的松懈淡薄。罪犯在这种心理状态下,对过往感到有吸引力的东西也提不起兴趣,他们开始轻视监规纪律,对常规性的改造任务表现出厌烦情绪,应付了事。有的虽然没有严重违纪,但小毛病不断发生,在前期改造中不敢做的事情,到了后期就偷偷摸摸试探着去做,一经发现就软磨硬缠,不服从管理。

4. 残余犯罪心理

大部分罪犯通过监狱的教育改造,认识到自身的违法犯罪事实,原有的犯罪心理与恶习得到一定程度矫治,为将来回归社会打下了基础。但有少数罪犯在服刑期间不思悔改,坚持犯罪立场,认为自己不该受到刑罚,并将犯罪受审归于外部原因,如社会制度、被害人、证人、司法人员等,并计划出狱后报复这些人员。有一部分罪犯的犯罪心理根深蒂固,在改造期间也无法改变,在出狱后很有可能继续犯罪。这部分人虽是少数,但是如果这部分罪犯将犯罪心理付诸实施,就会给社会造成极大危害,一旦作案可能就是大案、要案。

案例链接

蔡某,男,1952年4月生,离婚,大专文化,上海市人,多次触犯刑律被判刑4次,曾因脱逃被加刑1年。1995年2月因诈骗罪被判处有期徒刑 8 年，1996 年 9 月入监。入监之初，蔡某想赢得民警的好感，以便挑个"好差"，曾帮助过文盲罪犯代写书信和汇报材料，给经济困难罪犯提供物质帮助，但未得到民警的激励。继而采取"合法斗争"，专抓民警执法中的漏洞，后发展到与民警的严重对立，不和民警讲心里话，消极怠工，对抗管教，屡次违反相关规定。蔡某多次受到处罚。因此蔡某的敌对情绪愈加严重，感觉在这里"改造无前途、无希望，要求移地改造或换队改造"，自认"思想上无药可医"，成为一名顽危犯。

学习任务 2　罪犯心理变化

一、罪犯心理的形成机制

机制通常是指一个系统的组织或部分之间相互作用的过程和方式。而罪犯心理的形成机制是指罪犯心理在形成过程中，其内部心理因素相互作用的过程与方式。罪犯主要受三种形成机制的影响。

（一）主客观相互作用的机制

罪犯心理与普通正常人的心理活动一样，既受客观环境因素的制约，又受自身生理、心理因素的制约。罪犯以其特有的心理基础进入监狱后，置身于高压封闭的环境中，并接受监狱的教育改造，其原有的心理与新的客观刺激相互作用，形成新的心理内容，而新的心理内容又在一定程度上适应并改变着其赖以存在的客观环境。

（二）从量变到质变的机制

罪犯心理的形成过程不是一蹴而就的，往往在内外因交互作用下逐步发生变化，遵循着从量变到质变的规律。罪犯在量变期间的心理发展表现出相对的稳定性，投入改造前的刑罚心理事实，对监狱环境的适应，教育改造的实施，都在为罪犯心理的形成进行着量的积累。当量变积累到一定程度时，便引起质变，逐渐形成罪犯入狱后的罪犯心理。

（三）由心理主要矛盾决定的机制

罪犯在不同阶段，面临的主要心理矛盾不同，其心理也就表现出明显的差别。罪犯在实施犯罪过程中，主要心理矛盾是如何克服各种阻力以满足其畸形的犯罪需要，而由这一主要矛盾所决定的心理也就是犯罪心理。随着犯罪行为的结束取而代之的是逃避刑罚的需要，这一时期的心理主要是刑罚心理。随着刑罚的确定和行刑关系的确立，罪犯又开始形成以早日出狱为内容的核心需要，并由此产生服刑心理。

二、罪犯心理发展的基本形态

罪犯心理的发展是罪犯在服刑期间与刑罚改造因素相互作用过程中实现的，是在监禁环境刺激下的积累。这里所说的发展，包括构成罪犯心理的不同心理因素的增强与减弱、量变与质变，是罪犯认识、情感、意志、个性以及态度等方面向积极方向或消极方向连续变化的过程。

罪犯在服刑期间，其心理发展受多方面因素影响，而矫治并转化罪犯不良心理是监狱工作的基本目标。因此，根据罪犯心理发展是否符合社会发展的要求，我们将其划分为两种基本形态，即良性转化和恶性变化。凡是符合社会要求的心理发展，称之为罪犯心理的良性转化；凡是背离社会发展需要的心理发展，称之为罪犯心理的恶性变化。

罪犯心理的良性转化，包括四个方面的内容：一是罪犯原有积极心理因素的增强；二是新的积极心理因素的出现；三是罪犯原有消极心理因素的减弱和消除；四是心理因素的良性组合。家人的情感支撑、监狱内部的法治道德教育、自身的悔改心理等都有利于罪犯心理的良性转化。

罪犯心理的恶性变化，也包括四个方面的内容：一是罪犯原有积极心理因素的强度弱化或数量减少；二是罪犯原有消极心理因素强度的增加；三是新的消极心理因素的出现和强度的增加；四是心理因素的恶性组合。罪犯心理的恶性变化往往是受其他罪犯的影响，或由于监狱内部制度的不完善导致的。

三、罪犯心理发展的动力

罪犯的心理需求是罪犯心理发展的动力。罪犯由于失去了人身自由，也就失去了基本需求满足的直接前提。根据马斯洛的需求层次理论，当人的机体被某种需求主宰时，人的意识几乎完全被这种需求所控制，机体的全部能力就会投入到这一需求的满足中去。因此，当罪犯被早日出狱这一需求主宰时，其机体就会动员所有力量来实现这一需要，产生积极的改造动机，努力约束并改变其原有的不良心理、思想和行为，反之亦然。

根据罪犯需求的性质，我们可以把罪犯的需求划分为基本需求和改造需求。对罪犯的基本合理需求应予以满足。对罪犯改造需求的满足，应附有具体的、明确的条件，而这些条件正是监狱对罪犯改造的具体目标和要求。罪犯生活在监狱这一特定的环境中，其具体需求的内容、形式及满足的方式等与常人不同，呈现出以下特点。

1. 罪犯的需求以获得自由为中心展开

对罪犯来说，被剥夺的虽是自由，但失去的还有与自由密切联系的其他事物。马斯洛把人的需求归纳为五个层次，即生理需求、安全需求、归属和爱的需求、尊重的需求、自我实现的需求。通常是当低层次的需求得到满足以后，高层次的需求才会出现。自由是个体实现其他需求的基础，而罪犯进入监狱失去自由后，连基本的需求都无法满足，因此自由成为其在监狱的主导需求。从根本上讲，罪犯的需求始终是围绕着早日重返社会发生的。

2. 罪犯的需求结构受外部环境的制约

罪犯的需求受监禁环境的制约，呈现出多层次结构。相关资料显示，20世纪80年代，由于监狱环境的限制，罪犯的需求由高到低排列为自由需求、安全需求、生理需求、尊重需求。进入20世纪90年代后，我国颁布实施了《监狱法》，推动了监狱的法制化、科学化、人性化与社会化，这时罪犯的需求发生了一些变化，虽然早日获得自由始终是罪犯的主要需求，但罪犯对于安全的需求大大降低。

3. 需求满足具有依附性

罪犯由于实施了违法犯罪活动，常常给人以凶蛮强悍的恶人形象。实际上罪犯也是社会弱势群体，他们变态的心理或不完全的社会化使他们不能以社会所认可的方式生活，实施犯罪活动进入监狱后，他们受到了刑罚，大量的需求不能得到满足。与此同时，他们可能还要面对来自亲人、朋友、社会的抛弃。罪犯处在高压封闭的环境中，其基本需求的满足往往依托于监狱民警的认真履责。

操作训练

本单元学习情境任务评析

张某自幼家庭条件好，成绩优良，生活较为顺利，并未碰到过较大挫折。初中经历了女友分手、校园霸凌，承受不了打击，心理出现创伤，不再上学。从此人生发生转折，内心痛苦无处发泄，开始产生违法犯罪行为。

> 服刑后，张某未能消解内心挫折，不能认罪服法，想通过关系减轻自己的工作任务，即使被安排轻松工作后也伺机脱逃，被再次抓捕后不是想着好好改造，而是想着报复举报人。这说明张某人生观、价值观存在缺陷，法律观念淡薄，性格特征消极，抗拒服法认罪。
>
> 思考：
> 请你根据所学，对张某犯的犯罪心理和服刑心理进行分析。

思考练习

1. 试论罪犯的心理结构。
2. 试论罪犯的心理状态。
3. 罪犯心理是如何形成的，又会怎样发展？
4. 刘某出生在农村，足月顺产，兄妹3人，排行最小，有一哥一姐，父母在家务农。刘某自幼体健，无重大疾病史，无精神病家族史，父母务农养家。刘某初中毕业后到东莞打工，打工期间在社会上结交了一群不良人员，因被教唆，失手致人死亡而获刑入狱。服刑期间，刘某与他人发生口角而出手伤人，导致对方鼓膜穿孔、右耳听力受损，经鉴定为轻伤二级。2016年1月，刘某因故意伤害罪被加刑6个月。自加刑裁定生效后1个多月以来，刘某睡眠较差、头晕、易疲劳、食欲下降，后悔、自责、焦虑。请你根据所学，对刘某的普通心理和服刑心理进行分析。

学习单元 3
罪犯改造动机

知识导航

一、学习内容导图

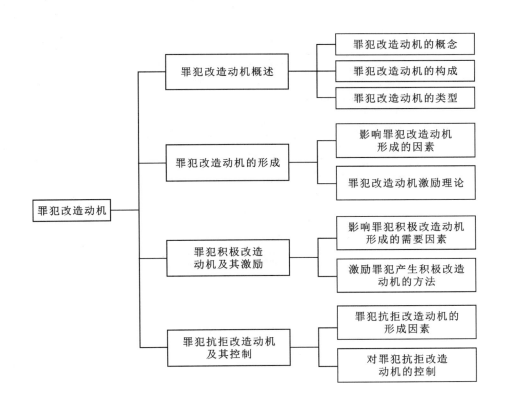

二、学习任务目标

（1）了解罪犯改造动机的概念、类型。
（2）了解罪犯改造动机的形成因素及相关理论。
（3）了解罪犯积极改造动机形成的需要及激励方法。
（4）了解罪犯抗拒改造动机的相关理论及控制。

三、学习情境导入

> 黄某，男，1996年出生，因故意伤害致人死亡被判刑。
> 2016年5月，黄某在上班过程中与领班发生冲突。因与领班积怨已深，当时言语较为激烈，随后两人发生争执，黄某掏出随身携带的尖刀刺向领班，导致领班的颈部、胸部、腹部被连刺数刀，领班当场死亡。
> 黄某入狱后不服管教，经常违纪，不遵守服刑人员行为规范。2018年3月，黄某因与另一服刑人员发生争执，将其打成重伤；2020年9月，黄某因不满监狱劳动，突然将劳动工具砸向民警，导致民警受伤，后民警将其制服；2021年4月，黄某因突然袭击民警而受到禁闭处分。
> 黄某劳动态度消极，不按时完成劳动任务，个人卫生情况较差，并且不接受心理咨询和谈话教育，对民警戒备抵触。
> 后经心理测试，黄某性格内向、偏激，行为怪异，冷酷残忍，情绪不稳，对人充满敌意。
>
> 思考：
> 试分析黄某的改造动机类型、原因及激励措施。

> 项目学习

学习任务1　罪犯改造动机概述

一、罪犯改造动机的概念

罪犯改造动机是指在罪犯需要基础上产生的直接推动罪犯个体实施某种性质的改造行为的内部动力。

促进罪犯从强制接受改造转向自觉接受改造是监狱矫正工作的重要内容，关键在于有效激发罪犯的矫正动机。罪犯改造动机一般表现出以下特征。

一是服刑改造动机的差异性。由于犯罪类型、犯罪经历及服刑年限不同，罪犯会产生不同的改造动机。如罪犯的服刑期限较长甚至是无期徒刑时，会认为自身的改造表现对缩减刑期的作用不大，因而在改造中表现较消极。而对于刑期较短的罪犯来说，早日出狱的需要可以通过自身的积极表现得以满足，因而在监狱中会表现得更加积极。

二是改造动机的表面性。罪犯的改造动机是否具有表面性，主要视罪犯的改造情况而定。当罪犯在监狱中通过自身反思、监狱民警指导、思想教育改造，能够认识到自身犯罪行为的危害性，进而希望通过积极的改造行动弥补自身过错，其改造动机是真实且深刻的。如果罪犯没有认识到自身错误，只想通过劳动改造换取奖赏以满足自身需要，则其改造动机具有表面性和功利性。

三是服刑者改造动机的复杂性、多样性。每位服刑人员的改造动机并不是单一的，而是由多种动机组成。他们在改造中的不同表现源于在这一时期占主导地位的改造动机。

二、罪犯改造动机的构成

动机由内驱力和诱因两个基本要素构成。内驱力和诱因相互作用而产生行为倾向的全部过程称为动机作用。

知识拓展

从需要到动机的作用力量

需要是主体的一种欠缺状态。机体内部相对稳定的状态称作内稳态。必须保持机体内稳态才能维持生命。若内稳态遭到破坏,就会产生需要,如营养物质不足,就会产生补充食物的需要,驱动求食的行为倾向(即动机),以恢复内稳态。

动机由内驱力和诱因两个基本要素构成。

内驱力是个体内部推动行为的力量。诱因是行为目标对行为者的刺激。

内驱力是动机中"推"的力量,诱因是动机中"拉"的力量,人的动机行为正是在这一推一拉中实现的。

(一)内驱力

内驱力是在需要的基础上产生的一种内部唤醒状态或紧张状态,表现为推动有机体活动以满足需要的内部动力。

内驱力是作用于行为的一种动力。人的内驱力可分为两大类:由饥饿等生理需要而产生的内驱力称为第一内驱力,是基本的、原始的或低级的内驱力;由责任感等后天形成的社会性需要而产生的内驱力称为第二内驱力,是社会的或高级的内驱力。

(二)诱因

需要产生之后,还必须有外部条件,即诱因的激发,才能使需要变为动机并推动行为发生。诱因指能满足有机体需要的物体、情境或活动,是有机体趋向或回避的目标。

驱动求食行为的外部目标是食物,即诱因。满足有机体需要的诱因是后天通过个体经验而逐步形成的。例如,同样为满足摄食的需要,有的人会去吃米饭,有的人会去吃面点;同样为满足自尊的需要,有的学生通过取得很好的学习成绩来获得同学的尊重,有的学生则通过讲究穿戴来吸引同学的注意。

三、罪犯改造动机的类型

根据不同的划分标准，可以将罪犯改造动机划分为不同的类型。按照稳定性的程度，可以把改造动机分为长远改造动机和短期改造动机；按照发挥作用的不同，可以把改造动机分为主导改造动机和辅助改造动机；按照积极性程度，可以把改造动机分为积极改造动机、表面改造动机、混刑度日改造动机和抗拒改造动机。这里主要分析按积极性程度所划分的四种罪犯改造动机。

（一）积极改造动机

积极改造动机是推动罪犯自觉主动发生积极改造行为的内部动力。这种改造动机是在罪犯形成改恶向善需要的基础上产生的，是罪犯在监狱接受各种教育改造措施后才逐渐形成和发展起来的。积极改造动机对罪犯改造行为能产生积极作用。具有积极改造动机的罪犯，在学习、劳动、生活等方面都有积极表现，能遵守监规纪律，积极配合监狱民警的工作。

积极改造动机产生的首要条件是罪犯能认罪服判。只有当罪犯对自己的罪行有了深刻认识，痛恨自己的过去，悔恨自己给他人和国家造成的损失，产生改变"旧我"的强烈愿望时，才能真正认识到，在监狱服刑不仅是接受惩罚的过程，也是监狱机关帮助其重新塑造自我的过程，因而能自觉遵守各种监管改造措施，并始终朝好的方向努力。

（二）表面改造动机

表面改造动机是推动罪犯为了达到某种个人目的而产生积极改造行为的内部动力。这种动机从表面上看是积极性的，而且它会推动罪犯实施积极的改造行为，但它与积极改造动机有本质区别。表面改造动机的产生并非来自罪犯改恶向善的需要，只是罪犯无法承受监狱内部的高压环境，或希望得到一定奖赏，为了满足自身各项需要而去实施积极的改造行为。比如刚刚进入监狱的罪犯，为了赢得监狱民警的信任，更好地适应监狱环境，往往会产生表面改造动机，内心并无悔改之意，但以积极的行动证明自身。又或者某些罪犯为了获取减刑、假释，争取早日出狱，也会在表面改造动机的推动下"积极"改造。具有表面改造动机的罪犯往往有"当面一套，背后一套"的特征，在民警面前表现得非常积极，一旦民警离开就会原形毕露。

（三）混刑度日改造动机

混刑度日改造动机是推动罪犯形成既不积极也不消极的改造行为的内部动力。这种改造动机的产生，主要有三种情况：一是罪犯没有改造自身的意愿，认为监狱生活有保障，衣、食、住等方面不用操心，对外面的生活也并不向往；二是罪犯虽有改造自身的意愿，但动力不大，欠缺外界的支持，当他们遇到改造瓶颈时就会放弃改造自身的意愿；三是刑期因素的影响，部分罪犯刑期较长，认为即使自己积极改造也无法改变长时间在监狱度过刑期的事实，而刑期短者，认为自身减刑的可能性较小，就放弃了改造。当罪犯产生混刑度日改造动机后，他们常常回避或拒绝思想上的改造，不愿参加劳动，纪律较为涣散。

（四）抗拒改造动机

抗拒改造动机是推动罪犯形成消极接受改造行为的内部动力。这种动机的产生主要是因为罪犯未认识自身违法犯罪行为的错误性，认为自身不应该接受刑罚；或者罪犯没有改造自身的意愿，且改造目标对其没有吸引力；或者外界对罪犯改造的期望过于强烈，罪犯无法承受，遂产生逆反心理。此外，也有极少数罪犯认为自己无药可救、自暴自弃，因而故意表现出拒绝改造的行为。在抗拒改造动机的作用下，罪犯不仅会违反监狱的规章制度，甚至会故意制造事端，破坏正常的监管改造秩序。

总之，不同类型的改造动机可以推动罪犯形成不同性质的改造行为，而且每一个罪犯身上可能并非只有一种改造动机，在某一时期，可能会同时并存多种改造动机。但只有一种动机是主导动机，它会对罪犯产生的改造行为起决定作用。因此，监狱机关的工作目标就是要使更多的罪犯产生积极改造动机并使之起主导作用，使罪犯的表面改造动机向积极改造动机转变，激发起混刑度日罪犯的改造热情，消除罪犯的抗拒改造动机。

学习任务 2　罪犯改造动机的形成

一、影响罪犯改造动机形成的因素

罪犯改造动机的产生必须以罪犯的需要和外部诱因条件为基础。罪犯改造动机主要是在三方力量作用下产生的。

（一）内在推力——罪犯的需要

罪犯的需要是改造动机产生的基础。能引起改造动机的需要，是罪犯当时最强烈的需要，罪犯早日出狱的需要即是如此。围绕早日出狱的需要的内驱力主要有两种：一是认罪悔罪的内驱力；二是积极改造的内驱力。

（二）外界压力——监狱环境及其他社会环境因素

罪犯产生需要后，还要有外部刺激，这种外部刺激便是诱因。监狱环境及其他社会环境是一种外部诱因，它作为外界压力，对改造动机的产生起保障作用。这些因素包括社会的期望、亲友的嘱托、监规纪律的约束、监狱民警的督促和可能受到的惩罚等。这些因素使罪犯感受到一定压力，并成为其改造动机产生的促进力量。

（三）目标引力——外部激励因素

外部激励因素也是一种外部诱因，它作为目标引力，对改造动机的产生起激励作用，主要包括奖励（物质奖励、精神奖励、减刑、假释等）、好的处遇（宽松度、自由度较高的处遇）、掌握生产技术、尽快获得人身自由等。这些外部激励因素可以成为对罪犯极有吸引力的改造目标，目标的达到可以满足罪犯的某种需要，激发罪犯的改造动机。当罪犯有了目标后，其需要所决定的基本指向才会落到实处，可以加速动机的形成，并有效提高动机的强度。

二、罪犯改造动机激励理论

激励是指促使个体产生朝某一特定目标行动的倾向，以使其有效达成行动目标。实际上就是激发动机，调动人的积极性，从而使个体尽最大努力取得最好绩效。需要是动机的起点和基础，外部刺激是激励的条件，行为是激励的目的。

对罪犯运用激励，就是要调动起罪犯的改造积极性，使其产生积极的改造行为，从而使罪犯改恶向善、重新做人。这里主要介绍在罪犯激励中可借鉴的6种动机激励理论。

（一）马斯洛的需求层次理论

马斯洛的需求层次理论，把需求的满足作为个体发展的基本原则，认为人的需求按由低到高的顺序分为五个层次，分别为生理需求、安全需求、尊重需求、归属与爱的需求、自我实现的需求。其中，生理需求是需求结构中的最低层次，是其他需求的基础。一般来说，需求的层次越低，其力量就越强，只有低层次需求满足后，才能出现高层次需求。

将需求层次理论运用于罪犯改造时，应注意以下几点。

1. 满足罪犯的生理需求

只有依法保障罪犯正当合理的生理需求，让他们没有生存方面的顾虑，才能较好产生高层次的需求，更好地接受改造。

2. 满足罪犯的尊重需求

罪犯作为人同样有着被人尊重的需求，当民警本着尊重罪犯的态度行事时，更容易拉近两者间的距离，也容易获得罪犯的信任，使其恢复自信心，变得更加自重和自爱。

3. 引导罪犯产生自我实现的需求

改造的实质是使罪犯认识到自身错误，反思自身犯罪行为给受害者、家人、社会带来的伤害，并愿意以行动去弥补过失，重新做人。民警要创造条件，引导罪犯追求高层次的需求，实现自我价值。

（二）赫茨伯格的双因素理论

双因素理论是由美国心理学家赫茨伯格提出的，全名为"激励-保健因素理论"。赫茨伯格认为，影响动机激发的因素分为保健因素和激励因素。保健因素是指能够造成对象不满的因素，这些因素如果能够得到改善，会消除其不满情绪，但不会产生满意的情绪，也起不到激发积极性的作用。保健因素包括领导水平、工资奖金、工作环境、人际关系、劳动保护、娱乐休假等。激励因素是指能够使对象产生满意情绪的因素。这些因素如果得到改善，则可以较大程度地提高积极性。这些因素如果得不到满足，很难产生满意的情绪，但不会产生不满的情绪。激励因素包括工作中充分表现的机会，工作带来的愉快感，对工作的成就感、责任心、兴趣，对工作发展的期望等。

将该理论运用于罪犯改造时，民警应注意以下问题。

（1）注意保健因素，监狱要为罪犯创造良好的有利于其改造的外部环境和条件，防止罪犯产生不满情绪。

（2）要利用激励因素激发罪犯动力，进一步提高罪犯改造的积极性。

（三）弗鲁姆的期望理论

期望理论是由美国心理学家弗鲁姆提出的。该理论认为，个体积极性强度取决于目标的吸引力大小和目标实现的可能性。该理论可用下面的公式来表示：

$$激励力量（M）＝效价（V）×期望值（E）$$

其中，M 指的是激励力量，是人的动机或内在积极性被激发的强度；V 指的是效价，是达到目标对于满足个人需要的价值，即对目标意义的估价；E 是期望值，是指根据个人经验判断实现目标的可能性。由此公式可以推出，效价越大，期望值越高，产生的激励力量就越大，激励对象的动机就越强。

由于 V 与 E 的不同情况，M 会出现五种情况：

(1) V 高 × E 高 ＝ M 高；
(2) V 中 × E 中 ＝ M 中；
(3) V 低 × E 高 ＝ M 低；
(4) V 低 × E 低 ＝ M 低；
(5) V 高 × E 低 ＝ M 低。

在帮助罪犯确定改造目标时，应充分考虑此目标对罪犯的效价和期望值。当该目标的实现对满足罪犯个人需要有较大吸引力时，则很大程度上会提高罪犯改造的积极性。另外，罪犯认为改造目标可以实现时，其付诸实践的意愿会较高，改造积极性便高。当两者结合时，才能真正激励罪犯。

知识拓展

罗森塔尔效应

期待是一种力量，被心理学家称为"皮格马利翁效应"。"皮格马利翁效应"也称"罗森塔尔效应"或"教师期望效应"。1968年，美国著名心理学家罗森塔尔将之运用到实验中。

罗森塔尔的"权威性谎言"发生了作用，因为这个谎言对教师产生了暗示，左右了教师对名单上学生的能力的评价；而教师又将自己的这一心理活动通过情绪、语言和行为传染给了学生，使他们强烈地感受到来自教师的热爱和期望，变得更加自尊、自信和自强，从而使各方面得到了异乎寻常的进步。

思考：
请你根据所学，用动机激励理论进行分析。

（四）亚当斯的公平理论

公平理论，又称社会比较理论，是由美国心理学家亚当斯提出的。该理论是在社会比较中探讨个人所做的贡献与其得到的报酬之间如何平衡的一种理论。该理论认为，每个人都需要保持分配上的公平感，会把自己的付出与回报跟同等条件的人对比，如果两者相差不大就会产生公平感，如果感到付出过多或回报过少便会产生不公平感，这种不公平感会使其产生一系列负面情绪，进而影响后面的行为。

公平理论认为，职工的工作动机（积极性），不仅受自己所得的绝对报酬（即实际收入）的影响，而且受相对报酬的影响。职工感受到公平，才会心理平衡，工作积极性才能提高。

把公平理论应用于激励罪犯时，就要求监狱民警注意奖励的公平性、合理性。

（1）对罪犯进行奖励时，做到真正的公平，经得起比较，使罪犯无论是与他人比较还是与过去比较，都能感觉到付出得到了应有的回报。

（2）将处理问题的过程、结果公开，广泛听取相关人员的意见，如有不公平、不合理的情形，应立即纠正，并将纠正的结果公之于众。因此，民警在对罪犯进行奖励时，特别是在对罪犯进行减刑、假释方面，要做到公平合理，才能真正激发罪犯的改造积极性；否则，奖励就会失去意义，不仅不能激发罪犯改造积极性，而且会起到反作用。

（五）洛克的目标设置理论

目标设置理论是由美国心理学家洛克提出的。之后该理论被其他学者不断完善，逐渐发展成具有影响力的激励理论。该理论的基本观点是目标能够把人的需要转变为动机，使人们朝一定的方向努力，并将自己的行为结果与既定目标相对照，及时进行调整和修正。该理论认为，目标使人们知道要完成什么工作（清晰度），以及必须付出多大努力才能完成（难度）。

把目标设置理论应用于激发罪犯的改造动机时，应注意以下几点。

（1）为罪犯设立目标时要清晰具体，具有可操作性，让罪犯的行动有大致的方向。要做到改造目标明确化，要让罪犯知道他要达到的标准，而不是仅仅告诉他"尽你最大努力去做"。

（2）目标要有一定难度，但又要在罪犯力所能及的范围内，这样可以调动罪犯的积极性，同时罪犯不会轻易放弃。

（3）民警定期给罪犯一定反馈，让罪犯明白目标的完成程度。

（4）目标的设立要听取多方面意见。民警要在听取罪犯意见的基础上结合自身经验设立目标，这样可以使目标更具可行性。

（六）斯金纳的强化理论

强化理论，也称行为修正理论，是由美国心理学家斯金纳提出的。强化是指伴随于行为之后且有助于该行为重复出现的事件。强化有正强化和负强化之分，也称阳性强化和阴性强化、积极强化和消极强化。正强化就是对主体的正确反应给予肯定，从而使这种反应得到加强，正强化的形式有认可、赞赏、表扬及各种奖励措施（如加分、发放奖金、晋升等）；负强化是在有机体实施一个行为后，撤销一个厌恶刺激，让有机体增加某种行为的发生，如取消某种惩罚（体罚、谴责等）。惩罚则是当有机体做出某种反应以后，呈现一个厌恶刺激或撤销一个愉快刺激，以消除或抑制此类反应，如扣分、扣奖金、撤职、降级等。

将强化理论运用到罪犯改造中，应注意以下几点。

（1）及时强化。当罪犯实施好的行为后，要及时地进行反馈，让罪犯知道该行为可以带来好的结果，增强其信心，给予其鼓励；当罪犯不配合监狱改造时，民警要实施一定的惩罚措施，说明惩罚的理由，并提供正确的做法，让罪犯心服口服。

（2）奖惩结合，以奖为主，更能激发罪犯的动机。

（3）因人而异。每一个罪犯都有其特殊性，根据罪犯的具体情况采取相应的强化措施，增加强化的有效性。

（4）精神奖励与物质奖励结合。精神奖励可以起到物质奖励所无法比拟的更持久、更强大的内在激励作用，两者结合可以极大增强奖励的效能。

学习任务3　罪犯积极改造动机及其激励

一、影响罪犯积极改造动机形成的需要因素

影响罪犯积极改造动机形成的需要因素主要有以下几个方面：改恶向善的需要、亲和的需要、亲社会的需要等。

（一）改恶向善的需要

改恶向善的需要对罪犯产生积极改造动机具有至关重要的作用。要想使罪犯产生积极改造的动机，首先要促使罪犯产生改恶向善的需要。罪犯进入监狱后，一般不会主动产生改恶向善的需要，有一个从被迫接受改造到自觉接受改造的过程，因此监狱民警要努力引导罪犯。监狱可以开展一定形式的法治教育、道德教育、文化教育，让罪犯认识到犯罪行为的错误性，然后分析犯罪行为对受害者、家人、社会造成的伤害，让罪犯清醒地认识自身行为的危害性，从而产生悔恨心理，最后在悔恨心理的基础上教导罪犯以实际行动去弥补过错。当罪犯憎恨"旧我"，产生改变"旧我"、重塑"新我"的意愿时，改恶向善的动机便形成了。

（二）亲和的需要

随着监狱管理理念的更新及管理模式的不断改善，监狱中的不良行为已基本消除，罪犯的生存需要和安全需要基本得到保障，越来越多的罪犯开始寻求归属与爱的需要，而亲和需要正是其中的一种表现。亲和是个体害怕孤独，希望与他人在一起建立友好联系的一种心理倾向。

罪犯同样有维护自己和亲人关系的需要。一是希望能够有和亲朋好友交流的渠道，感受到关爱；二是希望在群体中受到尊重，有归属感。当罪犯的归属与爱的需要得到满足后，罪犯可以获取一些外部的信息，缓解其因信息闭塞而带来的不适感与不安全感，也能通过交往与沟通减轻心理压力，排遣焦虑，以积极的心态投入到改造中。如亲人关心罪犯在监狱的生活，希望罪犯能够在监狱改过自新，并给予充分的精神支持，这将极大地激发罪犯的改造热情，极大推动积极改造动机的形成；或者民警定期与罪犯谈话沟通，询问其困难或需要，会让罪犯感受到关爱与尊重，产生接受改造的意愿。

（三）亲社会的需要

亲社会行为是与攻击等否定性行为相对立的行为，如同情、慈善、分享、协助、捐款、救灾和自我牺牲等。亲社会的需要是指个体产生实施亲社会行为从而满足社会期望的需要。罪犯因为触犯法律受到社会制裁，失去了往日的自由，在服刑过程中，只有通过减刑、假释才能尽快恢复自由，为了实现这一目标，就必须改变原有的反社会态度，认同社会规范，遵守监狱内部的规章制度，此时罪犯的亲社会需要就产生了。

罪犯的亲社会需要受到两个方面的影响：一是能否察觉其他重要人物期望自己如何行事；二是实施亲社会行为的价值，能够带给自己的益处，当监狱中某种行为具有较高的价值时，罪犯可能较愿意采取该行动。

二、激励罪犯产生积极改造动机的方法

（一）奖惩激励

奖惩激励是指运用奖励或惩罚手段来激发罪犯积极改造动机。罪犯在监狱的改造表现各不相同，对罪犯的积极改造行为给予奖励，而对消极改造行为或破坏监管安全的行为给予惩罚，可以起到鼓励先进、督促后进的作用。监狱的奖励包括物质奖励、精神奖励、法律奖励等，惩罚包括物质惩罚、法律惩罚等。

运用奖惩激励时应遵循以下原则。

1. 改造性原则

奖惩只是一种手段，改造罪犯才是最终目的，应把奖惩与教育改造相结合，奖惩措施的制定要以有利于罪犯的改造为前提，以激发罪犯的积极改造动机为最终目的。

2. 及时性原则

当罪犯出现某种良好表现或不良表现后，应及时给予奖惩。

3. 准确适度原则

要以事实为依据，恰如其分，把握好尺度。过度的奖励会使他人不服气，过度的惩罚会使受罚者产生逆反心理。

4. 公正性原则

对所有罪犯都应秉持同一个标准，让罪犯服气。

5. 差异性原则

不同罪犯的需要不同，同一罪犯在不同服刑阶段的需要也不完全一样，如果能因人而异采取不同的措施，则能使奖惩发挥较大的效用。

（二）目标激励

设置适当的目标能激发人的积极行为动机，而且期望理论和目标设置理论也告诉我们，人们对目标看得越重要，目标实现的可能性越大，目标对人行为的激励作用也就越大。

运用目标激励时应注意：

（1）把罪犯个人的目标与改造要求相统一；

（2）目标要设置得当。太高的目标可望而不可即，没有激励作用；太低的目标价值不大，对罪犯没有吸引力，也无激励作用。可以把罪犯改造的总目标分成几个递进的分级目标，罪犯一步一个台阶实现分级目标，最终实现总目标。

（三）情感激励

情感激励是运用情感力量来激发罪犯的改造积极性。

对罪犯可以起到激励作用的情感主要来自两个方面。

（1）监狱民警用真情去感化罪犯，使罪犯在真情的感召下产生积极改造的动机。民警要关心罪犯在监狱的日常生活、生产劳动、学习等，遇事能真正替罪犯着想，解决罪犯遇到的困难等，使罪犯感受到监狱民警的真情。出于对这种真情的回报，罪犯可能萌生积极改造的动机。例如，监狱民警为罪犯及其亲人解决实际困难，使罪犯产生感激之情，罪犯遂以积极改造的行动报答监狱民警。

（2）使罪犯感受到更多的亲情，进而促使他们产生更大的改造热情。民警通过亲情聚餐、亲情住宿、亲情寄语等方式，使罪犯实实在在地感受到亲人的关心。为了亲人，也为了自己能早日与家人团聚，罪犯就会有更加积极的改造表现。

案例链接

亲情温暖促改造

李某，女，32岁，因诈骗罪被判处10年有期徒刑。李某13岁那年，初一某天放学回家，收到了爸妈离异的消息。其母亲考虑到自己没有经济来源，没有能力抚养女儿长大，遂将抚养权交给其父亲。一年后父亲组建家庭并生下一子，对女儿的关心变少。李某感觉自己被父母抛弃，遂选择以一种自暴自弃的方式报复父母，经常逃课，混迹于游戏厅、台球厅等娱乐场所，还结识了一些小混混。后来因诈骗罪入狱，李某不思悔改，认为自己现在的一切都是父母造成的。

　　监狱民警田某在日常观察中发现李某表现并不积极，每天抑郁烦闷，较少与他人交流，便主动与其面对面谈话教育。通过聊天，田某发现，虽然李某表面对父母极其厌恶，但是内心渴望着他们的爱。民警田某以此为突破口，多次对李某的父母进行家访，告知李某在监狱的现状，并引导其父母多联系女儿，给女儿带来亲情的温暖。后父母认识到自身的错误，觉得自己亏欠女儿，便经常到监狱看望李某，并鼓励李某在监狱好好改造，出去后好好生活，和家人团聚。在一次次家属探访中，在一次次与民警田某的谈话中，李某逐渐打开心扉，能够承认自身所犯下的罪行，认罪悔罪的态度逐渐改变。在一次谈话中，李某深情诉说："原来我年龄小，不能体会到父母生活的不易，太任性，伤了父母的心，现在我能做的是在这里好好接受改造，不辜负父母与民警的期望，好好做人。"

（四）信任激励

信任激励是指监狱民警信任和理解罪犯，看到罪犯的能力和长处，适当安排一些任务给罪犯，使罪犯的尊重需要得到满足。例如，苏联教育家马卡连柯让一个曾是小偷的学生单独去取公款，此人因被信任而深受感动，不仅取来了钱，而且从此改掉了偷窃的恶习。在我国，古有纵囚归家，今有离监探亲，都是信任激励的生动实践。

（五）榜样激励

榜样激励是指运用罪犯身边的榜样激励罪犯积极改造。
罪犯身边的榜样有两种人。
（1）正在服刑或已刑满释放的"回头浪子"。他们与正在服刑的罪犯有共同经历和感受，对罪犯最有激励作用。
（2）监狱民警。他们以执法公正、工作认真、品德高尚、为人正直的模范言行对罪犯起到潜移默化的影响，罪犯由敬佩他们转而模仿他们，为学习他们而积极改造。
榜样之所以有激励作用，是因为榜样就在罪犯身边，生动形象，易学习且具有说服力。

（六）智力激励

现阶段，在监狱中服刑的罪犯以青壮年为主，他们精力充沛，活动能量高，愿意进行多种活动来丰富自己的服刑生活，也愿意学习知识技能来提高自己。因此，对在生产劳动中有突出表现或进行技术革新、发明创造的罪犯，除了给予一般意义上的奖励，还可以给他们提供在学识上、技术上能有所提高的机会，即进行智力奖励。例如，给他们创造能参加专业知识学习或自学考试获得文凭的有利条件，提供进行技术培训获得相关技术等级证书的机会等。

通过智力激励，不仅可以提高罪犯自身素质，提高生产技能，使罪犯在生产中有更出色的表现，而且有利于罪犯将来更好回归社会。

学习任务 4　罪犯抗拒改造动机及其控制

一、罪犯抗拒改造动机的形成因素

罪犯抗拒改造心理是指经人民法院判刑、进入监狱服刑的罪犯不配合改造或抗拒改造，存在重新犯罪意向的内心活动。罪犯抗拒改造心理不利于罪犯思想向好转变，制约犯罪心理向正常健康心理转变。通过归纳罪犯的抗拒改造心理，我们可以发现罪犯抗拒改造动机的形成因素如下。

（一）对司法机关的判决不服

当罪犯对司法机关的判决不服，认为被捕入狱是由于自身作案手段不高明或一时疏忽大意，容易产生抗拒改造心理。这类罪犯没有认识到自身犯罪行为的危害性，对犯罪行为不思悔改，幻想着出狱后改变犯罪手段继续作案。因此这类罪犯可能表现为遵守监狱内部的规章制度，完成任务，但是内心并无悔改之意。

（二）反社会心理较为顽固

某些罪犯具有一定的反社会心理，进入监狱后，环境的改变和教育改造的实施并不能立刻改变这些罪犯的犯罪心理、犯罪思想、反社会人格。他们不能适应监狱的环境，与他人交往存在障碍，同时有着较强的反改造心理，在改造中表现为蛮横无理、屡犯监规、行为偏激。

（三）不满监狱民警的处置

作为监狱的管理者，监狱民警对事件的处置影响着罪犯的服刑态度。如果监狱民警按照监狱的规章制度行事，对罪犯在改造过程中耐心帮扶，公平公正地对罪犯进行奖惩，则罪犯更容易接受改造；反之，罪犯将会对监狱民警产生较大的抵触情绪，甚至会发生攻击民警的行为。

二、对罪犯抗拒改造动机的控制

对任何形式的攻击行为的控制其实都有两个方面的策略：一是从社会学、犯罪学和法学的角度看，通过社会制裁、乡规民约等正式或非正式机制对攻击行为加以外在控制；二是从教育学和社会心理学的角度看，通过社会教化使人们能够对自己的行为进行有效的内在控制。

对罪犯抗拒改造动机的控制，主要包括以下几个方面。

（一）规范调控

监狱民警要合理运用各类奖惩措施。在改造初期，监狱要坚持以惩罚为主、教育为辅的改造手段，突出刑罚的威慑性，使罪犯感受到监狱公权力的不可侵犯性与规章制度的不可逾越性，使其产生不敢反抗的恐惧心理。这种恐惧心理能够较好地抑制不良心理活动。抗拒改造的罪犯是监狱中的害群之马，如果不及时遏制其行为，将会给其他罪犯带来较为恶劣的示范作用。要加大对抗拒改造行为的惩罚力度，视其情节轻重给予相应的行政处分或刑事处罚，不仅可以打击罪犯本身的反抗心理，还能有效震慑那些正在滋生的抗拒心理，起到惩一儆百的作用。

（二）教育转化

对罪犯的改造要发挥教育的引导作用。对罪犯的改造最困难的部分是对其思想的改造，罪犯认识到自身行为的违法性，才能进一步改变自身。监狱要多措并举地开展各类教育活动，充分调动罪犯改造积极性，通过法治教育、思想道德教育、政治教育等，使罪犯认识到犯罪活动的社会危害性，唤醒其良知，使其重建起符合社会规范的世界观、人生观、价值观。

监狱要向罪犯讲明相应的规章制度，分析其行为的好坏利弊，让罪犯清楚地了解违反监狱规章制度的后果，掂量自身行为。监狱民警需要定期开展谈心谈话活动，与罪犯进行思想交流，了解当前罪犯的思想与心理状态，针对其问题或困惑，予以相应的引导。

（三）环境净化

良好的监狱环境有利于罪犯抗拒改造心理的转变。罪犯处在社会之中，具有一定的社会性，同样需要来自社会的支持与帮助，获取被关怀与爱的感受。因此监狱要加大社会各界对罪犯的帮扶力度，让社会更多地了解罪犯的现实处境。邀请社会人士给罪犯送温暖、送知识、送技术，让罪犯学习职业技术，从而使他们更顺利地走向社会。监狱要加大宣传力度，破除人们心中对罪犯的固有印象，消除误解与盲目恐惧，鼓励社会理解与关心罪犯，让罪犯感受到社会的温暖。此外，监狱要加强与罪犯家属的沟通交流，让家属了解罪犯在监狱的实际情况，并引导家属多关心罪犯，给予罪犯必要的亲情支持。

操作训练

本单元学习情境任务评析

黄某入狱后，不服从管教，不按时完成劳动任务，个人卫生较差，并经常发生违法乱纪行为，2018年至2021年间制造多起伤人事件，甚至因为不满监狱劳动而袭击民警。

黄某之所以产生抗拒改造动机，原因如下：黄某并未认识到故意伤害致人死亡行为的错误性，认为自己不应该接受刑期；被判处无期徒刑，导致黄某丧失了积极改造的动力，破罐子破摔，不在意自己在服刑期间的表现；监狱环境较为压抑，黄某被束缚在监狱各项规章制度之下，容易产生反抗心理；经心理测试，黄某具有攻击型人格障碍、性格内向、偏激，行为怪异，冷酷残忍，情绪不稳，对人充满敌意，黄某的人格特质容易使其产生抗拒改造动机。

监狱民警可采取如下激励措施：监狱民警合理运用各类奖惩措施，当黄某违反监狱规章时，按照其情节轻重给予相应的处罚，当黄某表现较好时，给予及时的鼓励与肯定；监狱民警讲明监狱服刑政策，特别是减刑的相关政策，告知其如果服刑期间表现较好，有减刑的可能性；监狱民警要体现以人为本原则，一方面要主动感化黄某，另一方面要加强与黄某家属的沟通交流，并引导家属多关心、鼓励黄某，让黄某感受到外界的温暖。

思考：
试分析黄某的改造动机类型、原因及激励措施。

思考练习

1. 什么是罪犯改造动机？罪犯改造动机包括几种类型，各有何作用？
2. 罪犯的积极改造动机是怎样形成的？
3. 什么是激励？激发罪犯积极改造动机的方法有哪些？
4. 各种激励理论在罪犯改造中如何应用？
5. 结合一个案例分析罪犯的改造动机。

学习单元 4

罪犯服刑态度

知识导航

🔍 一、学习内容导图

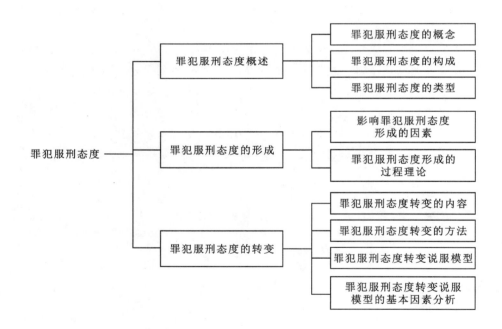

🔍 二、学习任务目标

（1）了解罪犯服刑态度的概念。
（2）了解罪犯服刑态度的表现形态。

(3) 了解罪犯服刑态度的特点。
(4) 了解罪犯服刑态度的影响因素。
(5) 掌握罪犯服刑态度转变的方法。

三、学习情境导入

司法部指导案例：江苏省高淳监狱罪犯张某的教育转变

张某，男，1980年8月生，黑龙江人，初中文化。2012年4月24日，因犯抢劫罪被判处有期徒刑14年。张某性格孤僻，认知偏激，人际关系紧张，行为冲动，焦虑抑郁，有较大的行凶、脱逃及自伤自残等现实危险性。

张某的父亲是火车司机，脾气暴躁，常在酒后打骂其母亲。张某对家庭产生抵触心理，加之学习成绩较差，初中毕业后便混迹社会，结交了众多不良人员，法治意识淡薄，家庭亲情意识淡化，拜金思想严重。

张某共三次犯罪。入监后，自认民警对其不公，常借身体有病，要求照顾。难以适应劳动改造，多次对抗管教被从严管控。张某自控能力弱，刑期长，长期无会见，时常流露轻生念头，有较大的现实危险性。

思考：
结合服刑态度转变的内容和方法，分析如何转变张某的服刑态度。

项目学习

学习任务1　罪犯服刑态度概述

一、罪犯服刑态度的概念

社会态度是一种心理倾向，它可以反映个体对直接或间接带有社会特征的某种客体的态度和心理活动趋向。例如，人类对任何事物都会显示出某种程度的支持或反感、肯定或否定、喜爱或憎恨，并随之形成对某种反应的心理倾向性，即接近它或避开它。这种人类对某些事物所产生的一种带有意见倾向性，表现为相应的感情、认识和行为倾向性的组合，便是态度。自从 1928 年瑟斯顿的开创性研究之后，态度成为探究个体内心状态、预测个体行为的核心概念。

罪犯服刑态度是指罪犯对服刑改造这一特定活动所持有的，相对稳定的、持久的评价和心理倾向。罪犯的服刑态度一旦形成便会持续一段时间而不改变，具有相对的稳定性和持久性。例如，一名罪犯如果对服刑持积极的态度，就会在相当长的时间里表现得较为积极。罪犯服刑态度是在其他心理过程的基础上对认识、情感、动机等过程的配置。

罪犯服刑态度是在其他心理过程的基础上对认识、情感、动机等过程的配置。

知识拓展

罪犯心理矫正是一个转变服刑态度的过程

态度是人们活动的物质基础，一旦转变了罪犯的错误态度，罪犯的主动性和积极性得以发挥，就能够促进服刑工作向前健康发展，监管单位的正常生产活动、监狱秩序也就会进一步稳定。如果消极地让持错误态度的罪犯随意活动，就会严重影响服刑工作的顺利完成。

对罪犯心理的矫正，从某种程度上讲也就是一个转变罪犯服刑态度的过程。所以，唯有积极地引导和鼓励罪犯随着社会的发展和监狱民警的正确引导而转变错误态度，才能促进监狱秩序的安定，从而促进罪犯的服刑与获得新生。人是复杂的社会人，使罪犯迅速转变其已有的错误态度，是一项复杂而困难的工作。唯有理论联系实际，不断探究改善罪犯服刑态度的方式与技巧，方可促使服刑工作进展到一个新的阶段。

二、罪犯服刑态度的构成

态度由三种成分构成：认知成分、情感成分、行为倾向成分。这三种成分是彼此相互关联的。罪犯服刑态度的构成成分也可以从这三个方面进行分析。

（一）认知成分

认知成分是指罪犯对于服刑活动的认知综合，具体包括观念、概念、意见、评价等。认知成分是罪犯对服刑活动的心理印象,是对服刑活动的认识、理解和评价。例如,"我认为劳动能让我洗刷罪恶""服刑改造是我罪有应得"等。

拓展学练

耻感意识与罪犯态度评价

康有为认为,知耻心是个人向上奋进的一种动力。例如,越王勾践每每想起会稽的耻辱,就油然而生艰苦奋斗、自强不息之动力,经过多年努力,终于打败吴国,一雪前耻;司马迁遭受屈辱的宫刑之后更加勤奋写作,终于完成史学巨著《史记》。可见,知耻心具有强大的鞭策功能,可产生催人奋进的动力。

教育矫正工作者在对服刑人员进行教育改造的过程中,适当激发其羞耻心,坚持正面教育,会起到良好的矫正效果。耻感意识的激发可以对个体的思想和行为产生重要的影响。然而随着市场经济的发展,拜金主义思想较为常见,社会不正之风和腐败现象屡禁不止,一些人夸大个体自由、宣扬非理性主义,导致社会生活中各种犯罪现象的发生。服刑人员耻感的淡化是监狱和社会在对服刑人员进行思想矫正过程中面临的一大问题。

恩格斯认为,每个社会集团都有它自己的荣辱观。一个人的所作所为即便与社会所认可的道德规范背道而驰,即便其不道德的行为已被他人当面予以提醒或痛斥,假若其心中没有内化的善恶标准或荣辱标准,即没有良知,那么,其心中也不会产生羞耻心或羞耻感。一些服刑人员往往在刑释后短期内再次犯罪,甚至个别人将犯罪视为个人能力强悍的体现,不以违法犯罪为耻。可见,增强对服刑人员耻感意识的培养,对其今后的行为起着重要的规制作用。

(二)情感成分

情感成分是指罪犯在服刑中所产生的一种主观感受和内心体验。情感成分是罪犯对服刑活动肯定或否定的评价基础上引发的接纳或拒绝、喜爱或厌恶、热情或冷漠、敬重或轻视等体验。例如,"我厌恶劳动""我尊重监狱民警"等。

(三)行为倾向成分

行为倾向成分是指罪犯在服刑活动中表现出来的行为意图,即对服刑采取什么样的行为反应。具有预备性质，是服刑行为的直接准备状态。主要表现为"服从不服从""如何服从"等指令。行为倾向成分是一种意向、倾向和偏好，例如"我想成为守法公民""我想认真学习法律知识"等。

上述三种成分间相互影响、相互作用。其中，认知成分是基础；情感成分是核心和关键，它调节着态度的表现；行为倾向成分制约着罪犯对服刑活动的行为方式。

一般而言，服刑态度的三种成分之间是相互协调一致的。例如，罪犯倘若认为判刑是罪应有得，与罪刑相适应，大多会为积极适应服刑生活做好相应的心理准备，而不会对服刑持厌恶或抵触的情绪。但有时这三者之间也会产生不一致的情况。例如，某一罪犯虽然知道学习法律知识对于认识自己的犯罪行为和法律对自己的量刑适当与否很有帮助，但他可能不喜欢学习，一上法治教育课就昏昏欲睡。情感成分起主导作用，对认知成分和行为倾向成分具有重要的影响。监管人员经常听到罪犯说"我知道自己理应好好劳动，完成劳动指标，才有减刑、假释的可能性，可就是厌恶劳动"等。

三、罪犯服刑态度的类型

罪犯服刑态度是一种相对稳定、较为持久的评价和心理反应倾向。服刑态度首先是一种评价，是一种主观的东西。按照不同标准可以分为不同类型。

（一）短期态度和长期态度

评价和心理反应倾向可以有多种表现形态，可以是瞬间的、短暂的，也可以是长时间的、持久的。根据罪犯服刑态度的持续时间长短，可以分为短期态度和长期态度。

（二）积极改造态度和消极改造态度

根据罪犯对改造活动是否持正面认同的倾向，可以分为积极改造态度和消极改造态度。罪犯的服刑态度具有相对的稳定性和持久性，并影响其行为。例如，一个罪犯如果对改造持积极的态度，就会在相当长的时间里表现得较为积极。

学习任务2　罪犯服刑态度的形成

一、影响罪犯服刑态度形成的因素

罪犯服刑态度是在罪犯服刑中形成的。人的态度常常是在他人态度的影响下逐渐形成的，即都是在个体后天的生活环境中形成的，在这一过程中，有许多因素会影响其发展以及最后的形式。对于罪犯而言，个人需要满足的程度、知识的获得与积累、个人在群体中的关系、个人人格的特征等，都是影响其态度和价值观的重要因素。监管环境、监管制度、监管设施、执法环境、民警素质以及罪犯群体的相互影响等，都会对罪犯入狱后的态度和价值观的形成产生很大的影响，最终甚至直接影响到服刑质量、服刑效果及罪犯重新社会化的程度。

（一）服刑环境的刺激

服刑环境对罪犯个体的影响主要是指通过监狱的硬件环境和软件环境的相互作用来影响罪犯服刑态度的形成。

监狱的硬件环境主要包括监狱的高墙、电网、武装警戒及禁闭室等，这些因素会对罪犯产生极强的威慑作用，使罪犯服刑态度趋于积极。

监狱的软件环境主要包括监狱法律法规、监区规范、监狱亚文化、监狱改造罪犯手段特别是监狱民警的素质及教育管理水平等，这些因素对罪犯服刑态度的形成起着决定性作用，其中既有强制力的影响，又有说服教育等潜移默化式的影响。

（二）罪犯家庭的影响

罪犯从物质到精神、从外在到内心，对家庭的依赖感和依恋感都很强烈。家庭成员对罪犯的态度尤其是其判刑入监后的态度会直接或间接影响罪犯的服刑态度。例如，有的家庭对罪犯不嫌弃、不抛弃，抱着关心、帮助和教育的态度，就可能会增强罪犯积极改造的信心和决心，反之亦然。

（三）罪犯群体成员间的模仿与学习

罪犯群体成员对服刑持有何种态度会对罪犯个体的服刑态度产生一定的影响。

一方面，罪犯群体成员间相近的犯罪经历、同样的刑罚、类似的价值观和人生观以及人格缺陷等诸多相似性，使得罪犯个体的服刑态度更容易和群体成员接近。

另一方面，共同的服刑生活，相同的环境和刺激，类似的想法等，也使得罪犯个体的服刑态度更易与群体成员保持一致。

罪犯个体主要是通过观察、模仿、学习等方式来习得罪犯群体成员的态度。

（四）服刑认知和评价的引导

罪犯对自身受到的刑罚这一客观事实的认识和评价，特别是对法院量刑的看法和评判会对罪犯服刑态度的形成起到极为重要的影响作用。倘若罪犯认为自己理应受到法律制裁，罪刑相符，就会对服刑持接受、认可和配合的积极态度，反之亦然。

罪犯对改造活动的认知、信念和目标也会影响罪犯服刑态度的形成。倘若罪犯认为通过改造活动可以成为一个新人，对回归社会后的生活也抱有信心，就会形成较为积极的服刑态度，反之亦然。

罪犯原有的经验会影响罪犯的服刑态度的形成。罪犯原有的犯罪经历的长短、犯罪经验的多少，初次或不止一次受到法律惩罚，以往在看守所或监狱生活的经验特别是由经验所引起的各种情绪后果，会直接影响罪犯服刑态度的形成。

（五）罪犯个体人格特征的影响

世界上没有完全相同的个体，个体之间千差万别，同样的事物、同样的客体，个体对它的认知、情感是不一样的，其行为倾向性也不相同，这是因为个体的人格特征是不同的。宽容的人，对待他人是友善的，而过分偏激和偏执的人，对待他人是不友善的。罪犯入狱前后的人格特征如何，也会对其态度和价值观的形成产生重要的影响。

（六）奖惩强化

监狱对罪犯的奖励与惩罚会直接影响罪犯需要的满足与否，且与罪犯的切身利益密切相关，会直接影响罪犯服刑态度的形成。监狱的奖惩制度及监狱民警对罪犯适用奖惩的公正性、合理性和适时性，会对罪犯服刑态度的形成产生较大的影响。

同时，对于罪犯服刑态度本身的正、负强化，也会直接作用于罪犯，使其趋向于增加积极、肯定的服刑态度，减少消极、否定的服刑态度。

二、罪犯服刑态度形成的过程理论

态度是经过学习过程而形成的。社会心理学家凯尔曼于1961年提出了态度形成或改变的模式，认为态度的形成或改变经历了顺从、同化和内化三个阶段。

罪犯服刑态度的形成通常可分为以下三个阶段。

（一）顺从

顺从是指罪犯迫于某种外在压力，为了获得某种奖励（如表扬、减刑等）或避免受到惩罚（如禁闭等），按照监狱要求以及监区规范或监狱民警的意志，形成自己的服刑态度或采取表面顺从的行为。其特征主要表现为被迫的、表面的、权宜性的，而非心甘情愿，多为"口是心非"。当外在压力、监狱规范和行为奖惩消失时，这种顺从行为也就立刻终止。由于罪犯心理上具有保持认知一致性的需要，长期的被迫服从形成习惯后，就会逐步转变为自愿服从，并最终导致整个服刑态度的结构性变化。

（二）同化

同化是指罪犯的自我同一性与他人或群体间存在依赖关系，或者是自己情感上存在与他人或群体间的密切关系,从而接受他人或群体的某些观念、态度及行为方式或是监狱规范、要求,并希望与之一致。其特点表现为自愿的、非表面的,有较为明显的情感成分参与。长期的认同也终将导致罪犯整个服刑态度发生根本性的变化。

(三)内化

内化是指罪犯获得新的认知信念,并以这种信念评判自己的价值时所产生的完全的态度转变。其转变是深层次的、独立的、稳定的和持久的。例如,一名罪犯的服刑态度达到内化阶段,就会从内心深处知罪、认罪并改罪,无论什么时候、什么地点,监狱民警是否在场,都会自觉自愿地服从管教、积极服刑。

学习任务3 罪犯服刑态度的转变

罪犯服刑态度的转变是指罪犯已有的态度,在受到某些方法或说服教育的影响时,所产生的相应变化和不同程度的变化:一种是态度上的变化,即质变;另一种是过程上的变化,即量变。罪犯服刑态度的转变过程实质上也是对罪犯的再社会化过程。一般来说,大多是指由消极态度向积极态度的过渡。

态度一经形成,就成为个体人格的一部分,影响个体的整个行为方式。价值观更是一种稳定和深层的结构,想要改变它并非易事。有时,通过新的学习过程,一时改变了态度中的认知部分,但由于没有改变情感和行为倾向,经过一段时间后,会恢复旧的态度。对于罪犯而言,其本身在社会化过程中就是以病态的形式出现的,要么没有掌握一定的社会行为规范,要么没有履行这些行为规范,是社会化不完全的人。所以,要想在有限的刑期内,将社会化不完全的罪犯转变态度,成为合格的社会成员,是件不容易的事情。

一、罪犯服刑态度转变的内容

罪犯服刑状态分为认知、情感和行为倾向三种成分。对这三种成分的分别矫正会对罪犯服刑态度的转变起到积极作用。

(一)罪犯认知矫正

人的态度直接取决于认知因素中的价值观。态度主要由两方面的认知因素决定,一方面是人们对行为结果的信念,另一方面是对这些信念的评价。罪犯的认知原本就存在着种种缺陷,例如认识能力低下,怀疑一切、否定一切,思想偏激,以偏概全,不看本质,极端的利己主义,等等。因此,对罪犯认知的矫正就成为促使罪犯服刑态度转变的基础。罪犯倘若对自己的犯罪行为、对刑罚、对自己的服刑生活抱有正确的认识和观念,并以正确的思维方式行事和为人,就会倾向于产生积极的服刑态度。罪犯倾向于按照刻板印象的轨道来认识、分析、评价和思考客观对象,带有明显的偏见性质,对服刑生活及相关的事物和人员持有片面的、消极的、错误的认知和评价。

(二)罪犯情感矫正

人们对事物或他人的态度与其情感密切相关,存在着一种曝光效应,也就是指人们对其他人或事物的态度随着接触次数的增加而变得更为积极的一种现象。这主要是因为情感因素在其中起到了重要作用,情感卷入的程度越深,则越有利于态度的转变。通过对罪犯情感障碍的消除,使罪犯形成正确的、积极向上的情感,如荣辱感、自信感、责任感、同情心等,这些积极的情感会促使罪犯形成正确的、积极的服刑态度。

(三)罪犯行为倾向矫正

行为倾向通常表现为一种意向或偏好。这种意向或偏好往往在个体错误认知和情感障碍的影响下,存在着一些不良或消极特性,表现为对待诸如"做不做"或"如何做"的问题,往往是从是否"于己有利"来予以决定。对监狱民警,则常常表现为趋炎附势、阳奉阴违等。对罪犯的消极行为倾向进行矫正,有利于罪犯形成积极的态度,也可促进罪犯情感和认知的矫正,而这三方面的相互影响和作用终将影响罪犯服刑态度的彻底转变。

案例链接

情感打动,知行合一,促态度改变

艾某某原来是某监狱五监区出了名的"刺儿头"。2009年入监时,因为刑期不长,他抱着混一混的错误思想消极改造,经常违规违纪,装病怠工,顶撞民警,甚至为了一点小事就对狱友大打出手。为此,他多次受到警告和禁闭处罚。对民警语重心长的规劝教育,他置若罔闻。他成了监区顽固抗改的典型。

一天,艾某某突然全身抽搐、口吐白沫晕倒在地。监区民警立即将他送至医院抢救,不辞辛苦地在医院轮流照料了他三天两夜。脱离危险后,民警又给他买来水果和营养品,每天从食堂买来热乎乎的饭菜送到他的病床前……艾某某怎么也没有想到,民警对自己这个"破罐子"没有丝毫的

嫌弃，依然给予了胜似亲人的关怀。他后悔了，落泪了，醒悟了。病愈后的艾某某像变了个人似的，铆足劲地学文化、学技术。在劳动中，脏活、苦活、累活他抢着干，并能保质保量地超额完成劳动任务，多次受到表扬、奖励。在监狱举办的职业技能培训中，他凭着勤奋、踏实的学习劲头，熟练地掌握了十字绣和烹饪两项技能，并取得了技术等级证书，为以后就业打下了坚实的基础。原本抗拒改造的典型终于"蜕变"成了积极改造的典型。一分耕耘，一分收获。由于艾某某积极改造，表现突出，终于获得了减刑的奖励。当他作为减刑人员代表发言时，他深深向民警鞠了一躬，动情地说："没有警官们无私的教诲、鼓励和帮助，我不可能取得今天的改造成绩。是警官们让我明白了做人的道理，懂得追求怎样的人生价值。在今后的改造中，我会再接再厉，积极进取，用劳动的汗水浇灌希望的花朵，用勤劳的双手创造崭新的明天……"

二、罪犯服刑态度转变的方法

罪犯服刑态度的形成和改变受到多方面因素的影响。因此，罪犯服刑态度转变可以从多种途径着手。

（一）宣传说服

这是罪犯服刑态度转变的主要方法。遵循态度转变要素规律，优化各要素。说服教育罪犯的方式，如个别谈话、观看影视作品、报告会等，都有助于罪犯改变错误的观念并促使其转变服刑态度。在实践中已经形成了罪犯服刑态度转变说服模型。

思政园地

广泛开展社会主义核心价值观宣传教育

2014年2月，习近平总书记在主持十八届中央政治局第十三次集体学习时指出，广泛开展社会主义核心价值观宣传教育，积极引导人们讲道德、尊道德、守道德，追求高尚的道德理想，不断夯实中国特色社会主义的思想道德基础。

> 要通过教育引导、舆论宣传、文化熏陶、实践养成、制度保障等，使社会主义核心价值观内化为人们的精神追求，外化为人们的自觉行动。
> 要润物细无声，运用各类文化形式，生动具体地表现社会主义核心价值观，用高质量高水平的作品形象地告诉人们什么是真善美，什么是假恶丑，什么是值得肯定和赞扬的，什么是必须反对和否定的。
> 要建立和规范一些礼仪制度，组织开展形式多样的纪念庆典活动，传播主流价值，增强人们的认同感和归属感。

（二）角色扮演

组织罪犯以不同的身份从事有关的角色行为，体验相关角色的心理，也是一种态度形成和改变的有效方法，这就是角色扮演。角色扮演是扭转人们日常生活中顽固态度与行为的良好方法。如果一个人在一段时间内将自己当成另外一个人，并按照相应的态度与行为生活，久而久之，这种角色的行为和态度将会固定到扮演者的人格结构中并形成一种习惯反应，使扮演者原有的态度被新的态度所取代。罪犯角色扮演过程往往也是一个态度变化的过程。

案例链接

一场情景剧启迪感念亲恩

"月光如影化浮容，孤寂如尘洗缘情。豪情梦境深思悟，不再疏狂醉人生……"在某监狱十一监区德育节的活动现场，警察们正在引导刚进监罪犯观看监区原创情景剧《六组的改造故事》，罪犯们在静坐观看，有的眼眶发红，有的正在进入思考。

"我的经历和情景剧里的故事差不多，儿子生下来连一次都没有抱过。"在交流讨论环节，罪犯王某说，"我们害人害己，被处罚也是咎由自取。现在想见他一面都很难，但看着剧中一声声的'爸爸'叫着，我心里像刀割一样。我也要奋起直追、踏实改造，争取早获新生，回家肩负起自己的责任。"

"各监区都在积极动脑筋提高教育改造罪犯的实效。"王某介绍说，某监狱十一监区在做好系统化教学工作的同时，也探索采用了自编情景剧这种形式来启发教化罪犯，通俗易懂、易于接受，宣传效果也较好。《六组的改造故事》取材于罪犯真实的改造事迹，讲的是一个罪犯杨某，进监后在民警的支持下，把自己写下的台词编成了歌曲，并在小组传唱开来，从而引发了每个人诉说自己的人生经验、悔过自新的故事。

该监狱在心理情景剧会演中，《趣说改造》《我想对你说》《探监之路》《训练场的故事》……民警帮助罪犯创作的心理情景剧将改造事迹一一呈现、感人至深。在会演刚结束，罪犯就踊跃交流了自己的感受。

"我只有小学文化，从一开始就对自己失去信心，是警官一直鼓励我要多体会、用情演，才有今天的演出，谢谢他们。"参与演出的罪犯李某说。

"如果没有这场会演，我还没有意识到：自己从来没有好好地看看父母，从来没有认真感受他们对我的关爱，不知不觉，已经错过太多太多了。"观看表演的罪犯张某感叹说。

据该监狱相关领导介绍，该监狱积极引导各监区根据各自实际，分别组建了合唱团、情景剧、读书与写作、书法比赛等文化活动队伍，同时聘请了有关专家学者进监培训，成效较好。

该监狱还召开了心理情景剧培训推广会，并举办了相关讲座，较好地指导了各监区的心理情景剧编排，并通过寓教于乐的方法指导罪犯主动改造，唤起了他们心中往善所向的美好因子，从而推动他们成长为对社会有益的人。

（三）群体影响

罪犯群体尤其是其参照群体会对罪犯服刑态度的转变起到重要的影响，群体的改造氛围会直接作用于罪犯的服刑态度。

群体的规范会在罪犯身上产生有形或无形的压力并产生明显的参照效应，群体中的成员会对罪犯起到榜样作用或产生替代强化效应，趋向于选择与罪犯群体规范相一致的态度，经过依从、认同和内化来达到态度转变的目的。

罪犯群体改造氛围的好坏会直接影响罪犯服刑态度转变的难易。

（四）参与活动

教育说服的信息内容除了通过宣传说服的方式传达给罪犯外，还可以通过引导罪犯积极参与改造活动的方式将信息传递给罪犯。罪犯在活动中得到认同，从而加深认知和体验，进而引起态度的改变。罪犯服刑态度的转变离不开监狱改造活动，也离不开改造规范。除监狱的生产劳动、"三课"教育等正规活动外，矫正者还应创设有益于罪犯服刑态度转变的各类针对性活动，如报告会、专题讲演、辩论会、竞赛活动、社会帮教等，使罪犯在参与活动中，逐渐转变原有的服刑态度。

认知协调理论与平衡理论均表明了一项基本的心理原则，即人们必须保持认知的协调或心理的平衡状态，不协调或不平衡必定会引起人们指向协调或平衡的调整反应。一种态度的存在，必定会以种种方式从行为中体现出来，而一种新的行为的出现与保持，最终也必定会引发内在态度的改变。可以通过改变行为来改变态度。

案例链接

助力改造"粽"情欢笑——某市第二监狱开展端午节主题竞赛活动

为传承中华民族优良传统文化，丰富监内传统文化教育氛围，某市第二监狱在端午佳节来临之际，组织开展"助力改造'粽'情欢笑"主题包粽子竞赛活动，6支罪犯队伍参加竞赛。

监狱为罪犯准备充足的材料，参赛选手个个精神饱满，在民警的带领下通力协作，相互配合，将粽叶、填糯米、压紧实、牢封口，错落有序地摆放至盘中，在动手的过程中感受到民俗文化的传承，营造出浓厚的节日氛围。

随后，参赛选手将改造心愿与祝福寄语写在便利贴上，整整齐齐地粘在摆放粽子的托盘边缘。"祝大家端午安康""希望家人平安健康""改造顺利，早日回家"……一个个美好的期望，一句句暖心的祝福，将内化为罪犯的改造动力，促使其认真改造。

评委从粽子的外观、数量、质量等多个方面进行综合评审打分，最终评选出前三名的队伍。比赛结束后，监狱为家庭困难的罪犯送去了节日礼品。接过礼品的罪犯对监狱的关心关爱表示感谢，纷纷表示一定加倍努力改造，争取更大的进步，争创更好的改造成绩。

三、罪犯服刑态度转变说服模型

（一）态度转变说服模型

美国心理学家霍夫兰德把态度转变看作是信息交流的过程，并提出了一个标准的态度转变说服模型，指出了态度转变的过程及其主要影响因素。

模型中，说服者、说服对象、说服信息和说服情境构成态度转变所关联的四个基本因素，其中说服者、说服信息和说服情境构成了态度转变的外部刺激。在态度转变的作用过程中，被说服者首先要学习信息的内容，在学习的基础上发生情感转移，把对一个事物的情感转移到与该事物有关的其他事物之上。

这四个因素的作用机理主要体现在以下几方面。

1. 在说服者方面

影响说服效果的因素主要是说服者的专业性、可信性和吸引力。

2. 在说服信息方面

影响说服效果的因素主要是双方立场差异、信息呈现与论证的方式、唤起恐惧等。

3. 在说服情境方面

影响说服效果的因素主要是预先警告和分散注意等。

4. 在说服对象方面

被说服者的人格特性、心情、卷入程度或承诺、自身免疫情况以及个体差异都会对说服效果产生影响。

说服结果有两个：一是态度转变；二是对抗说服，包括贬低、歪曲、拒绝信息。西尔斯修改后的态度转变说服模型如图4-1所示。

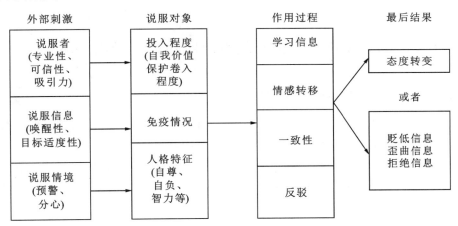

图4-1　西尔斯修改后的态度转变说服模型

（二）罪犯服刑态度转变说服模型

根据态度转变说服模型，可以建立罪犯服刑态度转变说服模型。罪犯服刑态度的形成受多种因素的影响，依赖于各种条件，诸如罪犯的年龄、性别、原有的态度和智力、自尊等人格特点，都会影响罪犯的服刑态度。例如罪犯需要的满足与否以及满足的程度会影响罪犯的服刑态度。罪犯对于能够满足自己需要的，或能够帮助自己达到目的的对象，倾向于产生积极的态度。相反，若这一对象不能满足自身的需要，则会趋向于拒绝。再如，自尊心弱、依赖性强和自我控制力差的罪犯的服刑态度更易转变；而具有偏执型人格障碍的罪犯的服刑态度比较难转变，等等。

罪犯服刑态度转变说服模型如图 4-2 所示。

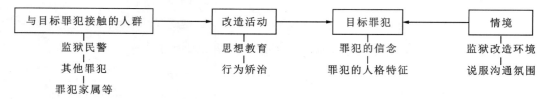

图 4-2　罪犯服刑态度转变说服模型

在这一模型中，与罪犯交往的群体包括监狱民警、其他罪犯、罪犯家属等；服刑行为主要涉及思想教育、行为矫治等方面；环境分为硬件环境与软件环境，硬件环境是指看守所的工作场所和氛围等，而软件环境是指与罪犯交往时的生活环境。罪犯服刑态度转变说服模型在目标罪犯服刑态度转变中的重要意义在于，它将罪犯服刑状态转变视为一种说服性的过程，以被说服主体（罪犯）为核心，寻找制约目标罪犯服刑态度转变过程的有关要素，包括与目标罪犯交往的群体、服刑行为、目标罪犯本人的心理特点和说服环境等。它为改变罪犯的看法提出了一条基本思路，即从造成罪犯服刑看法变化的不同原因入手，通过积极方法，改变罪犯自身的错误看法。

四、罪犯服刑态度转变说服模型的基本因素分析

（一）说服者——监狱民警

监狱民警作为刑罚执行的主体，作为法律和政府形象的"代言人"，作为教育改造罪犯的直接劝导者，对罪犯服刑态度的转变具有不可忽视的、决定性的影响作用。监狱民警威信的高低直接影响着罪犯服刑态度转变的效果。监狱民警的威信主要取决于专业性、可靠性和吸引力三种因素。

1. 专业性

专业性是指监狱民警的身份具有使罪犯信服的权威性。这种权威性除法律赋予的权威外，更重要的是取决于监狱民警的受教育程度、专业训练、社会地位和社会经验以及年龄等因素。这些因素使得监狱民警在罪犯面前成为矫正专家或某一方面的权威形象。监狱民警的权威性越高，罪犯转变服刑态度的可能性就越大。

2. 可信性

可信性是指监狱民警使罪犯相信的程度。它与监狱民警的外表仪态、人格特征以及讲话时的信心等有关；另一因素为监狱民警的意图和动机，倘若罪犯相信监狱民警是公正客观的，对其说服力就越大。

3. 吸引力

吸引力是指监狱民警具有的一些令罪犯喜欢的特征，这种特征既可以是外在的，如外形容貌等，也可以是内在的，如人格特质等。通常情况下，罪犯对民警的喜欢程度越高，其态度转变的可能性就越大。

要注意睡眠者效应的发生。霍夫兰和韦斯曾对可信性问题进行过深入探讨，发现沟通的说服力随着时间而增强。睡眠者效应是指说话者因威信因素产生的影响，随着时间的流逝而产生相反效应的现象。时间间隔使人们容易忘记传播的来源，而只保留对内容的模糊记忆。传播结束一段时间后，高可信性信源带来的正效果在下降，而低可信性信源带来的负效果却向正效果转化。从长远眼光来看，没有任何态度转变的努力是无效的。

知识拓展

睡眠者效应产生的原因

（1）差别记忆。凯尔曼和霍夫兰在解释睡眠者效应产生的原因时指出：人们忘记沟通的来源（传达者）比忘记沟通的内容要更快一些。即忘记人比忘记事要快。这可能是因为人名是一个抽象的概念，记忆比较困难，而事情往往总是比较具体、形象的，人们对这种具体、形象的东西是易于记忆的。

（2）认知偏差。即威信效应中断。由于信息发出者威信较高，会使接收信息的人产生认知偏差，对威信较高者发出的信息会采取全盘接受甚至扩大信息的做法，反之亦然。过了一段时间后，这种威信效应不再存在，出现威信效应中断。

（3）情感障碍。虽然理解发送来的信息但内心不愿接受与肯定这一信息。这种意义障碍的产生主要是由接收信息者对发送信息者的情感冲突引起的。但经过一段时间，情感反应会与发送信息者的名字发生分离，接收信息者会对信息内容产生记忆效果。

（二）说服信息——教育说服的方式

监狱改造手段与措施的科学性和规范性会较为深远地影响罪犯的服刑态度，教育内容、方式和方法的艺术性与合理性也会影响罪犯服刑态度的转变。特别是作为教育劝导者的监狱民警的教育内容越是科学、适当，方式越是正确、合理，方法越是艺术、恰当，那么罪犯的消极服刑态度转变的可能性也就越大。教育说服罪犯的方式，如个别谈话、观看影视作品、报告会等，有助于罪犯改变错误的观念、偏见并转变服刑态度。教育方式怎样运用，传递何种教育信息，如何有效地呈现信息等因素，直接影响着服刑态度转变的效果。应重视教育说服的唤醒性、教育说服的目标适度性、教育说服的针对性、教育内容的适当重复性、教育说服的适时性。

1. 教育说服的唤醒性

唤醒性体现唤起恐惧效应，即对罪犯"晓以利害"后，对其情绪、情感的唤醒程度。教育信息应当能够唤起罪犯恐惧心理等负性情绪，使罪犯内心感到压力或威胁，这样方可促使其运用态度转变的方式去减少或消除紧张。

在运用情绪唤醒、教育罪犯时，应注意以下几点：一是如果需要让罪犯在较短的时间内转变态度，则应运用较强刺激，引发罪犯强烈的恐惧心理，激发其态度转变；二是如果要在一个较长的时间内转变罪犯的态度，则应避免过强刺激，最好使恐惧感达到中等程度；三是通常情况下，恐惧程度与罪犯服刑态度变化二者之间呈倒 U 形关系。

知识拓展

倒 U 形假说

英国心理学家耶基斯和多德森在观察贝克尔参加的网球比赛时，发现贝克尔之所以"常胜"，秘诀之一是其在比赛中自始至终保持一种半兴奋状态，即倒 U 形假说中的最佳状态。有人称之为"贝克尔境界"。

恐惧与态度转变之间并不呈正线性关系，大多数情况下恐惧的唤起能增强说服效果。如果恐惧太强烈则会导致接受者产生心理防御以至否定，从而使态度转变较小。中等强度的恐惧能达到比较好的说服效果。

2. 教育说服的目标适度性

要求罪犯转变服刑态度时，应逐步提出目标和要求，按照"小步子"原则，分阶段、分步骤实施。这体现的是登门槛效应，又称得寸进尺效应，是指一个人一旦接受了他人的一个微不足道的要求，为了避免认知上的不协调，或想给他人以前后一致的印象，就有可能接受更高的要求，无压力地屈从。与之相反的是留面子效应。

对罪犯的要求或者给罪犯制定的目标要适度，不应过高或过低。倘若与罪犯原有态度间的差异过大，不仅难以改变罪犯的态度，而且极易引发罪犯的对立、消极等情绪和逆反心理。因此，教育罪犯转变态度时，不应操之过急、急于求成，而要循序渐进，逐步提出目标和要求，由小及大、稳步实现。

3. 教育说服的针对性

应根据罪犯的不同层次、不同类型等特点，因人施教，进行有针对性的教育。

一般而言，对于文化程度低的罪犯或没有服刑经验的初犯以及入监伊始就表现较好的罪犯，最好进行单方面的教育；对于文化程度较高或善于理性思考的罪犯，以及有过监狱生活经历的罪犯，则应进行双方面的教育，罪犯服刑态度的转变方能收到较好的效果。

4. 教育内容的适当重复性

适当重复可以使人们获得积极的熟悉感，从而倾向于认同和接受，提高说服的效果。但是，简单重复会成为单调刺激，从而引起教育对象的反感，最终影响其对信息的注意和接受。

因此，丰富的教育内容并适当重复，有利于罪犯的接受，从而引发服刑态度的变化。但过度重复超出限度，则会引起罪犯的防御性反应。

5. 教育说服的适时性

教育说服的时间应把握得当。

（1）当信息与好心情联系在一起时，会具有更强说服力，这就是好心情效应。心情好的人在争论出现时卷入较少，不愿去进行较深入的考虑，所以易被说服。一般情况下，在罪犯心情良好时，较易接受别人的教育、劝导，态度也较易改变。

（2）在罪犯出现认知失调、心理失衡的情况下，应顺势"急火猛攻"，促其态度转变。

（3）应注意教育信息材料呈现的先后顺序，注意首因效应和近因效应的出现。

（三）说服情境——相关情境因素的控制

罪犯服刑过程中一定的背景和特定的情境特点会影响罪犯服刑态度的转变，甚至一些偶发的特殊情境刺激也可能会影响罪犯的服刑态度。

1. 应注意"预警"作用

如果罪犯事先知道会发生什么样的情况，监狱民警会对其实施何种说服教育等，这些都会影响罪犯服刑态度的转变。因此，教育转变罪犯服刑态度时，要在罪犯无心理准备的情况下，实施"突击"战术，要在"新、奇、巧"上下功夫。

2. 要注意"分心"因素

注意力分散可以降低罪犯的心理防卫，增强沟通信息的说服力。当罪犯被意外的事情分散注意力时，容易接受信息刺激，进而转变其服刑态度。罪犯注意力过于集中时，会受到"免疫效应"的影响，从而引发拒绝或抵抗。因此，创设环境和条件使罪犯适当分心，有利于罪犯服刑态度的转变。

（四）说服对象——罪犯

罪犯是服刑态度的主体，因此，在罪犯服刑中，外部的一切努力必须被罪犯接受才能发生作用。在罪犯服刑态度形成和转变的教育说服工作中，应该特别重视罪犯自身的各种因素，即内部条件。

1. 罪犯的人格特性

罪犯服刑态度的转变与罪犯的自我认知间存在着密切的关系。从某种意义上说，人们是无法说服他人的，除非他人愿意改变自己的态度。

（1）自尊。自尊影响人们接收信息的倾向，影响人们如何理解信息。自尊心较低的罪犯，在简单情境中可能容易被说服而改变态度，但在理解复杂信息时会遇到麻烦，对重要的信息遗漏而降低了被说服的可能性，显得态度转变比较困难。自尊心较强的罪犯，倾向于相信自己的判断，常显得态度变化较小。如果在教育改造过程中所传达的信息确有道理，其也会从中吸取关键性的东西而改变态度。对于罪犯中具有高自我防卫倾向的个体来说，由于倾向于维护自己既有的自尊，而难以接受新的信息或者容易对新的信息进行歪曲，态度转变比较困难。

（2）自负。罪犯如果对自己的评价过高，过于自负，就会影响其与周围罪犯或监狱民警的人际关系，外在的教育信息和群体规范的压力在其身上的效用便会大打折扣。

（3）智力。智力水平与个体的态度转变之间关系复杂。智力水平高增加了理解事物的能力，因为理解了事实而可能会改变态度。智力水平高也提高了抵制转变的能力，因此，罪犯中智力水平较高者难以被一些缺乏逻辑和理由不充分的论点说服，易于接受一些复杂的和新的观点，了解各种观点及其逻辑关系而主动改变态度，并且改变后的态度也比较稳定。而智力水平低的罪犯，难以接受复杂抽象的观点，服刑态度的转变比较被动，易于接受一些浅显的道理，也容易受群体压力而改变态度，并且改变后的态度的稳定性也比较低。

2. 罪犯自我价值保护与自我卷入程度

罪犯原有态度系统的特性是影响罪犯服刑态度形成和转变的核心条件之一。一般而言，罪犯服刑态度的形成和转变与罪犯原有态度系统的以下特性有关。

（1）罪犯原有态度系统的稳固程度。罪犯原有态度系统如果是依据自己多年的经验形成的，所依据的事实越多，并且与罪犯多种需要的满足相联系，就越稳固。

（2）罪犯原有态度系统的协调性。认知、情感和行为倾向三种成分越是协调，罪犯的态度的转变也越难。罪犯的态度如果深刻反映其价值观，直接改变会比较困难。

因为这样的态度对罪犯具有重要意义，相应的认知和情感支持也较多。如果罪犯原有的态度有强烈的情绪背景，自我卷入（较为主动地参与）程度比较高，则会增加态度转变较为难度。

3. 免疫与抗拒情况

（1）过多的预先说服会使罪犯产生免疫力，从而使态度转变较为困难。

（2）自我防御。在转变罪犯服刑态度时，应注意遵循罪犯自我防御回避原则。罪犯的自我防御是罪犯维持其态度稳定性的较好方式，也是我们在转变罪犯服刑态度时首先要碰到的一个障碍。只有避开或打破了罪犯的自我防御的抵制作用，才能使教育起到实质性或根本性的作用。否则罪犯的自我防御体系就像一座坚不可摧的壁垒，我们所做出的努力不仅不能起到态度转变的作用，相反可能诱发罪犯原有的消极态度并使之更加稳固。自我防御回避的一个基本方法就是对罪犯的既有态度不要采用简单的否定态度，这会激发罪犯的自我价值保护意识。我们对罪犯的服刑态度应采用部分否定、部分肯定，善意提醒，以及表扬其优点和长处等方法。

（3）逆反心理。逆反心理通常指个人用反向的态度与行为来对外界做出反应的现象。在教育罪犯过程中，我们常常会碰到罪犯的逆反心理现象。心理学界将这种现象也称为对态度转变的心理上的抗拒。所谓心理上的抗拒，是指罪犯感觉到某些方面享有的自由行动的权利被剥夺时，自身激发出的一种动机状态，目的是确保行动的自由。

罪犯逆反心理产生的原因主要有以下几点。一是某些监狱民警对自由刑、法律等方面知识的理解有偏差，不能科学地认识罪犯所享有的正当权利，甚至非法剥夺罪犯的一些合法权益；或者未从人性的角度出发理解罪犯，使其合理需求受到抑制；或者使罪犯自由选择或决定的权利受到限制时，罪犯极易产生逆反心理。二是宣传教育时，不注意方式、方法，宣传内容失真或过分强调等，重复刺激超过其承受力时，就会产生逆反心理。三是由于罪犯自身好奇心理的作用，使那些被否定或被禁止的行为越发具有吸引力。四是罪犯自我价值保护的需要。当罪犯的自尊心或价值感受到威胁时，罪犯会产生逆反心理。因此，为了控制和避免罪犯逆反心理的产生，我们在转变罪犯服刑态度时，应避免剥夺罪犯的合法权利和合理要求，在法律许可和规范允许的范围内，尽量为罪犯提供较多的自由，同时还要保护罪犯的自尊心，等等。

操作训练

本单元学习情境任务评析

罪犯服刑态度转变的内容主要是认知、情感和行为倾向矫正，服刑态度转变的方法主要有宣传说服、角色扮演、群体影响和参与活动。

一、对罪犯张某的预期矫正目标

1. 改善认知结构

正面引导，提升改造信心。剖析犯罪成因及造成的危害，融洽家庭关系，消除悲观绝望负面情绪，培养积极的家庭观念、社会观念与价值观念。

2. 强化情绪管控

缓和对抗，消除不良心理。运用合理情绪疗法，教育其识别和区别情绪，掌握管理情绪的生理、认知和行为技术，弱化与他人及外界对抗戒备的心理。

3. 狠抓规范养成

榜样带动，加强成果巩固。以规为绳，因势利导，促使其树立正确的改造目标，持续发力，遏制反复，加强规范养成，提高改造自觉性。

二、对罪犯张某的主要矫正措施

1. 认知矫正

以改善认知结构为切入点，摆事实讲道理，促使其明辨是非善恶，树立正确的道德观念和法制观念。

一是心理疏导，改善认知结构。通过认知疗法，促使张某增强社会责任感，将以自我为中心和对他人的仇视心理转变到善意的心态中。每周开展1～2次谈话，运用换位思考、角色扮演等形式，促使其认识到犯罪行为的危害性和思想根源。例如，你是一个像被害人那样的女孩，在一个陌生的城市刚入酒店房间就被突如其来的歹徒抢个精光，你是什么感受？假如你一直这样颓废下去，是自己放弃了自己，而不是社会和家人放弃了你……认知疗法促使张某逐渐有了同情心和善意。

二是正面引导，消除错误认识。运用共情技术，使其设身处地，产生情感共鸣。教育张某，虽然他的父母没来会见，但经常给他写信，询问其身体和改造情况，定期向他的个人账户汇款。这些都表明其父母并非对其不闻不问，未来会见主要是由于路途遥远，且父母年纪较大，行动不便，家庭并不十分富裕。由此，张某认识到了自己思想上的误区，不能一味向亲人和社会索取，也应向亲人和社会尽到自己的责任，从而增强家庭责任感和社会责任感。

三是法理交融，提升改造信心。张某具有较强的监狱人格，是非颠倒，贪婪自私，不守规范等。为此，监区定期不定期通过案例剖析、法理小故事点评等形式，让他懂得遵守法律法规是每一个公民应尽的义务，只有遵纪守法才能更好地生活，努力做到自尊、自爱、自立、自强。在循序渐进的引导中促使其逐步走出改造误区，开始自己新的人生。

2. 情感矫正

以激发良性情感为着力点，促使其产生良性动机，实现以情动情，由"情通"到"理达"的转变。

一是情感反复刺激，抑制悲观戒备心理。运用合理情绪疗法，积极关注其内心世界，从小事中捕捉思想的"关键点"，注重以情感反复刺激为突破口，找准有利于心理沟通和情感交流的时机，对其闪光点给予肯定和表扬。在节假日等特殊时段对其多加关爱，以此消除戒备心理，打通信任通道。

二是引导改造生活，培养开朗性格。针对张某性格孤僻、不喜欢参加集体活动的特点，从培养兴趣入手，每次监区组织各类文体活动，都安排他去当啦啦队队员，在集体活动中，陶冶身心，使其抑郁心理得到有效宣泄，心情得到放松。

三是坚持文化育人，增强心理素质。从提高其素养入手，尝试让他从书籍中得到启迪，指定《服刑人员心理健康辅导手册》《钢铁是怎样炼成的》等读本，帮助其制订学习计划，定期检查学习效果，并以开放包容的心态与其交流探讨读后感，激发和引导其读书兴趣和正确思维，转移其不良注意力。鼓励张某积极投稿，其多篇稿件在监狱《大墙之声》上发表并受到加分奖励，改造的自信心和积极性逐步增强。

3. 行为倾向矫正

以罪犯期望值上升为支撑点，狠抓养成训练，注意鞭策激励，全力遏止反复。

一是合理规划，目标激励。经过多方位的教育，张某价值取向变得健康积极，特别是每当监狱召开减刑大会，其看到一批批罪犯因悔改积极提前出狱，内心充满羡慕之情，期望减刑、早日回归社会的心态较为突出。看到这些明显变化后，监区进一步调整和强化转化措施，从细处入手，注重激发改造动机，以改造期望值上升为支撑点，不断提出新的目标和改造要求，帮助其分析实现目标的条件、可能性和困难，促使其积极改造。

二是典型引路，榜样带动。监区将张某的改造岗位和联号进行适当调整，安排遵规守纪意识强、现实改造表现好的罪犯对其监督和夹控，以积极的言行去影响他，潜移默化地影响其认知观念。张某心态明显得到调整，精神面貌改观，改造表现变得更加积极。

三是严格纪律，强化养成。通过日常观察，对其好的言行，及时进行表扬；对其不良个性的反弹，在按章处理的同时适当考虑其心理承受能力。疫情期间，因活动范围受限、长期无法会见等因素影响，张某情绪烦躁、易激动，生活中因琐事与同组罪犯发生了口角。民警对其进行了严肃的批评教育，阐述"勿以恶小而为之，勿以善小而不为"的道理，启发其增强自我纠偏的自觉性，促使其思想稳定、安心改造。

三、教育改造成效

经过民警持续两年的教育矫治，张某的认知水平和人际关系能力有了明显改善，法律意识和服刑意识有了明显提高，情绪管控和生活信心有了明显增强，改造表现有了明显转变，先后获得三次监狱表扬，危险等级也由高度降低到中度。

该案例详细介绍了对一名消极抵抗的罪犯开展教育矫治的过程，通过改善认知结构、强化情绪管控和狠抓规范养成，综合施治，精准施策，最终取得较为明显的改造效果。

思考：

结合服刑态度转变的内容和方法，分析如何转变张某的服刑态度。

思考练习

1. 罪犯服刑态度对罪犯矫治有何作用？
2. 影响罪犯服刑态度的因素有哪些？
3. 谈谈罪犯服刑态度转变的过程理论。
4. 分析罪犯服刑态度的方法有哪些？
5. 试结合某一案例对罪犯的服刑态度加以分析。

学习单元 5
罪犯群体心理

知识导航

一、学习内容导图

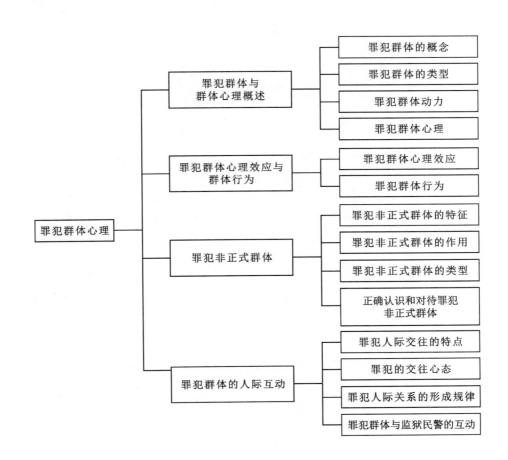

二、学习任务目标

（1）了解罪犯群体与群体心理理论。
（2）了解罪犯群体心理效应与群体行为。
（3）掌握并正确对待罪犯非正式群体。
（4）了解罪犯群体的人际互动。

三、学习情境导入

监狱"阳光艺术团"的心理效应

　　胡某某，男，1988年3月生，湖北省远安县人，初中文化。胡某某因故意伤害罪被判处死缓，2009年1月入监服刑。

　　1. 犯罪事实

　　2006年12月，胡某某的堂弟酒后与他人发生矛盾，邀约胡某某去帮忙。胡某某持刀前往，与多人发生口角并打斗，致两人死亡。

　　2. 个人经历

　　（1）成长过程：胡某某出生在山区农村。父母外出做生意，10岁以前一直随爷爷奶奶生活，老人对他过于溺爱，胡某某经常惹祸，学习成绩也一直不好。10岁以后，父母将其接到身边读书、生活，但由于生意太忙，陪伴时间较少，对他提出的要求都尽量满足。初中后，沉溺于网络游戏，成绩较差。后进入职校学习，在职校期间，长期与社会闲杂人员厮混在一起，沾染了许多不良习气。

　　（2）婚姻状况：犯罪时年龄较小，未婚。

　　（3）社会经历：胡某某社会经历较为简单，从职校毕业至案发仅两个月。

　　3. 现实改造情况

　　在服刑期间，胡某某因年龄及性格原因，很不适应监狱生活，经常不服从民警管教，与其他罪犯发生纠纷，多次受到警告、记过、禁闭等处分。面对漫长的刑期，觉得看不到什么希望，思想情绪因此很不稳定，一直以"熬"和"混"的"无所谓"态度在改造。

4. 胡某某消极改造原因分析及对策措施

针对胡某某年纪较轻、没有定力、心无畏惧、没有敬畏、缺乏方向、没有信心等情况，结合其现实改造表现，民警决定对症下药，制定详细的矫治方案，让胡某某正确面对现实，放下包袱，并投入到正常的改造中去。

监区民警多次细致研判，终于发现胡某某曾经跟人学过吉他，虽然技艺不算精湛，但总算是一个积极的爱好。民警研判，可以从这个爱好入手，调动胡某某的积极性。于是找胡某某谈话，询问他愿不愿意到监狱"阳光艺术团"担任电吉他手，他表示十分愿意，认为找到了一条"刑期变学期"的改造之路。

专管民警自费买来教材，鼓励胡某某学习。在胡某某遇到困难时，给他讲正面典型事例，鼓励他把加入艺术团看作一次改变自己的机会，用心感受文化的魅力，在服务监区文化建设中，开启自己的改造新生之旅。充分发动其他罪犯的力量，鼓励罪犯互帮互助、共同进步。针对胡某某的吉他爱好，监区安排有这方面特长的罪犯当他的"师傅"，助其提高。

随着岗位的调整，胡某某的改造态度有了明显变化，能积极参加训练，主动向民警汇报思想，在与"阳光艺术团"其他成员一起训练配合中，逐步懂得了相互协作、彼此尊重的处世之道。

思考：
请结合罪犯群体心理效应分析"阳光艺术团"对胡某某的作用。

项目学习

学习任务1　罪犯群体与群体心理概述

一、罪犯群体的概念

（一）罪犯群体的含义

罪犯群体是指在监狱组织结构中，由两个或两个以上罪犯个体构成的集合体。在这个集合体中，罪犯按一定的行为准则和规范共同活动、相互影响，形成一定的地位和关系。罪犯群体成员之间有一致的行动方向和任务目标，有明确的角色定位并且建立起了一定的行为规范。罪犯群体成员身心之间具有相互依存关系与共同情感联系，并具有特定的心理作用和社会影响。此外，罪犯群体还具有某些不同于普通群体的共同特点，包括成员活动具有严格约束、群体成员属性具有单一性、构成方式具有稳定性、群体间的情感联系具有法律性等。

在监狱组织中，对罪犯群体心理产生与成长起决定性作用的，应当是刑罚所控制、调节的罪犯群体成员间的共同活动，即接受刑罚与改造的活动。

在改造中，罪犯的所有行动都是在群体中完成的。一方面，监狱机关根据教育改造的实际需要对罪犯实行分类编队，罪犯必须在从严控制的情况下，服从监狱民警的指导，并根据统一的监狱法律政策和工作规范进行劳动改造；另一方面，罪犯在集体内也形成了各种人际关系，互相之间交流思想，沟通情感等。这种人际关系包罗的内涵复杂，既有完全符合改造需要的一面，也有不完全符合改造需要的一面。

（二）罪犯群体的特征

罪犯群体是一种特殊的社会群体，主要有以下特征。

1. 罪犯群体的强制性

罪犯群体的强制性主要体现在两个方面。一是罪犯进入群体的不可选择性。不管个人愿意与否，他必须生活、活动在指定的群体中。二是罪犯群体行为的限制性。罪犯的行为始终在监管改造制度的规范下，其行动自由受到严格限制，所以整个罪犯群体的行为就带有明显的强制性。罪犯群体必须无条件地接受改造机关的监督。

2. 罪犯群体本身的复杂性

虽然我国的监狱等改造机关在努力开展分类关押、分类管理工作，但限于人力、物力，这种分类关押和分类管理只是在过去粗线条分类（年龄、性别）基础上的初步细化，即根据不同犯罪类型的分类关押和分类管理。即使在相同犯罪类型的罪犯群体中，由于犯罪经历、社会背景、文化程度、地区来源等方面的差异，也导致罪犯群体的复杂性。

3. 群体交往的单调性

监狱是相对独立于社会的封闭隔离环境，罪犯与外界的交往受到严格限制。罪犯与家属见面的次数、日期和时间都有具体规定，罪犯接受亲属的物品和收发信件均受到检查，遇有违反规定的情况，这些交往即受到干预或停止。此外，罪犯在群体内部的活动也都相对固定。所以，罪犯群体的交往是单调的，与社会上群体交往的多样性截然不同。

4. 成员构成具有流动性

在狱内的罪犯群体，罪犯入狱时间迟早不一，原判刑期长短不等，改造表现好坏不同，因此，出狱时间也不可能完全相同。既有罪犯会不断刑满或假释出狱，又有新罪犯不断进入改造，因此群体成员变化不定，具有流动性。不仅如此，出于管理、劳动等方面的需要，罪犯在监区内部的调动，也是常有的事。而罪犯之间因经历相近、岗位相同、兴趣相似等结成的非正式群体，在内外因素的影响下更是时分时合，缺乏稳定性。

5. 成员之间的关系具有法律性

罪犯与罪犯之间结成的基本社会关系，既不是自然的血缘关系，也不是因生活、工作等形成的地缘关系或者业缘关系，而是由国家强制组合的法律关系。这种法律关系围绕着监狱的刑罚活动而展开，是一种互助与相互监督关系。

名人名言

> 中国古代著名思想家荀况早在两千多年前就认识到群体生活对人的重要作用。他曾说："人之生，不能无群。"群体作为人们的生活单位，个人不能离开它而独自生活。罪犯虽因实施了危害社会的犯罪行为而受到了刑罚，但他们仍然是人，仍具有社会性这一人的本质属性。

二、罪犯群体的类型

按照不同的分类准则，罪犯群体可能有很多类别。罪犯群体是一个复杂的结构体，对它既可作动态描述，也可作静态分析。根据不同的标准，对群体做不同的划分，如假设群体与实际群体、正式群体与非正式群体，当初是由梅奥提出的。梅奥在1924—1932年开展的著名的霍桑实验中，发现了在企业中除去像班组这种由机构内部真正建立的团队以外，还存在着一个企业自发建立的团队。这就是情趣相同或兴趣相近、彼此信赖、互动紧密所产生的心理和情感的聚合体。称呼这种群体为非正式群体，是便于同组织组建的正式群体相互区分。因此，其分类依据主要是构成群体的原则和方式。

（一）罪犯正式群体和罪犯非正式群体

按照罪犯群体的组成原则和方法，可将罪犯群体分为罪犯正式群体和罪犯非正式群体。罪犯正式群体和罪犯非正式群体从不同侧面，对每个罪犯都产生着较大的心理影响。

1. 罪犯正式群体

罪犯正式群体也就是罪犯改造群体，是指监狱为实施刑罚而依法设置的群体。这类群体具有固定的架构与具体的规则，成员之间具有一定的权利与义务规定，又因共同完成监狱规定任务的需要而相互联系、相互作用，是监狱为达到刑罚的目的，把罪犯组合起来的人群结合体。其具备法定性、组织性、规范化、目的性等特点。我国设有男犯监狱和女犯监狱、重刑犯监狱和轻刑犯监狱、成年犯监狱和未成年犯管教所。监狱机关按照教育改造的要求对罪犯进行分组编队，根据罪犯的犯罪特性、恶习程度、劳动技术、改造表现等，分类组成大队和中队。大队作为一个相对单独的押犯单元，其下又设有分队、班、队、联号等改造群体。在同一个分监区服刑改造过的罪犯构成了一个个罪犯群体，其日常生活、学习和劳动等原则上都是以监区、分监区、班、组为单位的。

2. 罪犯非正式群体

罪犯非正式群体是指罪犯在狱内与其他罪犯交往过程中，基于共同的兴趣、利益、情感和共同的犯罪经历等，自发形成的一种特殊的人群结合体。如果说，罪犯正式群体是狱内罪犯群体的外显形式，那么，罪犯非正式群体便是其内隐结构。在同一种群体机构或者组织里，由于罪犯并不总是根据刑罚组织选择其行为方式、内容、活动范围等，因此他们也可以自发组成不同的非正式群体。

（二）罪犯假设群体与罪犯实际群体

罪犯假设群体与罪犯实际群体是按照罪犯群体是不是实际存在而界定的。

1. 罪犯假设群体

罪犯假设群体是指事实上并不存在，仅仅出于观察与研究的需要，将具备一定性格的罪犯在生活中组合起来，形成群体。这些群体大多出现在社会统计学领域。

2. 罪犯实际群体

罪犯实际群体是指在特定时间和空间中出现的群体。这类群体之间存在着明确的区别和具体的联系，如各监狱将罪犯改造群体划入各分监区、分队和班组等。

（三）其他罪犯群体

基于各种不同的要求与角度，还可对罪犯群体进行各种不同的划分。例如，按照年龄段，可将罪犯群体分为青少年罪犯群体、中年罪犯群体以及老年罪犯群体；按照性别，可将罪犯群体分为男犯群体和女犯群体；按照犯罪行为的种类，可将罪犯群体分为财产型罪犯群体、暴力型罪犯群体、性欲型罪犯群体；按照罪犯作案恶习的严重程度，可罪犯群体分为初犯群体和累犯群体等。

三、罪犯群体动力

罪犯群体动力也称罪犯群体力量，是指由罪犯群体共同构成，从而驱使罪犯群体持续地活动下去，使其形成高效活动的群体内在的力量。它是一种全新的社会力量，对所有罪犯个人产生了巨大压力。这些效果可以是正面的，也可以是负面的，主要取决于监狱对罪犯的管理状况以及对罪犯进行管理与矫正的能力。罪犯的群体动力，一般由群体规范、群体压力和群体凝聚力等因素组成。

（一）群体规范

群体建立之后，必须有相应的行为规范以统一其成员的价值观念和活动行为，从而确保群体宗旨的实现与群体行为的统一，这些制约群体成员的准则，便是群体规范。群体规范一般是明文规定的，包括规章制度、约定等；它也可能是自发约定俗成的，包括传统、习俗、礼节等。

群体规范明确了团队成员的观点与态度，控制了他们的言行。没有规范团队，就可能失去整体性，无法生存。群体规范的产生受到模仿、暗示、顺从等因素的影响。

（二）群体压力

群体规范一经产生，会对群成员产生无形的压力，促使个人顺从它、服从它，整个群体就依靠着这种对规范的认同而统一起来，从而构成了一个整体。群体准则不但制约着成员的意识与评价，还制约着成员的行动，使他们显示出特定的群体特征。而在此基础上，群体规范又通过多数人共同的心态、看法与行动倾向对其成员产生某种压迫，从而促使他们根据群体的目标与原则调整和控制自身的活动，这便是群体压力。

群体压力通常比较强烈，个人因无法忍受群体一般成员的疏离、冷漠与谴责，从而心甘情愿地顺从于一般成员的意愿。但是，群体压力一旦达到规定的界限，就会促使个人逃向其他群体，甚至做出偏离行为。

监狱可以通过群体的权力和司法的强制力管控罪犯的言行，但如果要切实地影响和改善罪犯的心态和行动取向，将矫正者的需要内化为罪犯个人的要求并使罪犯个人为之奋斗，就需要将组织的规范转变为罪犯群体的规范，为大多数成员所认可和得到执行。如此就可以保持组织目标和群体行动的统一性，使罪犯由顺从到逐渐内化，最后使其心态和活动方式趋向完全的转变。

罪犯心理分析

（三）群体凝聚力

群体凝聚力是指群体对成员的吸引力。这对群体的生存、发展，具有关键性的意义。正如群体规范与群体压力一样，它主要依靠的是群体成员间的感情、意愿、共同目标等。

在群体凝聚力影响下，个人的集体自尊心与安全感提高，个人对群体形成了较高的认同感、归属感与力量感，并自觉作为群体成员，参与群体行为，自觉遵守群体纪律，积极承担群体义务，努力实现群体目标。处在这个时期的群体，全体成员之间有明晰的分工，也有共同的目标，并能以内化的行为规范协调自身的行为，共同致力于群体目标的实现。群体的凝聚力越强，对其成员的吸引力也就越大，而且直接指向个人的心态与行动取向。群体一旦缺少凝聚力，其成员即便循规蹈矩，也无法维系长久，更无法调动内部的、自发的动力，促进群体内个体的发展与群体活动效能的提升。所以，在监狱中除要把组织的规范转变为罪犯群体的规范之外，也要注意建立与社会规范的价值取向保持一致的罪犯群体的凝聚力，这不但有利于罪犯改造集体的建立，而且有助于罪犯改造心态的激发和罪犯自我意识的转化。

罪犯群体是一种特殊的社会群体，罪犯群体的凝聚力就有与社会一般群体不同的特点。一是时限性。这是指罪犯群体的凝聚力具有一定的时间期限。罪犯服刑期间在群体中生活、劳动和休息，他们作为违法犯罪的人，具有相似的思想和行为特征，都必须接受刑罚，参加劳动改造和教育改造，达到"重新做人"的目的。罪犯希望所在的罪犯群体意见一致，关系融洽，彼此合作，任务完成得更好。这就使罪犯群体具有一定的凝聚力。大多数罪犯在罪犯群体中的活动都有一定的期限，因此罪犯群体的凝聚力也就具有不同于社会一般群体的时限性。二是有限性。罪犯个体加入罪犯群体是被强制的，而罪犯群体本身又具有消极性，罪犯服刑一到期满就立即脱离该群体，因此，罪犯群体中总含有一种离心力，其凝聚力是有限的，是远不如社会一般群体的。

知识拓展

罪犯群体凝聚力的影响因素

罪犯群体凝聚力一般受以下几种因素的影响。

1. 管教民警

心理学家勒温等人的实验证明，实行民主领导方式的群体比实行专制或放任领导方式的群体，成员之间更友爱、更活跃，相互来往更多，凝聚力更高。实践证明，如果管教人员的领导方式既不是纯粹的压服，也不是不讲原则的放任，而是关心、爱护罪犯，并且具有一定的威慑力，那么，该罪犯群体凝聚力就较高。

2. 罪犯群体中的班组长

一般来说，罪犯群体中的班组长不是经罪犯选举产生的，而是经管教人员考察指定的。如果班组长能认真贯彻改造机关的管教要求，有组织管理能力和"威信"，那么群体凝聚力就较高；如果班组长具有"两面派"作风，或者班组长是"老好人"，又缺乏能力，那么，该罪犯群体凝聚力就较低。

3. 成员目标、信念和态度的一致性

如果罪犯群体成员中大多数人都有积极改造、重新做人的愿望，他们的目标、信念、态度能大体上趋于一致，那么该罪犯群体凝聚力就高；相反，成员之间各怀心事，相当多的罪犯仍坚持错误的信念，对服刑改造持抗拒态度，尽管有的罪犯有积极改造、重新做人的愿望，但该罪犯群体由于成员目标、信念和态度不一致，因而缺乏凝聚力。

4. 群体内部奖惩

如果认真接受改造、表现较好的罪犯能及时受到表扬和奖励，那些对改造持抵触态度、屡犯监规、惹是生非的罪犯能及时受到惩罚，该罪犯群体凝聚力就较强；相反，奖惩不公正、不适当、不及时，就容易削弱罪犯群体凝聚力。

在一定程度上讲，群体越能满足所有成员的需求，就越有凝聚力，反之亦然。在传统的刑罚方式下，由于对监狱中刑罚权力的运用，并不能让所有罪犯都对通过正当方式获得个人需求的满足产生兴趣，于是便出现了各种非正式方法，即通过建立消极非正式群体，满足需求。非正式群体的向心力越强，对相应的正式群体的吸引力就越小；反之，罪犯正式群体建立得越好，对罪犯也越有吸引力，非正式群体就难以有生存空间，就算建立了类似的群体，其也无法具有很强的凝聚力。

思政园地

实现中国梦必须凝聚中国力量

2013年3月，习近平总书记在十二届全国人大一次会议闭幕会上的讲话中指出，实现中国梦必须凝聚中国力量。这就是中国各族人民大团结的力量。2020年第20期《求是》杂志发表了习近平总书记重要文章《在全国抗击新冠肺炎疫情表彰大会上的讲话》。习近平这样阐述"中国力量"：

中国共产党所具有的无比坚强的领导力，是风雨来袭时中国人民最可靠的主心骨。只要毫不动摇坚持和加强党的全面领导，不断增强党的政治领导力、思想引领力、群众组织力、社会号召力，永远保持党同人民群众的血肉联系，我们就一定能够形成强大合力，从容应对各种复杂局面和风险挑战。

中国人民所具有的不屈不挠的意志力，是战胜前进道路上一切艰难险阻的力量源泉。只要紧紧依靠人民、一切为了人民，充分激发广大人民顽强不屈的意志和坚忍不拔的毅力，我们就一定能够使最广大人民紧密团结在一起，不断创造中华民族新的历史辉煌。

中国特色社会主义制度所具有的显著优势，是抵御风险挑战、提高国家治理效能的根本保证。只要坚持和完善中国特色社会主义制度、推进国家治理体系和治理能力现代化，善于运用制度力量应对风险挑战冲击，我们就一定能够经受住一次次压力测试，不断化危为机、浴火重生。

新中国成立以来所积累的坚实国力，是从容应对惊涛骇浪的深厚底气。只要不断解放和发展社会生产力，不断增强经济实力、科技实力、综合国力，不断让广大人民的获得感、幸福感、安全感日益充实起来，不断让坚持和发展中国特色社会主义、实现中华民族伟大复兴的物质基础日益坚实起来，我们就一定能够使中国特色社会主义航船乘风破浪、行稳致远。

社会主义核心价值观、中华优秀传统文化所具有的强大精神动力，是凝聚人心、汇聚民力的强大力量。只要不断培育和践行社会主义核心价值观，始终继承和弘扬中华优秀传统文化，我们就一定能够建设好全国各族人民的精神家园，筑牢中华儿女团结奋进、一往无前的思想基础。

构建人类命运共同体所具有的广泛感召力，是应对人类共同挑战、建设更加繁荣美好世界的人间正道。只要国际社会秉持人类命运共同体理念、坚持多边主义、走团结合作之路，世界各国人民就一定能够携手应对各种全球性问题，共建美好地球家园。

四、罪犯群体心理

罪犯个体心理是在罪犯群体心理因素的控制下获得的。罪犯个体心理是罪犯对改造现实的主观反映，它包含罪犯个体身上显示出的一切心理现象的特点。罪犯群体心理是指存在于其成员大脑中，表现罪犯群体成员之间一致的社会价值、心态以及活动方法的总和。罪犯群体心理特征，是由罪犯群体共有或主导的心理倾向而呈现出来的凝聚力、心理氛围、态度取向等，这些共同的心理倾向是罪犯群体成员在其共同行为活动中产生的。

罪犯群体心理和罪犯个体心理是密切联系的。如果没有罪犯个体心理，罪犯群体心理也就失去了基础。同理，罪犯个体如果成为罪犯群体的成员，其心理状况也必定会受罪犯群体心理倾向的熏陶和影响。

知识拓展

监狱文化对罪犯群体心理的影响

监狱文化，是指监狱在实施惩罚、改造罪犯的过程中，经过长时间积累而产生的，并被服刑罪犯所熟知的思想观念、生活方式、传统习俗、行为规范、社会物质条件和精神文化条件等的综合体。监狱文化并不是独立的文化类型，大致可分为两种：一是由监狱所提倡的主流文化；二是在罪犯中自发产生的不良亚文化。二者之间往往处在抗衡与对峙的局面当中。社会文化的积极与负面影响也会渗入监狱当中，对监狱文化产生一定的影响。

监狱主流文化是指由监狱根据法律相关规定予以认可或推动，并作为标准文化在狱内进行宣扬的文化。这是监狱在多年改造罪犯过程中逐渐培育出来的文化，是服刑罪犯在适应监狱秩序中逐渐形成的观念和心理趋向。监狱主流文化具备主导性、正义性和塑造性等特征，适应精神文明建设的需要，是促使罪犯心态良性转变的关键因素。例如，监狱主流文化能促使初进狱中的罪犯尽快建立正确的自我角色认识。而狱中的物质生活环境和文化精神气氛也会给他们以更明显的昭示，他们到达此处是什么身份，需要做到什么。正确的自我角色认识也是罪犯自觉进行改变的前提条件。监狱主流文化建设注重建立罪犯间融洽的关系和良好的改造氛围，以适应罪犯交流、获得友谊等身心需求，启迪他们高雅的审美趣味，让罪犯处于一个平稳而愉快的改善心境；通过进行丰富多彩的文化交流活动，减轻罪犯过度焦虑的心情影响，同时拓宽罪犯的眼界，提升人生品位，冲淡并改善失望心境。

罪犯不良亚文化是由罪犯群体在监狱文化中逐步形成的，脱离了监狱中主流文化价值观、行为模式的综合体，包括罪犯的腐朽思维、犯罪经验、歪曲的审美标准与道德原则等。监狱是一个独特的社会，所以罪犯不良亚文化和监狱同步产生和成长，常常在罪犯之间一代代衍生、记录和扩散而成，因不同的文化、民族和地理历史因素而表现出不同的文化类型和特点。不管何种类别的罪犯，只要生活在罪犯群体中，就会自发地接受其他罪犯行为的影响。这些影响对于一些初次入监、好胜心强、内心空虚的青年罪犯尤其突出。其在同老罪犯的交往中，也逐步学习了老罪犯非正式群体的标准、用语、禁忌和习性等，渐渐累积了"罪犯经历"。比如，有的罪犯仿效别人或在别人教唆下文身、参与某些活动等。罪犯在长时间的监狱生活中，在老罪犯身上习得的这种恶习，不但在刑期阶段会有体现，甚至在其出狱后，在相当长时间里仍会留有印记。

一个监狱的改造秩序与风气，集中反映出监狱主流文化和罪犯不良亚文化之间的力量对比情况。监狱中的服刑罪犯也正是在双重文化背景下共同生存的，他们不但受到监狱主流文化的教育，而且受到罪犯不良亚文化的影响。了解并把握罪犯群体心理状况，对于监狱教育改造罪犯具有至关重要的意义。罪犯改造要取得较好效果，在较大程度上有赖于群体的积极改造氛围，也需要在罪犯群体中扶正祛邪，并创设有助于罪犯心态良性变化的外部环境。

学习任务 2　罪犯群体心理效应与群体行为

一、罪犯群体心理效应

罪犯群体心理效应是指罪犯群体和罪犯个体之间在心理上的相互作用。罪犯群体心理效应主要体现在以下几个方面。一是共同舆论。罪犯群体在利益一致的基础上，经过信息交流形成某种共同认识和观点。二是集体感受。在某一时间，面对某一事件、行为，罪犯中存在同样的情感状况，在罪犯群体中有着相近程度的反应性。三是模仿和服从。罪犯群体中的为首者有着重要的作用，一些罪犯会自觉地效仿其行为，顺从其指示，为首者的想法和情感会直接影响或改变狱内的心理氛围。四是群体的归属感。主要体现为罪犯群体内心的亲切感与群体之外的排他情感。较好的罪犯群体往往具备强烈的集体荣誉感，而较差的罪犯群体则能抵消监狱主流文化改造的效果和作用，使监狱中存在消极心态和行为。

群体心理具有以下作用。

(一) 满足需要

除了基本生存需要外,人还有其他需要,只有其他人能提供。比如,对于认同、归属、获得力量、成就、爱情、尊敬和权力的需要,虽然其不是内在的,但为大多数人所追求,并且这些需要在孤立状态下是很难满足的,只有在群体中才能获得满足。

1. 获得认同感

认同感是指群体中的成员在一些重大事件或原则问题的认知和评价上保持一致的情感。罪犯的认同感可能是由于罪犯群体内人际关系密切,群体对个人的吸引力大,群体成员价值观念或情感的一致性高而主动形成的,也可能是在群体压力的作用下,为避免其他成员的冷落、打击而被迫产生的,还可能是在入监、入队之初,由于不了解所处环境或缺乏必要的信息,个人又缺乏经验时效仿或从众所致。

2. 获得归属感

归属感是指个体自觉地将自己归类于所参加群体的一种情感。有了这种情感,个体就会以这个群体为依据,进行自己的活动、认知和评价,自觉地维护群体的利益,并与群体内的其他成员在情感上发生共鸣,获得心理慰藉,表现出相同的情感、一致的行为以及所属群体的特征和准则。罪犯个体如果不只是在压力之下,更多是在凝聚力的作用之下产生归属感,便会将自身利益与群体利益连在一起,荣辱与共。因此归属感是作为一种深层的群体心理效应而对罪犯个体产生影响的。

3. 获得力量感

力量感是个体所感受到的群体用赞许、鼓励和帮助等方式对其行动表示支持的力量。它建立在认同感和归属感的基础上,又是将认同感与归属感外化于行为活动并使之持续下去的一种激发、维护力量。具有力量感的罪犯,便会与群体活动保持一致,驱使自己在群体的支持下实现既定的目标。

(二) 减少恐惧感

在一定限度内,隔离时间越长,产生的恐惧和忧虑就越深。恐惧越深,合群倾向就越强。恐惧感很强时,人们就寻求与他人在一起作为减少恐惧的一种手段。但与他人在一起又会增加忧虑,而忧虑重重时,人们又回避群集。

"大墙"内外的环境有着强烈的反差。罪犯在狱内服刑使之与外界社会、亲属及他人相隔离。在羁押、审判期间受到的震慑,入狱后对监狱环境的不熟悉,高墙电网中封闭式的生活、严格的管教制度、强制性的生活和行为规范等,更会使罪犯尤其是初犯产生不同程度的不安和恐惧。这种恐惧感使罪犯有强烈的合群倾向,罪犯渴望与他人平等地交往,更渴望能够与他人尤其是对自己好的人相处,以此来消除不安和恐惧。

然而，对前途命运的担忧，对改造生活的不适应，使一些罪犯成为过度忧虑的人。他们认为别人不了解自己忧虑的原因，如果说出去，只会引起别人的讥笑而让自己难堪，所以还是隐藏自己的情感比较好。在这种情况下，多数忧虑的罪犯会选择独处，而不是合群。

（三）获得社会比较

费斯廷格的社会比较理论认为，把自己的观点和能力与他人进行对比的过程，即为社会比较。个体在缺乏客观的情况下，利用他人作为比较的尺度，来进行自我评价，即通过与他人的对比来估价自己。

罪犯尤其是初次入狱的罪犯，由于对环境的不确定，其会通过与他犯的对比来估价自己，通过与他犯交流案由、籍贯、刑期及改造经验，获得社会比较，减少不确定性。通过社会比较，罪犯会产生同病相怜的感觉。心理学家辛姆伯德认为："人在苦难时需要伴侣，特别是同受苦难的伴侣。"罪犯都是触犯国家刑律，受到刑罚之人，他们在人生观、世界观和道德观上有着相似的特点，在狱内相同的境遇，更使各自都平添了几分"同病相怜"的感觉。这时，"平等和互助"的心理便会油然而生。

知识拓展

罪犯正式群体的改造效应

罪犯正式群体通过形成良性的集体环境影响每个罪犯，从而达到个体心理的良性过渡。综合改造作用，主要体现在以下几个方面。

1. 监督效应

在罪犯群体中，罪犯间的自我监督机制，是罪犯群体对罪犯进行有效心理调控的主要方式。监狱内对罪犯的生活采取军事化管理模式，每个罪犯的言行都应该与集体一致，并处于共同的监督下。良好的集体气氛也是对罪犯心理活动的有力控制手段，使某些企图脱逃、闹监的人纠合为狱内犯罪团伙的行为失去滋生的基础，也找不到得逞的机会。

2. 促进效应

监狱在对罪犯加以分类的基础上，对不同的罪犯制定不同的改造方案，并组织罪犯之间进行劳动协作、文体比赛。罪犯个体改造往往与群体改造密切地联系在一起，并作为群体改造质量目标的重要组成部分，其中某些条件落后的罪犯必然会受到来自群体的批评与鞭策。在群体改造目标更加量化、精细，对协同性劳动要求也较严格的前提下，罪犯群体对罪犯个人改造的促进作用十分突出。

3. 同化效应

罪犯群体内如果产生了良好的改造风气和一致的群体舆论，将对进入群体的罪犯形成较大的同化作用，使罪犯在行为习惯、价值观念、思想方法等方面都产生很大的改变。而群体的凝聚力越强，共同生活的时间越长，这种效果就越强烈、越深远。

4. 调节效应

人作为社会性存在，有强烈的社交需求和群体需求。在交际环境和交际对象都受到限制的情况下，这些要求反而会比较强烈。罪犯的集体活动为罪犯生活和正常交往创造了条件。在集体活动中，由于注意力的转移，新的兴奋点的产生，罪犯消耗了体能，发泄了情绪，淡化了服刑的痛苦，从而调节了改造生活，激发了改造精神。罪犯尽管处于服刑场所中，却可以感受到一定的生活乐趣。

二、罪犯群体行为

群体动力对罪犯的影响可能是正面或者负面的。群体互动行为的基本形式有两种。一是对称性互动。在这种互动中，互动双方都有类似的行动，双方彼此的行为相互依赖、相互制约。主要包括合作与竞争、冲突与对抗等。二是非对称性互动。在这种互动中，互动双方的关系不是对等的。主要包括模仿、暗示和感染等。

（一）合作与竞争

合作是指交往的当事人为达到一致的目标而和别人合作的心态与行为方式。通过合作，可以让每位当事人都认识到自身需要别人的依赖，也觉得需要他人的支持，从而让自身的活动顺利成功。

竞争是指交往的当事人为实现物质的或精神的共同利益而与别人争胜的心态和行为方式。竞争行为可以引起群体与个体之间的矛盾和个体与个体之间的矛盾。当群体内部竞争时，各自的群体内部都会出现压力和威胁，促使所有的个体自发地团结一致起来，积极合作，消除隔阂，共同对外，从而防止自己的群体受到伤害。当群体内部发生竞争时，如果缺少交流，个体之间会互相争夺，不能友善地对待其他群体，相互之间关系紧张，不再协作，或者互相为敌，因此削弱群体凝聚力。

合作与竞争能够在行为规则的影响下有机地组合起来，如果可以做到在罪犯群体内部形成竞争的环境，并在群体内部鼓励其合作，让群体成员服从共同的行为准则，保持共同的行为秩序，这就能在很大程度上提升罪犯改造的积极性。

知识拓展

> ### 竞争心理优势
>
> 竞争心理优势是金盛华提出的概念。他指出,在需要人类共同合作占有优势的社会环境中,人类在协作和竞争之间的二重抉择中,更倾向于选择竞争的心理现象。社会心理学中研究竞争的经典实验有两个。
>
> 一个是囚犯两难困境。囚犯都选择不认罪而共获轻判就是一种合作;而其中一个囚犯在同伴选择不认罪的前提下自己选择认罪,不顾他人的代价,只求自己能够获得轻判,就是选择了竞争的策略。
>
> 另一个经典的实验是多伊奇和克劳斯进行的卡车竞赛实验。实验结果表明,被试为了单行道而发生了争夺,他们关闭自己所控制的电门,最终都以失分而告终。实验中双方偶尔也会合作,但是大部分回合的实验都是竞争性的。人类的竞争心理优势得到了很好的证明。

(二)冲突与对抗

冲突是指个体与群体或个体相互之间的心理或行为上的矛盾斗争。

对抗是指个体拒绝群体规范或权威的要求甚至产生相反的心理和行为。

由于同社会长期隔离,罪犯彼此间从相互熟悉到互感乏味,彼此不相容,产生气氛紧张与心理冲突。罪犯中的许多人由于自我意识方面的种种缺陷,常常不能很好地处理人际关系,这样相互间的敌视、排挤在所难免。而这时"牢头狱霸"或善于"欺上瞒下"的人也随之而生。

冲突与对抗往往是相互间利益严重失衡、群体凝聚力涣散的结果,也与个体难以承受群体规范的压力有关,因而是罪犯群体中常见的心理现象。冲突与对抗得不到有效的缓解与改变将严重地削弱群体的积极功能,对罪犯群体及个体造成持续的消极影响。

(三)模仿、暗示和感染

1. 模仿

模仿是指在没有外界控制的条件下,个体受到他人行为的刺激影响,仿照他人的行为,使自己的行为与之相同或相似。模仿是普遍存在的一种社会现象。对模仿者来说，模仿是其实现社会化的一种手段。监狱对罪犯的改造过程，实际上就是对罪犯进行再社会化的过程，初到监狱这个陌生环境的罪犯大都要借助于模仿——通过模仿榜样的行为以便和他人交往，然后再逐渐认识这种行为的原因、意义和价值。所以监狱树立的榜样非常重要，尤其是监狱民警的榜样作用对罪犯的模仿行为起着非常重要的影响。

2. 暗示

暗示是指在无对抗的条件下，通过语言、行动、表情或某种符号，对他人的心理和行为发生影响，使他人接受暗示者的某种观点、意见，或按暗示的一定方式活动。某些具有丰富监狱经验的罪犯或者阅历丰富、年龄较大、在罪犯中较有权威的罪犯可能成为暗示者，而那些没有监狱经验、年龄较小、独立性差和依赖性强者容易受到暗示。监狱工作者应研究和利用暗示的规律，使监狱的宣传教育工作更有成效。

3. 感染

感染是情绪交流传递的一种基本形式，是指在无压力的条件下，群体成员之间通过语言、表情、动作等方式引发情感上的交流，从而在相同的情绪控制下表现出大致相同的行为。感染可以调整个体的心理状态，可以对群体起到一定的整合作用。罪犯群体中的成员由于面对共同的情境和共同的压力，加上各自的地位及态度和价值观念相近，相互间的感染更容易发生。

在监狱对罪犯群体控制不力、罪犯群体风气不正时，相互之间消极因素的感染在所难免。在消极和不健康的群体心理气氛（又称"心理氛围"）中，歪风邪气盛行，冲突对抗不断，相互间尔虞我诈、恃强凌弱，部分个体会产生紧张不安的心理，甚至对改造缺乏信心，对前途不抱希望。反之，监狱如果能够有力地控制罪犯群体，在群体中形成良好的心理氛围，就能够促进罪犯相互之间积极因素的感染，增强罪犯在共同的改造活动中的合作与竞争。在积极、良好的群体心理气氛中，大多数成员能够体验到自己所在的群体具有良好的改造风气，彼此之间既竞争又合作，对前途充满信心，并能共同为之努力。

（四）从众、服从与偏离行为

1. 从众行为

从众行为是指个体在群体中，由于受到群体的压力，在心理或行为上表现出与多数人一致的现象。个体仅在行为上与群体保持一致，是权宜地从众，称为顺从；个体不仅在行为上，而且在心理上与群体保持一致，称为遵从。个体对社会事件的了解程度、对事件判断的自信程度、对自己成败的估计和确信程度等，都影响个体的从众行为。从众就是在群体明显或内隐的压力下，个人在观点和行为上与多数人保持一致的倾向。在日常生活中，随大流、赶时髦、人云亦云、亦步亦趋等，都是从众的表现。

在监管条件下的罪犯从众行为多表现为"口服心不服"，这主要是由于一些罪犯恶习较重，在监狱的严厉管制和群体的较大压力下，其往往被迫做出表面的从众行为。罪犯群体中的从众行为主要有以下特点。

（1）罪犯群体凝聚力强，意见一致时，其成员容易从众。

（2）群体意见一致并且群体人数多时，其成员容易从众。

（3）群体中有影响力的头头（罪犯的班组长等）提出要求，其成员容易从众。

（4）群体中比较受孤立的罪犯，容易从众。

（5）群体中的年龄、经历、文化、地域、罪种、刑期等方面彼此接近或相同的罪犯之间容易相互模仿，导致从众。

（6）与罪犯切身利益关系不大的要求，容易导致从众；重视管教人员评价的、情绪不稳定的、自信心弱的、自我评价低的罪犯容易从众。

（7）群体中只要有一两个人不从众，那么其他成员的从众倾向就会明显减弱，从而产生反从众心理。

在罪犯群体中，群体压力和从众现象是确实存在的。管教民警应当善于给罪犯群体施加适当的压力，引导罪犯群体积极的从众倾向；如果某些小群体有消极危害性，则管教民警应巧妙地利用其成员的反从众心理，化消极因素为积极因素，直至该群体瓦解。

2. 服从行为

服从行为是指群体中的个体在受到来自群体的规章制度或权威意志的压力时，不管自己内心是否愿意，都按照要求或指示去行动的一种行为。内心愿意者，是自觉服从；内心不愿意者，是被迫服从。不服从者，会受到纪律和权威的制裁。

3. 偏离行为

偏离行为又称越轨行为，是指背离、违反社会规范的行为。犯罪行为是一种最严重的偏离行为。偏离行为的产生有很复杂的原因，群体规范压力过大，超出了个体所能承受的限度，是产生偏离行为的一个重要原因。偏离也是从众饱和的结果，是不从众的一种表现。偏离是对去个性化的恶性反抗、病态反应。但是，偏离行为中，也有另一种性质的从众现象，即对非法集体规范的服从。

监狱必须严肃监规纪律，树立民警的权威，并在罪犯群体中形成良好的改造氛围和心理氛围，使大多数罪犯都能遵纪守法、积极改造、服从管理。但如果罪犯群体中缺乏良好的心理氛围甚至歪风邪气占主导地位，"牢头狱霸"横行，或者民警主观武断地发号施令甚至滥用职权，使罪犯群体规范压力超过了罪犯个体所能承受的限度，就会导致罪犯对改造集体规范的偏离及对非正式群体或非法群体规范的服从。

（五）社会促进与社会抑制

社会促进是指个人对别人的意识，包括别人在场或与别人一起活动所带来的行为效率的提高。与社会促进相反，如果别人在场或与别人一起活动，造成了行为效率的下降，则称作社会抑制。当个体的思想与行为符合群体的要求时，群体往往会加以赞许与鼓励，从而强化这种思想与行为，得到群体的社会支持是个体心理得以健康发展的重要条件。社会促进不仅能够引起人的行为效率在量上的增加，而且能够在有些工作上提高行为的质量。但是，他人在场或与别人一起工作，并不总是带来社会促进作用。随着工作难度的增加，社会促进作用会逐渐下降，乃至最终变为社会抑制。

1. 社会促进与社会抑制作用的体现

（1）观众效应。在他人观看而不参与的情况下，被观看者进行的活动有可能效率提高（社会促进作用），也有可能效率降低（社会抑制作用）。

（2）结伴效应。许多人在一起共同从事某项工作，工作效率有时比个人单干时提高，有时则比个人单干时降低。

（3）竞赛效应。许多人在一起就从事某项活动而竞赛时，其活动效率可能高于个人单干，也可能低于个人单干。

2. 群体背景造成社会促进效应的原因

社会心理学家扎琼克经过研究提出，产生社会促进作用的原因，在于群体的背景增加了人们的内驱力。弗里德曼等人进一步解释，群体背景之所以能够引起行为内驱力的增加，是因为它唤起了人们的竞争和被评价意识。人在社会化过程中，已经学会了将社会情境作为竞争情境来看待。在有他人出现的社会情境中，人们会有意无意地感到由社会比较引发的意志力，从而使人们行为的内在动力增加。弗里德曼等人又指出，在有些复杂的思维上，群体背景会造成社会抑制作用，这是因为他人的存在和由其造成的种种干涉，可以导致人的精神不能集中。

在罪犯改造过程中，竞争的压力是时刻存在的。别人的观察会起到社会评价作用，对于罪犯来说，这种被评价意识可能比一般群体更为强烈，会引起罪犯个体内驱力的增加，唤醒其竞争和被评价意识，使其在他人在场的情况下，尤其是在监狱民警在场时，表现得非常积极，劳动十分卖力，从而不自觉地提高了其工作的效率和质量。

罪犯群体的社会促进作用还表现在当罪犯个体表现出与罪犯群体规范一致的行为，做出符合罪犯群体期待的事情时，罪犯个体就会受到罪犯群体的赞扬，从而使罪犯个体感到其行为受到了罪犯群体的支持。当然，罪犯群体的这种鼓励作用，并不是同等地发生在每个成员身上，有的罪犯感受到的支持力量较大，有的则较小，有的则感受不到支持，甚至还会产生抑制作用。

3. 罪犯群体对其成员产生促进作用的制约条件

这些条件表现为：

（1）罪犯群体成员必须服从本群体的规则，热爱自己的群体，为群体的利益服务，而不能成为群体的越轨分子；

（2）罪犯个人对罪犯群体产生认同，并希望得到罪犯群体的保护和支持，使群体成为个人利益的维护者。

如果缺乏这两个条件，促进作用就不会发生，有时反而会产生阻碍作用，使个人在群体中的活动效率降低。

（六）责任扩散和去个性化

1. 责任扩散

责任扩散是指个体在群体中比在独处时承担更少的责任以致失去个人责任感的心理现象。在某种程度上，当决定是整个群体做出的，责任也相应地由大家来分担，甚至有些事件的发生是个人在群体讨论后自己做出的决定所造成的，个人也可以感觉到没有责任，因为他是在群体之中的。

当罪犯的消极行为特别是违规行为属于群体性消极行为的一部分时，由于责任扩散的作用，罪犯的行为就会摆脱法律与道德规范的约束，我行我素，不计后果。尤其当这种消极的罪犯群体具有一定的凝聚力时，责任扩散的现象会更为明显。所以，责任扩散是消极群体心理的一种反应。

2. 去个性化

责任扩散会导致群体出现去个性化。去个性化是指在群体压力或者群体意识影响下，个体丧失了抵制从事与自己内在准则相矛盾行为的自我认同，从而做出了一些平常自己不会做出的反社会行为，是个体的自我认同被团体认同所取代的直接结果。去个性化的外在条件有两个：一是身份的隐匿；二是责任的模糊化。个人的自身认知逐渐被集体认知所替代，人们在众人之间逐渐失去了理性，并放弃了集体中对自身活动的掌控。去个性化的研究为解释暴力行为和反社会行为找到一条途径。

罪犯个体在群体中变得更胆大，这是由于归属感和认同感使罪犯个体把群体看作是强大的后盾，在罪犯群体中无形地得到了一种支持力量，从而鼓舞了罪犯个体的信心和勇气，唤醒了其内在潜力，做出了独处时不敢做的事情。许多社会心理学家认为，这是反社会行为的一个原因。

知识拓展

罪犯群体的起哄、骚动现象

罪犯在群体影响下，容易参与起哄和骚动。这实质上也是一种从众行为，但具有特殊性。

罪犯的起哄和骚动一般可分为两类：一类是有组织的；另一类是无组织的。有组织的起哄和骚动大多与反改造的帮派型小群体（如狱内反改造群体）有关，或者与罪犯中少数顽固坚持错误和反动立场的"反改造尖子"及"牢头狱霸"的幕后操纵有关。这类起哄和骚动往往是有预谋、有目的、有手段、有组织的。无组织的起哄和骚动往往由偶然伙食不令人满意（饭菜有异味、量少等），管教人员某句话过于严厉、苛刻，集体看电影时对某些镜头的负面理解等，罪犯们往往会不由自主地狂叫、怪笑、吹口哨、说脏话等。

罪犯的起哄、骚动若得不到控制，就会发展成具有破坏性的骚乱。在骚乱中，罪犯的心理具有以下特点：责任分散感，看到别人都在闹，责任大家承担，受处分也是大家的事，甚至认为"法不责众"；去个性化，在群体气氛和他人举动的"助长"作用下，罪犯个体丧失了其平时的理智、信念等，盲目投身闹事的群体；情感强度大，群体成员情绪强烈，互相感染，使群体中个人情感摆脱理智的控制，从而达到疯狂的程度，行为不断升级。这就使骚乱带有很大的破坏性。监狱罪犯中出现的打群架等狱内重新犯罪行为，往往都是这样产生的。

管教民警应当具有敏锐的洞察力，在起哄和骚动的初始阶段即采取有力措施予以控制、制止，避免行为升级、扩大化。比如在看电影之前先打好"预防针"，事先警告，等等。管教民警还应在及时打击起哄骚动的"活跃人物"的同时，尽快查清幕后策划者，予以坚决惩处。对于因工作失误（如伙食方面、管教态度方面等）而引起的骚动，既要打击肇事者、策划人，表明不允许罪犯在狱中闹事的态度，同时要向全体罪犯说明工作中的失误或问题，并及时改进。这样，罪犯才会服从管教。

学习任务 3 罪犯非正式群体

一、罪犯非正式群体的特征

罪犯非正式群体是罪犯在狱内交往活动中,通过共同的动机、共同的利益、共同的情感、共同的犯罪经验等所自发组成的一个特定的社会关系或共同体。它既不同于狱内的正式群体,又区分于其他非正式群体,具有以下特征。

(一)产生的自发性

监狱的正式群体是由监狱民警按照惩罚与改造罪犯的要求,根据罪犯的行为特点、恶习多少、改造情况、刑期长短等因素而设置的群体。罪犯个人既无选择参加和不参加的权利,也无自由挑选同伴或参加任何组织的自主权。群体成员的地位、活动内容、职责、分工等均由监狱决定。与此不同,狱内的罪犯非正式群体,其形成过程是自发的,其核心人物也并非由监狱规定的,而是在群体成员中自发产生的。

(二)群体的松散性

这主要表现在两个方面。一是群体成员的流动性。这种流动性使得群体不够稳定,较为松散。二是罪犯群体往往分成若干非正式的小群体,这些小群体往往是在罪犯的年龄、经历、刑期、兴趣、地域等因素的基础上形成的。尽管某些小群体表面上团结,但总的来说它们时分时合,并不稳定。

(三)活动的隐蔽性

罪犯正式群体的活动一般是由监狱举办的,不仅活动的日期和地点是公开的,而且一般情况下有监狱民警参加,所以不必躲躲闪闪。与罪犯正式群体不同,罪犯非正式群体,即通常说的罪犯中的"小圈子",由于监规纪律明文禁止罪犯私自进行交流,在监狱里自发组成非正式群体,往往容易与监规相背离,其活动也就不得不偷偷摸摸地进行。

(四)对外的封闭性

狱内的正式群体内部虽然比较独立和稳定,却是开放的。群体的内部消息通常可与群体外人士共享,内部活动有时也可能有其他群体共同参加。即便是内部凝聚性极强的正式群体,其成员在外部人际关系上也通常很少盲目排外。但与正式群体不同,狱内非正式群体，特别是消极的非正式群体，由于其内部存在的非法性以及其群体内规则的束缚，其外部关系常是封闭的。成员往往对其所在的非正式群体有着强烈的归属感，有的甚至甘愿为了其所在非正式群体的目标而赴汤蹈火。群外人往往对群内人有某种神秘感，群内人往往对群外人有某种距离感。群外人要加入这类群体就相应地较为麻烦，有时还需要先进行考察。

（五）性别的单一性

自男女罪犯分押之后，罪犯的"小群体"也就形成了近乎单性化的小群体。如果说，在罪犯正式群体的活动中可能有异性参加，如进行群体帮教，那么，罪犯非正式群体中不但组员都是同性的，同时，群体活动也只能在同性中间展开。

（六）结构的复杂性

从非正式群体的规模来看，其少则两人，多则十几人，多数为三至五人。而且他们大都出自截然不同的小组，有的甚至是跨中队的罪犯。从社会组织水平程度来看，虽然有社会组织较松散的群体，也有联系密切的帮派团伙，乃至犯罪集团等，但大都仍是松散式群体。从内部分工来看，松散式群体虽然有明确组织对象，但其成员之间并没有明确分工。而随着群体组织水平的提升，其内部人员的分工也将愈来愈细致。从群体的结构看，非正式群体并不像正式群体一样具有稳定性。由于成员结构的变动及与群外联系的改变，任何性质的非正式群体，均有可能向良性或恶性的趋势演变。

二、罪犯非正式群体的作用

罪犯非正式群体对其他成员的心理和行为具有监狱或正式群体所不能或难以起到的作用，具体表现如下。

（一）积极作用

作为一种客观存在，非正式群体，即使是与监狱主流文化相背离的消极非正式群体，也具有积极的作用。

1. 满足罪犯心理需要

罪犯，尤其是初次投入改造的罪犯，急需倾诉的对象，在情感和思想的交流中，寻求自我，获得心理平衡，以排解监禁引起的各种不良心理反应。罪犯与监狱民警之间在身份、角色等方面存在显著差异，使得罪犯难以与监狱民警真诚地进行思想交流。同时，罪犯相互之间在地位、处境及心理上却存在较高的一致性，这使得非正式群体中的成员有着极其明显的"相容"，有时甚至会超越"理智"而产生情感共鸣，导致认知上的相互接纳与行为上的相互支持。

2. 成员之间相互支持

实践中，罪犯之间的物质帮助主要是出于罪犯的自愿，并且主要发生在关系较密切的罪犯之间。此外，还有生活上的照顾，如有成员身体不适，其他成员在劳动上、生活上给予的关照，能够起到温暖病犯心理、稳定其情绪的作用。

3. 规范控制罪犯行为

即使是自发形成的非正式群体，其成员也要受到不成文的、无形的群体规范的约束。群体规范主要是靠舆论和情感上的力量来发挥约束成员行为的作用。当成员的行为符合群体的目标时，群体规范对这种行为就具有鼓励作用；反之，就具有抑制作用。当然，因非正式群体的性质不同，其规范的作用方向也不尽相同。但即使是消极非正式群体，也不都是鼓励反改造的，对于不利于群体目标实现的个体的反改造行为有时也会起到制约作用。

非正式群体的作用不仅体现在服刑改造过程中，还影响到罪犯回归社会后，如何形成或参与自己在生活、学习和工作中的非正式群体，满足与发展自己交往的需要，这对于罪犯的再社会化的成功无疑具有重要作用。

（二）消极作用

如果罪犯违反有关行为规范，自发组织非正式群体，不论是积极的还是消极的，抑或是中性的非正式群体，都不可避免地存在消极作用。

1. 削弱正式群体的作用

由于非正式群体中的罪犯在心理上更相容，交谈更容易涉及思想的深层，因此，非正式群体在一定程度上较正式群体对罪犯的影响更大。尤其是在消极非正式群体中产生和发挥作用的罪犯亚文化，作为一种与监狱主流文化相反的力量，对非正式群体中的罪犯产生着与正式群体不同的控制和影响作用，会削弱正式群体的正面影响作用。

2. 强化罪犯不良思想和行为

罪犯被投入监狱之后，其犯罪心理会在相当长时间内存在，并以各种形式表现出来。在消极非正式群体中，罪犯受到的大多是与监狱主流文化要求不相一致的消极影响。

（1）罪犯之间的互动因为既不受监狱民警的直接控制，又不受其他要求改造的罪犯的监督，而容易偏离监狱主流文化的要求，所以消极非正式群体常常是罪犯不良亚文化形成和发展甚至是产生恶习的交叉或深度感染的主要场所。

（2）非正式群体对成员所具有的强烈的凝聚力，使得其在与正式群体发生冲突过程中常常占有优势，因此，它还通过污染改造环境、恶化改造风气而对罪犯的不良思想和行为起到强化作用。

（3）罪犯一旦加入非正式群体，会出现从众行为和责任扩散心理，从而使其反改造行动的决心变强、胆子变大。

三、罪犯非正式群体的类型

根据不同的标准，可将罪犯非正式群体划分为不同的类型。

（一）积极型、中间型和消极型罪犯非正式群体

根据非正式群体与正式群体的价值目标是否一致，可将罪犯非正式群体分为积极型、中间型和消极型。

1. 积极型罪犯非正式群体

此类罪犯非正式群体的功能要求与罪犯正式群体基本相同，是对罪犯思想改造积极性的重要体现，对罪犯正式群体有着很大的补充意义。罪犯在狱内自发成立的互助小队、自学小分队、科技攻关小队等便是成功案例。罪犯按照改造群体的任务要求，在日常生活、学业上互相协助，在日常行动中互相监督，在技术难题上联手攻关，对保持监内秩序、形成良好改造风尚、推动罪犯转化有着重要作用。

2. 中间型罪犯非正式群体

此类罪犯非正式群体多是罪犯中的自娱性群体，结构相对松散，但往往随着娱乐内容的改变而变动。其在整体上难以与监狱或正式群体保持一致，但也不能简单地认定其与监狱或正式群体一定有抵触，往往是由于处境相似、个性相近或存在着一些相同的个人利益而形成的。通过相互间的活动，可以在一定程度上使一些正当、合理的需要获得满足。但也存在着向积极或消极两个方向发展的可能性，从而对个体与群体造成不同性质的影响。

3. 消极型罪犯非正式群体

此类非正式群体在价值追求方面多背离了正式群体，因而对正式群体的积极作用会产生负面影响。当正式群体成员对事件认识产生矛盾时，非正式群体对事件的认知标准、价值观念和判断标准将干扰并阻碍正式群体人员对事件的理解与判断。当正式群体共同利益发生冲突时，非正式群体对正式群体的共同利益具有损害与阻碍的作用。当非正式群体的核心人物和正式群体的核心人物之间因个人看法或劳动任务差异而发生冲突时，非正式群体不但会影响正式群体的劳动成绩，甚至还会损害监狱秩序的稳定。

（二）利益型、兴趣型、情感型等罪犯非正式群体

依据形成的原因，可将罪犯非正式群体划分为以下几种类型。

1. 利益型罪犯非正式群体

利益型罪犯非正式群体是指出于某种共同利益而自动产生的群体，是狱内较常见的群体。在狱内常常遭到批评的落后罪犯容易形成落后群体；常常遭到其他群体或罪犯欺侮的罪犯容易形成反抗群体；另外，某些骨干罪犯为获得在奖金、伙食安排等方面的收益，也会形成类似于"伙食团"这样的群体。利益型罪犯非正式群体有数量较多、组织程度高、范围比较广等特征，它对改造大多有害。

2. 兴趣型罪犯非正式群体

罪犯出于获得安慰的需要，与有相同兴趣爱好或特长的人结成朋友，形成非正式群体。因共同兴趣、爱好而自然形成的群体在狱内也较为普遍。从目前情况来看，这种类型的群体大多为娱乐群体，如固定的牌友、棋友等，也有少量因共同的学习、创新兴趣而结成群体的。极个别的也有专以互通犯罪信息、交流犯罪经验、分享犯罪乐趣等而经常纠合在一起的。兴趣型群体一般组织程度较低，除少数对改造秩序有危害，大多数对改造有一定的促进作用。

3. 情感型罪犯非正式群体

情感型罪犯非正式群体以特定的社会关系为依托，从而使成员间产生了一种彼此依赖的情感。此类非正式群体在女犯中相当常见。一些在狱内相处时间较长的男犯也容易产生此类非正式群体。此类非正式群体具有数量少（一般2至4人）、成员联系密切的特征。

4. 观念型罪犯非正式群体

观念型罪犯非正式群体是因对个人、周围事物及社会有着相近的看法、态度或有着共同的世界观、人生观和价值观而形成的非正式群体。

5. 地域型罪犯非正式群体

在狱内服刑改造的罪犯是一种由刑罚所设置的特殊群体，如果其中一些成员来自同一地区，那么他们就会因为出身和经历的相近，因为社会文化、习惯的相同，彼此感觉比其他成员更亲近，所以交往频繁、互相协助，就会成为一种价值观上的地缘群体。这里的地域范围，小至同一处生存的乡镇或村落，大至同一座地级市。成员间有的在狱内才认识，有的在社会上就已经认识。因此在狱内形成的罪犯非正式群体中以地域型罪犯非正式群体较为常见。地域型罪犯非正式群体通常组织比较严密，并常常与封建行帮思想等亚文化因素联系在一块，所以往往不利于罪犯改造。

6. 违规型罪犯非正式群体

违规型罪犯非正式群体是指因脱逃、斗殴、赌博、欺诈等违规需要而形成的非正式群体。

7. 帮派型罪犯非正式群体

此类非正式群体往往是具有黑社会性质的犯罪团伙在狱内的延续与发展，其核心人物通常是一个原犯罪集团的头目或者骨干。但因为群体内有自己的规则，再加上其核心人物大都具有一定的组织经验，这类群体通常能够适应其他成员在诸如恶习、安全等方面的要求。正是这种特性决定了此类非正式群体有着比其他非正式群体更强的凝聚力，其成员的认同感与归属感也比较高。作为监狱内较顽固的反改造势力，帮派型罪犯非正式群体虽然目前已不多见，但其对罪犯正式群体的破坏力较强，因此，对其绝不可掉以轻心。

8. 临时型罪犯非正式群体

此类非正式群体通常是出于某些偶然原因而暂时组成的小群体。如发现彼此性情相似或行为方式相近而感到亲近，或者同时受到管教人员的批评、处罚而感到委屈，彼此同病相怜而聚集在一起。

在改造过程中，对罪犯中的各种群体应善于分析，区别对待。对于出于正常、有益的兴趣爱好而形成的群体应采取鼓励、引导的方针，并努力创造条件发展其爱好、特长。对于因不良企图或低级趣味而形成的群体，应采取教育、限制、拆散的方针。对其核心人物严加管教，必要时应将其作为"反改造尖子"对待，使其进入"严管队"接受严格管理；对一般成员，应加强教育；对于危害作用大的帮派型罪犯非正式群体，应按监规纪律严厉打击，依法惩处。

（三）松散型和紧密型罪犯非正式群体

根据群体内部结构划分，可将罪犯非正式群体划分为以下几种类型。

1. 松散型罪犯非正式群体

狱内非正式群体是由罪犯自发组成的，通常缺乏强制的规章约束，即使有一些内部规则，也因人合则聚、不合则散，不会形成较强的约束。所以，狱内绝大多数非正式群体的结构都比较松散，极易由于群体活动内涵、群体目标、成员间的思想感情以及群体环境的变化而受到影响。

松散型非正式群体界限不清晰，组员之间的游离性很强，稳定性不高，有时一名罪犯会在同一时期加入多个非正式群体，所以，罪犯对群体的依附感并不强，造成群体自行解散或者重新组合也较为常见。

2. 紧密型罪犯非正式群体

狱内非正式群体一般并不像罪犯正式群体那样具有稳定的人员组织与管理关系，但这并不妨碍其内部形成稳定的人员组织、权力架构、人际关系体系等。在紧密型罪犯非正式群体中，有的是为了某些非法目的而直接建立的，有的则是由松散型非正式群体逐步发展壮大起来的。它们之间有领导核心和一般成员之间的区别，也有不成文的规则。成员们通常对其所在的非正式群体有着较强的归属感。

紧密型罪犯非正式群体在狱内一般体现为罪犯团伙和犯罪集团。罪犯团伙是出于共同对抗监规及改造要求的反改造心态，自发组成的，具有一定目标指向，对监管秩序带来消极影响的非正式群体。罪犯团伙作为消极的非正式群体，处于松散型非正式群体和紧密型非正式群体中间，按照现行法律，可构成破坏监管秩序罪，但与犯罪集团有着根本的差异。犯罪集团通常由一定数量的骨干形成核心，有自然形成的地位和习惯上的分工，并主要以成员之间的相互需要和某些亚文化观念作为精神纽带，维系团伙的生存和发展。其一般以违规为活动范围，具有一定的凝聚力和感染力，如果控制不严，则易在狱内迅速发展，诱发各种狱内刑事犯罪。

犯罪集团是罪犯逃避惩罚、抗拒改造、继续危害社会的一种狱内犯罪组织形式。它是组织极为严密的狱内非正式群体，也是恶性极大、危害极为严重的狱内非正式群体。犯罪集团有明确的犯罪目标、组织分工，有严格的内部规则，主要以强烈的反社会意识作为相互联系的纽带。

对罪犯非正式群体，还可以从人员构成、时空要素、性别特征等方面加以划分，但无论哪一种罪犯非正式群体，对罪犯的监管改造都起着不可轻视的作用。

> **学练园地**
>
> #### 刘某纠集其他罪犯破坏监管秩序
>
> 罪犯刘某正在监狱服刑改造。1998年夏季，刘某纠集10余名罪犯，围攻、殴打监狱民警，并裹胁其他罪犯参加，不允许其他罪犯参加正常生产、学习及劳动，造成监内秩序非常混乱，影响极坏。
>
> **思考：**
> 刘某纠集的群体是什么类型的罪犯非正式群体？有什么特点和危害？

四、正确认识和对待罪犯非正式群体

对罪犯非正式群体进行分析与研究,并通过对罪犯非正式群体的管理、控制及教育、引导,使之成为维护监管秩序、促进改造工作的积极因素,是监狱民警应当掌握的基本功。

(一)正确认识罪犯非正式群体

从思想认识上,必须明确以下几点。
(1)要意识到罪犯非正式群体出现的客观性与特殊性。
(2)对罪犯非正式群体要合理地进行区分,既要看到其消极影响,又要发现其也有积极的影响以及可能发挥作用的部分。
(3)要注意对罪犯非正式群体采取积极、主动的管理和控制措施。

(二)正确对待罪犯非正式群体

1. 公开扶持积极型罪犯非正式群体

罪犯非正式群体的许多方面可以为改造工作所利用。例如:通过罪犯非正式群体可以及时地、比较真实地了解罪犯心理和行为的现状与趋向;利用非正式群体中成员在兴趣、爱好等方面的共同特征组织改造活动,可以提高活动效率;在奖励、惩罚某一罪犯时,如果考虑到罪犯非正式群体的舆论,则能形成或提高奖惩的影响力;罪犯非正式群体中的"头头"如能为监狱所用,特别是其自我改造表现良好,有资格担任正式群体中的某些职务时,对于加强罪犯群体的管理、控制及教育、引导,促进罪犯的改造,具有一定的作用。

2. 引导控制中间型罪犯非正式群体

中间型罪犯非正式群体大多是罪犯为消磨空余时间而结成的,且以闲谈、娱乐为群体目标,这种群体虽对改造没有直接危害,但其缺乏明确的群体目标。因此,对中间型罪犯非正式群体,应在予以有效管理的同时加强教育引导,扬长避短,促使其向积极的方向发展或转化。

3. 分化打击消极型罪犯非正式群体

对那些与改造相对立的罪犯非正式群体,尤其是违规型和帮派型罪犯非正式群体,应当防患于未然,预防与阻止其形成或在形成之后及时予以分化瓦解,对其现行的违规活动特别是团伙头子和骨干分子则应予以严厉打击与制裁。

（三）落实对罪犯非正式群体的管控措施

改造工作能否强有力地影响罪犯非正式群体，决定其性质与发展的方向，其根本在于能否建立一个健康的、足以影响罪犯积极改造的正式群体，即改造集体，并将对罪犯非正式群体的教育、引导工作纳入建设改造集体的过程中。改造集体的活动内容应最大限度地覆盖罪犯非正式群体的活动内容，并且其活动内容和形式能够对罪犯非正式群体产生自然影响力，从而使罪犯非正式群体的活动与其相一致、相协调。

对罪犯非正式群体的管控措施如下。

1. 建立健全罪犯集体组织，充分发挥积极影响力

罪犯的生产、学习、研究活动，都是在集体组织下完成的。要发挥集体组织的作用、职能和效果，减少罪犯非正式群体的负面作用。

（1）注重罪犯集体的制度建立，引导并监督所有罪犯集中开展活动，引导集体的思想舆论健康发展，引导罪犯积极履行集体的义务，督促、帮助集体中的落后成员。

（2）帮助罪犯认识个人在集体中的角色，个人与集体的关联，培育罪犯的集体荣誉感。

（3）重视罪犯改造积极分子委员会（简称"积委会"）的建设，使之形成相对进步的社会群体，构成罪犯集体的积极基础，个体推动集体舆论的形成。通过这种方式，可以对罪犯集体形成积极的影响，满足罪犯个体对集体的心理需求。

2. 加强监区文化建设，开展各种有益的辅助教育活动

监区文化是指监狱在监管改造活动中所逐步形成的被罪犯接受的各类改造氛围。积极健康、文明向上的监区文化，不仅是对罪犯实施改造的主要基础与客观前提，也是罪犯加入各种健康群体的基础条件。在监区的文化建设中，要重视举办各种辅助教育活动。

（1）通过举办文娱比赛活动，并结合监狱的客观条件，组织演讲、书评、影评、书法等比赛。组织各种体育竞赛去充实罪犯的改造生活，引起罪犯的关注，使罪犯从比赛中认识自我。

（2）组织科技竞赛，围绕文化学习和技术教育，有意识地引导罪犯组成各类兴趣爱好小组，互帮互学，充分发挥群体的正向作用。

（3）创建监区文化场所，做好墙报、黑板报，建立书库、阅读室，建立积极向上的监区文化环境。努力消除不良价值观念的影响。

3. 加强狱内安全防范工作，及时瓦解、打击各种破坏性非正式群体

对罪犯中一些破坏性非正式群体，要予以高度重视。这类群体一旦形成，危害极大。例如，罪犯预谋脱逃，往往会精心挑选犯罪时机、准备工具、摸清路线、明确目标和分工等。因此要加强狱内侦查等安全防范工作，通过摸底排查，及时发现破坏性

非正式群体的存在，对破坏性非正式群体及时予以分化瓦解，对相关头目要坚决打击、严厉制裁，切不可掉以轻心。

学习任务 4　罪犯群体的人际互动

个体需要交往，在交往中认识、改变外部世界，同时也在交往中认识、改变着自我。交往是促进社会发展和实现个人社会化的必要途径。罪犯交往的主要形式包括：在监狱内外，构成了罪犯与社会以及罪犯与家庭的交往关系；在监狱内部，构成了罪犯与监狱民警以及罪犯与罪犯的交往关系。

一、罪犯人际交往的特点

（一）制约性

罪犯的人际关系受监管条件的制约，其交往的对象，无论是罪犯或罪犯群体，还是管教民警及其社会群体，都不是按照罪犯个人的兴趣、爱好、需要或态度来随意选择的，而是根据服刑、生产的需要和有关规定来安排的。

罪犯在监狱服刑改造，不论在生活现场、劳动现场还是学习现场，都要严格遵守监规纪律。监狱民警与罪犯之间体现着监督与被监督、改造与被改造的关系。而罪犯亲属也需要积极配合监狱机关进行亲情帮教。罪犯之间是同改，不是朋友，可以相互规劝，但不可搞小团伙。

（二）两极性

罪犯的人际关系，由于其性质各不相同，各自在形成过程中，给罪犯带来的影响也不尽相同。在质的方面，既有积极的，也有消极的；在量的方面，有大有小，有强有弱。

罪犯的人际关系有正、负两方面效应。一方面，罪犯的人际交往大多近利远义，而功利原则势必进一步造成罪犯交往的利己打算和关系冷漠。另一方面，罪犯交往的知识需求也有不可忽视的促进作用。虽然罪犯以知识交友的目的不是发展精神需求，而是适应出狱后的社会。但为充实知识、发挥能力的交往毕竟与精神需求相关，这对改变罪犯以往求知上的消极惰性、提高综合素质中的文化含量无疑会有积极影响。

（三）目的性

罪犯是被判刑之人，绝大多数希望通过自己的努力早获新生。他们在服刑期间的表现，都打上了追求新生、获得自由的鲜明烙印。一切活动，不论努力向上的还是消极对抗的，都是为得到自由而为之。监狱对罪犯所实施的一切管理活动，都是为了"教育、感化与挽救"罪犯，监狱在罪犯中所设置的互监组、学习小组、监狱纪律监督委员会，以及推行的同起床、同出工、同劳动、同收工、同学习、同就寝等制度，在人员的组成上，都由民警事先进行有目地安排。

罪犯在这个空间以及群体中建立的人际关系，均是以接受教育改造为目的的。罪犯之间的交往目的大多考虑出狱后的自我价值、社会态度以及家庭、婚姻、生计与工作安置。某省监狱管理局的调查结果显示，罪犯之间的交往目的大多基于是否利于自身改造。在"你同周围人结交的目的是什么"的问卷中，80%的罪犯回答"为了学习别人好的东西，促进自己改造""在改造上站住脚""与人搞好关系，好评改造积极分子"等。

二、罪犯的交往心态

（一）功利心态

功利性交往即交往中能置换有用的东西。这种有用的东西主要是钱、物等。对罪犯而言，"有用"主要包括：狱内办事上的有用（大到减刑假释、工种安排，小到衣物享有、吃喝享受）；学到知识、本事及完善自我的"有用"；获得狱内"内幕信息"上的有用；体力、身体上的有用（大到为他犯完成劳动定额，小到洗衣刷碗）。由于对功利的关注，那些直接可以转化为物质报酬的知识也更加受到重视。交往中的功利性已自觉或不自觉地为罪犯所接受，成了影响他们人际交往的情感和行为标准，决定了他们交往的目的。功利交往一经形成，便有以下特点。

1. 使罪犯的关系变为表面化

功利主义使罪犯交往中向利益倾斜的表现越来越明显，罪犯之间进行交往首先想到的是"我能从中得到什么"。有利可图成为交往价值天平上的重要砝码。倘若某种交往，对甲犯来说只吃亏、不受益，那么他会退出交往。某种交往能够得以维持，那一定是双方都有所获利，并且获利与付出基本对等。因此罪犯之间的交往是一种市场行为，说得雅一点叫"互惠"，讲得白一点叫"互相利用"。由于双方按"比较利益"的原则进行交往，缺少了情感投入、友情推动，导致交往的程度趋于浅显，罪犯常常会感到在交往中有一种被利用的感觉。

2. 使罪犯关系变为暂时性的关系、时效性的关系

罪犯如果不能从对方获取自己所需的利益，或使某种互利性目的得以实现，则一般不与对方建立持久的联系。例如，在日常评比活动中罪犯张三给罪犯李四投票之后再没有得到什么好处的话，李四就认为没有义务在将来为张三提供所需要的帮助。所以，功利性的人际关系使罪犯只注重眼前的交往，只相信"到手才是真的"。

3. 使罪犯以贫富分贵贱的关系公开化了

金钱不仅是衡量物的有用性的标准，而且成了衡量人的有用的性标准，罪犯所拥有的金钱或财富，成了其有用性或价值的标识，成了其获得尊重的基础。很多罪犯认为财富是地位、身份、实力的象征，富有的罪犯还被大家看重，成了交往中的核心人物，或拉帮结派的骨干。

功利性的人际交往也使罪犯以知识分高低的关系公开化了。使学习、读书被赋予很高的功利价值。罪犯将学习视为一种提高自己实力、改变自己现状、为将来就业做准备的手段。一些能学以致用、用而有效的知识（如烹饪、家电维修、会计、计算机、外语等）及考试（如能拿文凭的各类考试）往往更受罪犯的关注和重视。对知识的态度和对有知识罪犯的态度是联系在一起的。因此一些有知识的罪犯就容易得到尊重和推崇，在罪犯中容易获得一定地位和树立良好形象。

（二）矛盾心态

一方面，罪犯渴望交往，渴望交流信息，渴望传递情感。从信息交流中，罪犯了解他人对自己的评价，权衡自身地位，从而调整自己的心态。在情感传递中，消除孤独，释放压力，获得自身心理平衡。因此，罪犯渴求交往的和谐和真诚，大多希望同谦和、老实的人交往。

另一方面，罪犯又惧怕深交，疑虑重重，心存戒备。由于接触频率高，隐秘性差，因而罪犯对彼此间的人际关系了解得很清楚，认为罪犯之间的交往"敌视心理多，利益冲突更厉害""互相利用""更计较小事"。在有风险的交往环境里，罪犯会产生交往疑虑。这种交往疑虑与交往渴求形成矛盾，构成人际交往中的复杂心态。显然，人际交往中的复杂心态来源于罪犯不能正确看待自己和他人，缺乏一种正确对待自己和他人的健康心态。对自己，罪犯不善于从他人的议论中发现自身缺点而加以改进；对他人，既不能容忍他人的短处，也不能通过真诚、理解表示对他人的关怀和信赖。

（三）避害心态

为了形成改造正气，维护和保障罪犯的改造利益，监狱提倡罪犯之间除了有竞争关系、互勉关系外，还应有监督关系。通过罪犯间的互相监督，使他们知是非、识荣辱，防止同流合污。虽然罪犯之间为奖惩考核竞争激烈，或怀有敌意、时时警惕，或自私自利、斤斤计较，同时却又把"不管闲事"作为交往的规矩予以肯定。这种避害心态有一个不容忽视的后果，那就是，个人的行为也在不由自主地向歪风邪气倾斜。这种倾向如果继续发展下去，将导致罪犯既不满狱内外的不正之风又屈服于甚至追随不正之风的恶性循环。

避害心态纵容了"牢头狱霸"。"牢头狱霸"始终希望罪犯服从自己，以便自己横行霸道。虽然有些罪犯对特殊罪犯、"牢头狱霸"心有怨气，但迫于自身的安全和利益，不得不忍耐和退让。恰恰是这种怕惹麻烦、怕自找苦吃的心态，在鼓励和纵容着"牢头狱霸"。

避害心态还隐藏着狱内不安定因素，增加了狱政管理的难度。避害心态早已凝聚在罪犯的格言中："吃本门官司，不管他人闲事。"不管罪犯实际做得怎样，"吃本门官司，不管他人闲事"都是罪犯的交往准则之一。罪犯对这句话的解释为：大家都是来吃官司的，都是一样的罪犯角色，就不该有管他人的非分之想。如果去管他人，那就超越了"吃本门官司"的范围。所以，"吃本门官司，不管他人闲事"就是要求罪犯"井水不犯河水""各人自扫门前雪，莫管他人瓦上霜"。在这样的导向下，狱内罪犯好像订过契约似的，不管是老罪犯还是新入监的罪犯，不管是言还是行，大家都恪守这一个共同的准则。由于避害心态，罪犯一般不轻易违反这一交往准则，所以狱内的不管闲事，不是罪犯不想管而是不敢管，是为了避害。长此以往，必然会给监管改造工作增加难度。

三、罪犯人际关系的形成规律

罪犯人际关系实际上是个体之间的心理依存或心理相容关系。罪犯在相互交往中，必定会产生喜欢谁、讨厌谁，然后表现为对才能的敬仰和对权势的屈从。前者是积极的交往欲，后者常常是消极的迫不得已的交往意愿，比如对罪犯中的小组长、积委会成员等，甚至对"牢头狱霸"，也可能会违心地主动接近。

从人际吸引律角度分析，罪犯人际关系的形成规律主要有以下几种。

（一）邻近律

不同年龄、不同案由、不同刑期、不同性别的罪犯在交往上表现不同。一般来说，同龄犯喜欢互相结交，同一犯罪性质的罪犯容易取得共识，短刑犯的交往较之长刑犯活跃，经济犯较之暴力犯更深沉，女犯较之男犯情感更丰富多变。

（二）对等律

不同服刑阶段的罪犯，其交往也不同。改造初期的罪犯人际交往谨慎，改造中期较活跃稳固，改造后期特别是即将出狱时动机复杂，一部分人缩小交际圈，一部分人竭力扩大交际圈。行为目的大多考虑出狱后的自我价值、社会态度以及家庭、婚姻、生计与工作安置等。

（三）一致律

根据相关调查可知，当前罪犯人际关系建立的条件首先表现为态度的类似性。个体之间若具有共同的态度和价值观，则不但容易获得对方的同情与共鸣，而且容易预测对方的反应倾向，因而交往的亲密性容易形成。其次表现为情感的相悦性。

（四）互补律

罪犯之间利用各自的优势、特点（包括精神的和物质的刺激、吸引）获得相互满足。需求的互补，可由社会心理学的相等理论和得失理论予以揭示。罪犯人际关系的形成和发展，不仅受制于以上条件，而且带有明显的倾向。

拓展学练

罪犯服刑初期的交往关系

罪犯服刑初期，严格的管理及入监教育，会促使旧有的交往关系分化瓦解。这时罪犯还不可能形成小群体，他们互相交往采取的主要方法是表面向对方讨好、小的馈赠、互借物品或试探案情等，目的是摸清对方，以便确定自己的"策略"。这时，新的群体交往关系还无法牢固建立。在一段时间内，他们旧有的犯罪意识无时不在萌动，其意识的触角无时不在寻求聚合。再加上他们处于强制改造以后，新的交往关系不能不建立的客观环境，为罪犯小群体的产生创造了条件。如果这时严格的管理措施和耐心细致的思想教育工作跟不上，一些罪犯的个体意识就会逆向发展，旧有的犯罪意识在新的土壤中得到强化。并且会通过交流犯罪手段、犯罪情节等，寻找适合自我犯罪心理发展的群体。

四、罪犯群体与监狱民警的互动

年轻罪犯增多，知识型罪犯增多，团伙犯罪增多，暴力犯增多，是当前罪犯构成的特点，这些特点在今后一个时期内将依然存在，势必会影响罪犯人际关系的产生和发展。在各种交往关系中，最能体现刑罚的性质与目的的，是监狱民警与罪犯的关系。

这是一种由法律所规定的矫正者与被矫正者之间的关系，监狱民警（矫正者）首先是一个执法者，必须履行法律所赋予的职责，依法管理罪犯，对罪犯进行教育改造；罪犯（被矫正者）首先是一个服刑者，必须遵守法律、法规和监规纪律，服从管理，接受教育改造。由此形成的监狱民警与罪犯之间的交往，也就是一种体现刑罚性质与目的的，有组织、有规范的正式交往，面对面的直接交往，由上至下，不得有违。消极非正式群体尽管是由罪犯自发组织的，但无不与监狱民警的日常管理和教育有着密切联系。从一定意义上说，是监狱民警运用刑罚权不力、对罪犯实施管理和教育效果不佳，才导致消极非正式群体的产生与发展。

（一）罪犯与监狱民警互动的特点

监狱民警在对罪犯实施惩罚和改造的过程中，与罪犯产生的互动关系，在本质上是一种监督与被监督、改造与被改造的关系，因而区别于罪犯之间的互动关系，而具有下列特点。

1. 不对称性

监狱民警和罪犯之间虽然也表现为相互影响和作用，但监狱民警对罪犯的影响和作用要远大于罪犯对监狱民警的影响和作用。

2. 间接性

区别于消极非正式群体内罪犯之间直接的、面对面的互动，监狱民警与消极非正式群体的互动，大多是通过正式群体间接实现的，即使存在直接的、面对面的互动，也主要表现为监狱民警与消极非正式群体的核心成员之间的互动。

3. 表面性

表面性体现在监狱民警与消极非正式群体之间互动时，消极非正式群体中的罪犯由于担心泄露群体秘密，因此对监狱民警的管理与教育难以真心服从，更多的是采取表面敷衍和应付的态度。

（二）罪犯与监狱民警互动的形式

根据罪犯对监狱民警管理和教育所采取的态度不同，可将罪犯与监狱民警互动的形式分为服从、配合和对抗。

1. 服从

服从监狱民警的管理和教育本身就是罪犯的一项重要法律义务。监狱作为国家执行刑罚的机关，法律赋予了其对罪犯实施惩罚与改造的一系列权力。罪犯在被剥夺人身自由的情况下，出于改造的需要，会选择服从。这是绝大多数罪犯对待监狱民警的一种基本态度。

消极非正式群体的成员也不例外。但这种服从有多种表现形式，如口服心服、口服心不服、心服口不服等。监狱民警的影响力既是法律赋予的，是一种由职务、地位、权力等因素构成的强制性（权力性）影响力，也是由监狱民警优良的品格、渊博的知识、卓越的才能和高尚的情感等因素构成的自然性（非权力性）影响力。前者是基石，后者是主导。监狱民警如果能正确地认识和发挥影响力的综合效应，就能够使罪犯对他们产生由衷的敬爱和钦佩，从而促使罪犯的心理及行为由消极、被动、屈从转化为积极、主动和服从。

2. 配合

与服从不同，配合不再是罪犯对监狱民警管理和教育的被动接受，而是主动与监狱民警合作，做好自己和其他罪犯的思想改造和行为矫正工作。在监管改造实践中，持配合态度的罪犯还是占绝大多数，即使是消极非正式群体的成员，这种配合也时常发生，不过主要发生在对消极非正式群体和个人有利的时候。

3. 对抗

对抗与服从相对，是指罪犯不服监狱民警的管理和教育而产生的抗拒管理和教育的行为，也是监狱民警与消极非正式群体成员之间常见的一种互动方式。

监狱民警与消极非正式群体之间的互动，贯穿消极群体产生和发展的全过程，不仅同一个消极非正式群体的成员对相同的管理和教育可能产生不同的态度，而且同一个成员对不同的管理和教育也会表现出不同的反应。具体在什么情况下，出现怎样的互动方式，主要取决于罪犯改恶从善的程度和监狱民警运用刑罚权是否合法与公正。

学练园地

我国刑罚的目的决定了民警与罪犯的关系是良性互动的

社会主义监狱的性质与任务决定了监狱实施刑罚的目的，并非简单地为了惩罚而惩罚，也并非为对罪犯进行报复，而是通过教育改造、惩罚管理等各种有效的措施，使罪犯可以变成自食其力的守法公民和对经济社会发展有益的劳动者。为了实现这个目的，就需要监狱的两大刑事法律关系的主体建立良性互动的警囚关系。而形成良性互动的警囚关系，是对我国刑罚制度变革的基本要求。

操作训练

本单元学习情境任务评析

罪犯通过群体在满足需要的过程中，可以得到认同，获得归属感，获得力量。

罪犯群体的认同有助于个体增强其投入积极改造的自信心。

归属感是个体自觉地将自己归类于所参加群体的一种情感。有了这种情感，个体就会以这个群体为准则，进行自己的活动、认知和评价，自觉地维护这个群体的利益，并与群体内的其他成员在情感上发生共鸣，获得心理慰藉，表现出相同的情感、一致的行为以及所属群体的特征和准则。归属感是作为一种深层的群体心理效应而对罪犯个体产生影响的。

力量感是个体所感受到的群体用赞许、鼓励和帮助等方式对其行动表示支持的力量。它建立在认同感和归属感的基础上，又是将认同感与归属感外化于行为活动并使之持续下去的一种激发、维护力量。具有力量感的罪犯，便会与群体活动保持一致，驱使自己在群体的支持下实现既定的目标。

罪犯胡某某在"阳光艺术团"担任电吉他手，得到了有该项特长罪犯的指导和艺术团其他罪犯的鼓励与帮助，在"阳光艺术团"这个团体中获得了很多力量，因此在改造态度上有了明显变化。在监区民警的正确引导下，"阳光艺术团"对胡某某的改造起到了积极的促进作用。

思考：
请从罪犯群体心理效应分析"阳光艺术团"对胡某的作用。

思考练习

1. 什么是罪犯群体和罪犯群体心理？罪犯群体动力是什么？
2. 简述罪犯群体心理效应。
3. 简述罪犯群体行为。
4. 谈谈罪犯非正式群体的作用，如何引导和管控罪犯非正式群体？
5. 简述罪犯群体与监狱民警的互动的特点。

学习单元 6
罪犯类型心理

知识导航

一、学习内容导图

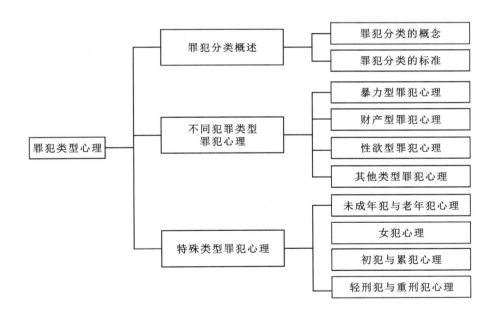

二、学习任务目标

（1）了解罪犯分类标准。
（2）掌握不同犯罪类型罪犯心理的特点。

三、学习情境导入

某暴力型罪犯服刑表现

罪犯李某，男，1987年2月生，广西河池市宜州区人，初中文化，农民。从小在农村长大，父母长期在社会上打工，缺少父爱、母爱，没有形成良好的情感依恋，自小就形成叛逆、孤僻、极端的性格。初中毕业后长期混迹于社会，无稳定工作和经济收入，沾染了不少社会恶习，养成脾气暴躁、任性的习性，自控力不强，有时做事冲动、莽撞。因犯故意伤害罪被判处有期徒刑4年3个月。

李某入监以来，改造、身份意识较差，对劳动改造存在畏难情绪，长期不能完成劳动改造任务，并提出各种无理要求。行为养成差，缺乏同情心，冷漠，心胸极狭窄，爱斤斤计较，自控力不强，有时做事冲动、莽撞，与其他罪犯关系紧张，时有摩擦和冲突现象发生。对生活、未来失去信心。屡次教育效果不佳，经常反复，思想情绪波动较大。

思考：
从罪犯心理分析的角度，探讨李某的暴力型罪犯心理表现。

项目学习

学习任务1　罪犯分类概述

一、罪犯分类的概念

罪犯分类是指根据特定的目的、按照一定的原则或标准，对同质罪犯进行归类的过程。把罪犯划分成不同的类别，是为了更好地认识罪犯、管理罪犯、矫正罪犯。

对罪犯分类的结果是划分出不同的罪犯类型。所谓类型是指具有共同性质特点的事物所形成的类别。而罪犯类型就是按照一定的标准，将具有共同性质特点的罪犯划归一类所形成的人群。对罪犯按照不同的标准进行分类，就可以划分出不同的罪犯类型。

罪犯分类是一种认识罪犯的方式，对罪犯进行分类其实就是一个对罪犯特点、特征的集合确认。而且罪犯分类本身也是一种管理，因为分类的目的、作用、效果都与对罪犯的矫正活动本身融为一体，即分类是为了更好地认识罪犯，在认识的基础上进行相应的管理和有针对性的矫正。因此，罪犯分类是一种关系到对罪犯的认识、管理、矫正的理论与实践相结合的活动。

二、罪犯分类的标准

标准是区别事物进行分类的尺度。不同学者从不同角度对罪犯进行分类，使罪犯的分类标准多种多样，所划分的罪犯类型也很难统一。我国有学者按罪犯原有犯罪心理动力（需要和动机）的不同将罪犯分为物欲型罪犯、性欲型罪犯、情感型罪犯、信仰型罪犯、集合型罪犯、过失型罪犯六类。也有人按监狱法规对罪犯进行分类。

新中国成立初期，我国监狱是按照性别、年龄、罪刑轻重（即刑期和刑罚种类）对罪犯进行类型划分。这种对罪犯的分类只是初级分层。经试点后，1991年10月，司法部印发的《对罪犯实施分押、分管、分教的试行意见（修改稿）》提出，在原有的初级层次分押的基础上，进一步以犯罪性质为主进行分押。这种对罪犯的分类在监狱的工作实践中一直沿用至今。虽然这种分类可以在一定程度上避免罪犯间的交叉感染，但同一类型的罪犯关押在一起，又不可避免地带来深度感染问题，而且这种分类也很难深化罪犯的分类改造，对罪犯教育改造的针对性、有效性仍不够强。因此，有人提出，应在此基础上对罪犯进行二次分类或更进一步进行三次分类。

总之，我国监狱对罪犯采用综合标准进行分类，具体标准如下。

第一，根据性别标准，将罪犯分为男犯与女犯。

第二，根据年龄标准，将罪犯分为未成年犯与成年犯。

第三，根据刑期标准，将罪犯分为重刑犯与轻刑犯。

第四，根据犯罪经历标准，将罪犯分为初犯、偶犯与惯犯、累犯。

第五，根据犯罪性质标准，将罪犯分为暴力型罪犯、财产型罪犯、性欲型罪犯和其他类型罪犯（如毒品型罪犯、职务犯罪罪犯、邪教型罪犯、过失型罪犯等）。

学习任务2　不同犯罪类型罪犯心理

一、暴力型罪犯心理

暴力型罪犯是指以暴力或暴力胁迫为手段实施犯罪行为的罪犯，主要包括因实施故意杀人、故意伤害、抢劫、绑架、敲诈勒索、放火、爆炸、投毒、暴力妨害公务、聚众斗殴等犯罪行为而被判刑入狱的罪犯。这类罪犯主要表现出以下典型的心理特征。

（一）是非不分

暴力型罪犯是非颠倒、好坏不分、美丑不辨，看问题视角狭隘、想法单一，对所遇到的事情缺乏判断力。在遇到冲突或矛盾时，一般采取简单的暴力方式解决问题。形成了"不信一切唯信钱"的价值观、"唯我独尊"的友谊观、"亡命称霸"的人生观、"哥们义气"的英雄观等，这些观念既是他们过去犯罪的原因，也是他们被判刑入狱后抗拒改造的根源。

在监狱内，有的暴力型罪犯有迷信暴力的倾向，认为只有暴力才能解决问题，自己的利益一旦受到侵害，便以暴力相向。信奉"有福同享，有难同当"，把"哥们义气"视为自己的精神支柱，拉帮结派，横行不法，有时为"哥们"可以两肋插刀；有的崇尚"有钱就有一切""有钱能使鬼推磨"的信条，一味讲实惠，图私利，把改造当交易，斤斤计较，有时为了蝇头小利而大打出手；还有的信奉"力大有理，拳硬为王"，为在罪犯中树立"天不怕，地不怕"的英雄形象，不惜冒禁闭、加刑的风险，冲撞在前，拼杀在先。

（二）情感冷漠

抢劫犯、杀人犯的 EPQ 测验结果表明，其 P 的分数明显高于常人。此类罪犯凶狠、残忍、贪婪，行为不惧危险，重视自我表现，争强好胜，敢作敢为，遇到不如意时，敢公开对抗。

在情感方面，暴力型罪犯缺乏高级的社会情感，如共情、羞愧感、内疚感等，表现比较冷漠。暴力型罪犯一般情感脆弱，一旦遇到情感挫折，就容易产生愤怒、嫉妒、仇恨等消极情感。当需求未得到满足或目标达成受到阻碍，就会产生愤怒的情绪。当愤怒情绪达到不可抑制的程度时，就会驱使犯罪人进行直接的攻击行为，引发暴力犯罪。

暴力型罪犯会因话不投机或鸡毛蒜皮之事对其他罪犯大打出手；亲朋好友来会见时，稍不遂意就破口大骂，甚至扬言断绝往来；对监狱民警的批评，其心情好时还可以接受，心情不好时，会予以顶撞、对抗。

（三）自控力差

直接的攻击性行为常常受激烈情绪所支配，主要表现为强烈的愤怒、怨恨、嫉妒等。这些消极情绪常常会贯穿整个暴力犯罪过程，这些情绪反应快、强度大，具有弥散性。暴力型罪犯的情绪很不稳定，遇事易激动，极易感情用事，常常失去理智，容易出现将攻击行为转向他人或其他物品，如劝阻者、旁观者或现场的财物等，不计后果，鲁莽行事。

暴力型罪犯缺乏常人所具有的内部自制力,当遭受挫折时,要么不能有效地控制消极情绪,最终形成强烈的愤怒情绪,进而演变成暴力行为;要么将消极情绪过分压抑,在遇到更强烈的刺激时,长期压抑的情绪爆发,从而产生更严重的暴力行为。例如,有些青少年因长期受到父母虐待而产生不满情绪,当这些消极情绪累积到一定程度时,就会发生"弑父"或"弑母"的犯罪行为。

暴力型罪犯改造表现时好时坏,极易出现反复。即使是微弱的外部刺激,也有可能激起犯罪人情绪的爆发、行为的异常。例如,罪犯陈某因发劳保的罪犯说等主管监狱民警来了再发,便上去给对方几拳,将其打昏在地并伴有呕吐现象,结果陈某因此受到处理。有些罪犯会因为难以忍受监狱的艰苦生活和严格管束,不顾会被加刑的后果,孤注一掷伺机越狱脱逃。

(四)逞强好胜

暴力型罪犯大多爱慕虚荣,非常注重自己的"面子",因而经常有逞强好胜的表现。他们不仅喜欢通过拳头来赢得"声誉",而且喜欢通过吹嘘自己的无所不能来博得其他罪犯的"赞誉"。

他们最怕丢面子,因而对监狱民警的当面批评会表现出强烈的不满。为了自己的面子,他们总能很好地完成监狱民警交办的事情,如果受到表扬、赞许,就会表现得更加出色。为了维护自己的面子,即使违反监规也在所不惜。例如,某罪犯因打架受到监狱民警的批评后,竟用自残的方式"惩罚"自己,然后声称为了保全自己的面子还要继续打架。

🔍 二、财产型罪犯心理

财产型罪犯是指以获取钱财为目的实施犯罪行为的罪犯,主要包括因实施盗窃、抢劫、诈骗、敲诈勒索、挪用公司财物、挪用特定款物等犯罪行为而被判刑入狱的罪犯。这类罪犯主要表现出以下典型心理特征。

(一)认识的功利性

财产型罪犯为人处世总是以利己主义为出发点,功利心较重。贪污、盗窃、诈骗等财产型罪犯常常自恃手段高明,熟悉经济法规、市场行情,试图钻法律的漏洞,为人处世从利己出发,功利心较重。大多数财产型罪犯存在不劳而获的想法,受利益驱使而侵犯他人财产。这类罪犯十分看重金钱,有较强的物质占有欲,在犯罪过程中表现出贪婪的心理,事后对自己的行为无悔过意识,在道德上缺少自我反省的心理。其中大部分人持有享乐主义的人生观,不愿意用劳动换取回报,不能控制自己的物欲,追求感官的享受和名利的虚荣。

此类罪犯,在服刑过程中,总以是否对自己有利为标准决定行为的取舍,对自己

罪犯心理分析

有利的事抢着去做，对自己没有实惠的事绝不去做。当个人利益与集体利益发生矛盾时，宁可损害集体利益，也要满足个人利益。他们表现出好吃懒做的行为特点，利用一切机会逃避劳动、窥视或占有他人利益，甚至借机向他人索取。因贪污受贿、挪用公款、非法集资等入罪的犯罪人多为公职人员或公司高管等"成功人士"，其在监狱生活中不能顺利转变角色，以自我为中心，好逸恶劳，利欲心较重。

（二）情感的隐蔽性

当今社会，抢劫、盗窃等低智商犯罪逐年减少，而高科技犯罪、高智商犯罪逐渐增多，如电信诈骗、非法集资、网络欺诈等，这部分罪犯善于自我伪装，不轻易吐露心声，情绪沉稳，很少出现强烈的情绪，思想和行为具有一定的隐蔽性。大多数财产型罪犯都有一定的社会经验，善于克制自己的情绪和思想，很少感情冲动，不轻易吐露自己内心的真实想法。

他们表面上装得坦率诚挚，实际上没有几句真话。往往巧舌如簧，善于利用自我优势欺骗他人，对监狱民警的思想政治教育工作表现出虚假的积极，在教育过程中表现出深刻的悔恨和自我反思，甚至对家庭的极度思念和对自己行为的深刻检讨。但在他们的思想深处仍然坚持享乐主义和对物质的贪恋，甚至希望通过虚伪的言语和行为表现换取民警的信任，体现出较强的隐蔽性。

（三）意志的薄弱性

绝大多数财产型罪犯意志薄弱，容易受外部消极因素的影响。比如，巨额财富的诱惑、犯罪团伙的教唆、送上门的"礼品"等，在这些消极因素的影响下，又加之较大利益的驱使，他们的意志变得异常薄弱，不能经受住金钱的诱惑，从而走上犯罪的道路。

（四）恶习的顽固性

大多数财产型罪犯并不是因为生活贫困，而是为了享乐。一般有着某些不良的行为习惯，如沉迷网络、吃喝玩乐、纸醉金迷、赌博吸毒等，为了满足其"高层次需求"，在贪婪的动机推动下，不惜铤而走险。也有的追求物质利益，不只是为了自己享用，更重要的是为了满足自己的虚荣心，或与他人攀比，达到炫耀的目的。

那些犯罪经历较长的盗窃犯、诈骗犯等，长期从事犯罪活动并从中获益，使其犯罪恶习不断得到强化而巩固下来，往往形成稳固的犯罪行为定式，其犯罪行为几乎自动化，在特定情境下，会自动产生。因此，这些罪犯的犯罪恶性大，在服刑期间，若遇到外界诱惑，则极易旧病复发，使其改造难度较大。例如，某盗窃惯犯在进行撒化肥的劳动过程中，不自觉地将自己的所有口袋都装满了化肥。

抢劫犯、敲诈勒索犯按其犯罪目的属于财产型罪犯，按其犯罪手段则属于暴力型罪犯，因此，他们往往同时具有两种类型罪犯的心理。

思政园地

马克思人生观思想的当下意义

马克思丰富的人生观思想，为我们清醒认识和对待当今社会流行的各种人生观提供思想罗盘。

马克思是唯物主义者。从马克思对拜物教的批判以及他穷困潦倒却矢志不渝的一生来看，马克思才是真正的"不役于物"，不被眼前的物质诱惑所奴役。

马克思人生观思想能让人们超越现实状况，为反思和批判社会不良现象提供思想指导。我们要用正确的人生观来替代庸俗的拜金观，实现人生观的升华。

三、性欲型罪犯心理

性欲型罪犯是指实施以满足性欲为目的或以性行为为手段达到其他目的的犯罪行为的罪犯。这类犯罪不仅违背了社会道德规范和法律规范，侵害性权利，妨害家庭和社会秩序，还直接造成被害人的身心创伤。主要包括因实施强奸、轮奸、奸淫幼女、流氓淫乱及组织、引诱、容留、强迫妇女卖淫等犯罪行为而被判刑入狱的罪犯。这类罪犯主要表现出以下典型心理特征。

（一）性观念扭曲

性欲型罪犯尤其青少年性欲型罪犯，往往受教育程度低，受不良信息影响，形成了错误的性观念，认为自己的犯罪行为不过是追求"性自由""性解放"，是跟随时代的发展潮流，甚至把犯罪行为当作有能力的象征。

有些性欲型罪犯受到一些歪曲信念所驱使，认为被害人穿着暴露、举止开放就是在引诱自己，而不认为自己是在犯罪，甚至认为这些被害人罪有应得；有的性欲型罪犯认为被害人不反抗，就不算是犯罪；有的性欲型罪犯认为暴力可以使被害人兴奋，从而故意殴打被害人。

这些歪曲信念为其实施性犯罪行为提供了充足的理由，帮助他们在作案前加强动机，作案后推脱责任、削弱罪恶感。

（二）自卑感严重

性欲型罪犯由于自卑感较强，与异性交往比较困难，在交往过程中常常表现出较多的焦虑和不安，导致其不能通过社会文化许可的方式寻找到性伴侣，而是实施犯罪行为来满足自身的性需求。正常社交的缺乏也导致其不能获得充足的社会支持和帮助，当他们面对挫折和情绪问题时，更容易产生性心理异常，从而采取不符合社会要求的行为来满足性需求以及发泄消极情绪，甚至产生异常性幻想。

性欲型罪犯所实施的犯罪行为被认为是下流、卑鄙、无耻的行为，他们在服刑中往往被其他罪犯看不起，甚至受到其他罪犯的歧视，其自卑心理较重。一般害怕别人问自己的罪名，不得不回答时，会以"生活作风问题""不正当男女关系"等比较隐晦的话代替。他们普遍害怕会见亲友，觉得无脸见人。这些罪犯若得不到家人的谅解，就会更加自卑，甚至有人因绝望而自杀。

（三）性行为畸形

一些恶习较深的性欲型罪犯，由于有性淫乱史，性体验较深刻，因此在入狱后相当长的时间内，仍会频繁地出现性冲动，对性生活有强烈需求。他们经常以剪贴画报上的女人图像，翻阅小说里男欢女爱的细节描写，看电视中拥抱接吻镜头，互相讲淫秽故事和交流犯罪中的性体验来寻求代偿性满足。有的罪犯会产生同性恋等代偿性的性行为；一有机会，还可能发生强奸等又犯罪行为。

此外，部分罪犯是因性心理障碍（如露阴癖、窥阴癖、同性恋等）而导致犯罪。这些罪犯寻求性满足的对象或满足性欲的方法与常人不同，有的罪犯还存在着病态人格，容易出现通过同性恋、鸡奸等非正常的方式满足其性欲的行为。

四、其他类型罪犯心理

（一）毒品型罪犯心理

毒品型罪犯是实施与毒品有关的犯罪行为的罪犯，主要包括因实施走私、贩卖、运输、制造和非法持有毒品等犯罪行为而被判刑入狱的罪犯。这类罪犯主要表现出以下典型心理特征。

1. 人生价值观异化

当今社会，经济快速发展，物质生活日益丰富，而一些人精神生活匮乏、个体刻意追求异化为低俗的感官刺激和消费冲动。毒品型罪犯的人生观主要表现为推崇金钱至上，追求及时行乐，奉行一切为己。一项针对1000名毒品型罪犯进行的犯罪动机调查显示，其中，72.3%的罪犯认为"世上最妙的东西是金钱"，41.4%的罪犯认为

"人生应当及时行乐""人生如梦,应寻求刺激,尽情享乐",53.6%的罪犯赞同"人不为己,天诛地灭"。

此外,部分青少年贩毒者是从吸毒开始的,他们身心不成熟,对毒品有强烈的好奇心和探索欲,在沾染毒品后,随着毒瘾越来越重,需要更多的钱购买毒品,便会铤而走险,进行毒品犯罪。

在扭曲、异化的价值观的支配下,毒品型罪犯在服刑期间仍然享乐思想严重,不仅不悔罪,而且伪装积极改造来骗取减刑,以便早日出狱,为了获取更多的钱财继续进行毒品犯罪活动。

2. 犯罪认知错误

毒品型罪犯大多数能认罪服刑,但是对罪行认识不清楚,悔改意愿不强。导致这种情况的主要原因是对毒品犯罪的错误认知,主要表现在以下五点。

(1) 将毒品犯罪比作"经济问题",认为自己是通过"做生意"获得金钱,甚至认为"拿钱买坐牢"是值得的

(2) 虽然承认自己的罪行,但是会找诸多借口,对自己的行为进行合理化,比如生活困难,为了养家糊口,或认为贩毒获得的金钱是"干净"的,不是偷抢的"脏钱"。

(3) 对罪行认识不清,认为走私贩毒是闯荡江湖,是"凭本事吃饭"。

(4) 某些通过毒品犯罪获得暴利的罪犯,在经济上占了便宜,甚至家底尚存,认为"坐几年牢没有什么了不起"。

(5) 使用隐蔽力量破获的案件中被判刑的罪犯,心存不满,妄想翻案。

正是因为他们认罪但不悔罪,毒品型罪犯重新犯罪率较高。

3. 情感狭窄冷漠

毒品型罪犯大都情感狭窄、单调,脆弱而冷漠。平时沉默寡言,情绪不易外露,很稳定且难以转移,善于忍耐,显得安静稳重。

对生活中的大多数事物都难引起情感体验,漠不关心,兴趣、爱好贫乏,对事情无激情、少恐惧。道德感存在着严重缺陷,即使目睹受害人的惨状,也很难引发其同情心,对自己的犯罪行为很难产生罪责感。

4. 惯于伪装纠合

毒品型罪犯接触人群各异,社会经历复杂,行事小心谨慎,有耐心,犯罪过程极为隐蔽。他们擅长伪装也懂得察言观色,总是试图给他人留下更好的印象。他们不轻易暴露自己的真实想法,沉默寡言。在日常改造中,他们掩饰性强,精明世故,对民警毕恭毕敬,不做过分的出格行为,也不惹是生非,背地里却喜欢挑拨离间,散布反改造言论,搬弄是非,甚至故意破坏监管秩序。他们功利意识较强,信奉"苦干不如巧干,巧干不如围着监狱民警转",因而为了自身利益,主动投监狱民警所好,以换取信任。有些人故意装出一副虚弱的可怜相,既可以逃避劳动,又可能争取到保外就

医的机会。

毒品型罪犯纠合性较强。毒品犯罪以团伙作案居多，因此毒品型罪犯入狱后，喜欢拉帮结派。他们往往以地域、民族、风俗等因素纠合在一起，逐步组成以毒品型罪犯为主的罪犯非正式群体，并形成一定的利益范围。如果遇到其他罪犯损害其团伙利益，就会合伙进行报复。有的甚至有意妨碍监狱民警的正常管理，以"尊重特有的风俗"为由相抵触，对监管改造安全构成潜在的威胁。

（二）职务犯罪罪犯心理

职务犯罪是指担任国家公职的相关人员利用其所担任的职务上的便利进行违反法律法规的活动，或者玩忽职守，或者滥用职权，或者徇私舞弊，致使国家利益或者集体利益遭受重大损失，依照现行法律法规应当受到刑罚的各类犯罪行为的总称。主要包括因实施贪污受贿、挪用公款等犯罪行为而被判刑入狱的罪犯。这类罪犯主要表现出以下典型心理特征。

1. 贪婪冒险

在拜金主义、享乐主义思想主导下，职务犯罪罪犯的犯罪动机主要是追求个人享乐。在职务犯罪中，贪欲会越来越强，甚至不受控制。在经济收入、物质需求、待遇、职务、职级提升等方面，尤其是经济收入方面，职务犯罪罪犯的期望值远远高于实际收入。多数职务犯罪罪犯的违法所得主要用在高档消费、赌博等与日常生活无关的内容上，只有小部分职务犯罪罪犯将违法所得财物用在了日常生活上。

职务犯罪罪犯的冒险侥幸心理主要表现在：一方面，他们不愿意因为犯罪行为而失去自身职务，既希望通过犯罪行为获得利益，又希望不会受到惩罚；另一方面，职务犯罪罪犯主要是利用自身的身份、智商、手段、人脉等，通过钻管理或法律上的漏洞来获得利益。他们采取风险较小的犯罪手段，自信自己能够逃避惩罚，抱有侥幸心理走上犯罪道路。

2. 认罪不服判

大部分职务犯罪罪犯入狱后，认罪态度较好。他们大多文化素养高，社会阅历丰富，入狱后有较强的悔恨心理，常常自我反省，认为自己是利欲熏心、目光短浅，不仅丢了工作，还害了社会、毁了家庭。他们下定决心接受改造，力争早日重新做人。同时，他们中的某些人还主动以自己为反面教材进行警示教育。

但是，也有一些顽固分子，从自身利益出发，找各种借口推脱自己的罪责。例如，他们把贪污公款视为借用，将受贿视为劳务所得，或认为因家庭困难暂时借用公款，根本不算犯法。

3. 悔恨心理突出

职务犯罪罪犯入狱前一般都有较高的社会地位，拥有一定的权力。入狱后，名誉、权力、地位都失去了,从"受人敬仰"的领导者变成了令人痛恨的"阶下囚",因而产生强烈的失落感。想到自己前途渺茫,更加消极悲观,悔恨心理突出。

4. 权力需求强烈

某些职务犯罪罪犯迷恋权力,在服刑期间千方百计地获得监狱民警的信任,并注意与其他罪犯搞好关系,以便得到权力。

他们中的许多人担任罪犯的班组长、小报编辑、仓库保管员等。满足了权力需要之后,其中某些人会旧病复发,或者恃权凌人,或者向其他罪犯索要好处。

思政园地

一体推进不敢腐、不能腐、不想腐

惩治震慑、制度约束、提高觉悟同向发力。不敢腐、不能腐、不想腐是相互依存、相互促进的有机整体,"不敢"是前提,"不能"是关键,"不想"是根本,必须打通内在联系,增强总体效果。

2020年1月,习近平总书记在十九届中央纪委四次全会上的讲话中指出,深刻把握党风廉政建设规律,一体推进不敢腐、不能腐、不想腐。一体推进不敢腐、不能腐、不想腐,不仅是反腐败斗争的基本方针,也是新时代全面从严治党的重要方略。

2023年1月,习近平总书记在二十届中央纪委二次全会上发表重要讲话强调,必须深化标本兼治、系统治理,一体推进不敢腐、不能腐、不想腐。要把不敢腐、不能腐、不想腐有效贯通起来,三者同时发力、同向发力、综合发力,把不敢腐的震慑力、不能腐的约束力、不想腐的感召力结合起来。

(三)邪教型罪犯心理

邪教型罪犯是指组织或利用邪教组织实施犯罪行为的罪犯。这类罪犯因深受邪教歪理邪说的毒害而犯罪,表现出独特的心理特征。

1. 认知狭隘,无犯罪感

邪教型罪犯往往认知上偏激、狭隘、片面、固执,他们为了"护教"而不惜与政府、社会对抗,对邪教的痴迷使他们宁愿放弃生命也不放弃信教。"六亲不认",思想顽固,一旦认定的事情,即使是错的,他们也不会承认是错的,甚至可以为此忍受各

种痛苦。丧失自我意识，没有主见，所说的都是"教主"说过的话，说任何话、做任何事都完全听从"教主"的命令，按照"教主"的指令行事。有相当一部分人表现出精神病态心理，在改造初期，只要就邪教组织相关问题对其帮教，他们就会出现愤怒激动、反驳抗拒等言行。

邪教型罪犯大都不承认自己有罪，而且怨恨政府对邪教组织的取缔，对判刑心怀不满。他们刚入狱时，不少人写过好几篇申诉状，反复申述自己的"冤屈"。在邪教的歪理邪说的影响下，其原有的正确认知被扭曲、正常思维被破坏，因此，他们丝毫没有犯罪感，反而认为那是"除魔"，是在"做好事"，是"护教"的壮举。有人把被判刑看作是"考试过关"，可以使自己早日"修成正果"，因此，用"难中修行"的心态来对待执法机关的处罚。监狱民警需要付出更多努力，才有可能将他们彻底转变过来。

2. 情绪抵触，思想顽固

邪教型罪犯深受邪教歪理邪说的毒害，思想顽固，人际关系紧张，认知水平低。缺乏同情心，对待他人冷漠，冷眼看世界，除了"修行"外，对其他一切人或事漠不关心。他们常常拒绝与监狱民警对话，认为监狱民警层次太低，无法对话，拒绝他们的帮教，甚至将每一次成功拒绝都看作是自己的一次"胜利"，从而产生心理上的愉悦并进一步强化其邪教意识。

部分邪教型罪犯曾有过多次"转化"的经历，反改造经验较多，所以入狱后，更是下定决心抗拒一切沟通和管教。由于他们自身经历的影响，反社会、反人类思想根深蒂固，加上文化水平低，长期信教，被邪教歪理邪说控制，思想极端偏执，将一切人、一切形式的沟通都拒之门外。他们坚信自己的"信仰"能够帮助自己摆脱疾病、消除痛苦，最终获得"圆满极乐"。

3. 抱团行动，抗拒改造

邪教型罪犯一般都是集体行动，群体成员联系紧密，容易抱团。在入狱后，这种抱团心理依旧很强，他们会利用各种机会暗中串联，搞集体活动，因而会出现集体进行绝食、闹事情况。

他们还相互加油打气，共同拒绝改造，因此出现"一人不动，百人不摇"的集体拒绝转化的局面。尤其在入狱初期，他们难以融入他人，更倾向于抱团，一起拒绝民警的教育，甚至不予理睬，常用沉默不语表达内心不满，教育工作难以开展。

（四）过失型罪犯心理

过失型罪犯是非故意犯罪者，他们多因交通肇事、失火、重大医疗事故、生产事故、过失伤人、杀人等被判刑。这类罪犯具有不同于故意犯罪者的心理特征。

1. 自我悔恨与自我辩解

过失型罪犯对自己的犯罪行为所造成的严重危害后果，往往感到震惊和内疚，并对自己的过失行为产生深深的自责和悔恨，因而能认罪服法。他们同情受害人，对自己给社会造成的无可挽回的损失深表遗憾；因失去工作和前途、不能与亲人团聚而悲观、失望、苦闷、抑郁、焦虑、不安。

但是，他们在内心深处仍有较强的自我辩解心理。认为自己没有犯罪动机和犯罪目的，危害后果的发生是出于偶然，自己难以预料，因而自己是"有错无罪"。他们虽认罪但往往不深刻。只有随着改造的深入，在监狱民警的教育和对法律有了深刻理解之后，他们才能从内心深处真正感到自己有罪。

2. 自尊好胜与消极改造

很多过失型罪犯显得很自负，他们听不得半句其他罪犯对他们的嘲笑或不尊重的话，对其他罪犯善意的帮助反感，喜欢吹牛、显摆，怕被人瞧不起。例如，一个因用药不当致人死亡的罪犯，最怕别人说他医术不行，在担任犯医期间，若遇到生病的罪犯不让他医治，就会气得吃不下饭。

过失型罪犯由于刑期短，往往怀着"不求有功，但求无过"的心态来对待改造，从态度上看，安居中游的多，在改造中存在一定的应付性。他们平时很少违犯监规，能完成生产任务，一般不申诉。

3. 自视清高与同流合污

过失型罪犯虽然也是因犯罪被判刑入狱，但认为自己与故意犯罪者有所不同，自己本质上并不坏，因而做"清白人"的需要十分强烈。这种需要不仅表现在向监狱民警的倾诉及向其他人的解释上，而且表现在对故意犯罪者的厌恶上。他们生怕别人将自己与故意犯罪者混为一谈，因而主动与故意犯罪者划清界限，尽量避开与他们接触的机会。

当然也有少数过失型罪犯认为既然已经进了监狱，就无所谓清白了，反正都是罪犯，因而与故意犯罪者同流合污，拉拉扯扯，染上恶习。

需要注意的是，某些罪犯并非实施单一类型的犯罪行为，而是实施了多种类型的犯罪行为，如强奸兼杀人，盗窃、抢劫兼杀人，盗窃、抢劫兼强奸等。这些罪犯心理是多种不同类型罪犯心理的综合。

学习任务3　特殊类型罪犯心理

一、未成年犯与老年犯心理

按年龄的不同，可将罪犯分为未成年犯和成年犯（包括青年犯、中年犯和老年犯）。这里主要分析未成年犯和老年犯心理。

（一）未成年犯心理

未成年犯是指年龄在 12 岁到 18 岁之间的罪犯。未成年犯由于其特定的年龄特征，服刑期间表现出与成年犯不同的心理特征。

1. 认罪不服判

未成年犯常常采取防御性归因，认为自己的犯罪行为是外部原因导致的，是他人的错，而不是自己的错。其中相当一部分人认罪不服刑。有些未成年犯知道自己的行为是违法犯罪的，也认识到自己的行为对社会、他人造成了危害，在确凿的证据面前，一般能认罪悔罪。但是进入未成年犯管教所后，了解到其他人的情况后，与之比较，认为自己是轻罪重罚，于是想方设法寻找种种理由为自己开脱。随着未成年犯管教所管教力度的增强，部分未成年犯会产生一种对惩罚难以接受的"挫折反应"，这种"挫折反应"如果不能通过上诉、申诉解决，就有可能转化为一种抗改行为，甚至发生自杀或脱逃行为。

2. 情绪不稳易冲动

未成年犯具有情绪起伏大的特点，常常因人际冲突或矛盾产生情绪的大爆发，甚至出现冲动行为。他们的情绪常常与物质需求或低级欲望相关，因需求得不到满足而产生消极情绪。他们的情绪稳定性差，强度大，常常产生得快，消失得也快。

他们心智未成熟，情绪调节能力差，容易因为生活中的小事而激动或暴怒，情绪的冲动性较明显，在冲动情绪支配下易产生非理智行为，造成对他人和自己的伤害。尤其是在激情状态下，可能不顾监狱规章制度与纪律约束，恣意妄为，不计后果，因而存在着较高的危险性。

3. 相互依附好结伙

由于未成年犯在心理上还不完全成熟，虽然独立意识增强，但是因为能力有限，无法经济独立，难以摆脱父母的管控。为了缓解这种矛盾心理，他们积极寻求同龄人的支持和理解，融入周边群体，喜欢成群结队地行动。同时，又受到封建帮派思想的影响，他们喜欢讲兄弟义气。年龄较小、社会经验不足和思想简单，导致未成年人群体处理事情不成熟，容易出错，而且一旦群体出现行为偏差，容易相互影响，走向极端。

在服刑期间，未成年犯仍然会以"同地相聚"为基本形式，以"同案相亲"为辅助形式，形成各种非正式群体。为了满足自己的需求，他们会不计后果采取统一行动，甚至破坏管教所秩序。

4. 个性可塑易极化发展

未成年犯身心未成熟，个性尚未定型，处于世界观、人生观、价值观建立的关键期。在正确的教育和引导下，他们可以朝着好的方向发展，但是也容易受到环境中的消极因素的影响，也可能进一步变坏。

未成年犯存在极化发展的可能性，再加上其改造意志薄弱，容易受他人暗示，常常出现动摇，行为反复，被管教的次数虽然多，但是周期比较短，改造效果不易巩固。

（二）老年犯心理

老年犯一般是指服刑期间年龄在 60 岁及以上的罪犯。老年人不仅生理机能减退，心理机能也出现衰退，这种生理、心理上的变化使老年犯呈现出一些特殊的心理特征。

1. 意识状态凝固而少变化

老年人已经形成稳定的社会意识和价值观，不容易发生改变。随着活动量、活动范围的减小，他们接触新事物的机会也变少了。同时因为大脑功能减退，记忆力下降，手脚活动不便，他们学习新事物的能力较低，更不愿意花费精力接受新事物。

在服刑期间，他们仍然坚持这种处世哲学，多以弱者自居，因循守旧，安于现状，被动接受改造，缺乏主动意识。对教育、引导表面上接受、顺从，实际上依然故我。

2. 思想隐蔽不外露

老年犯思想较为顽固，也懂得"言多必失"的道理，在改造中从不轻易透露自己的真实想法，也不会主动找监狱民警谈话汇报思想。

即使监狱民警主动找其谈话，其也会说一些冠冕堂皇的话予以敷衍，比如"会老实改造，争取立功受奖、减刑，早日和家人团聚"等。

3. 负性情感居多

老年犯的身心机能减退，各方面能力下降，相比其他人，更容易产生自卑心理。他们害怕被人瞧不起，对亲人有强烈的依恋，害怕得不到他们的原谅，害怕他们抛弃自己，甚至产生"我是个没有用的人"的想法。某些老年犯因家庭破碎而缺少亲人关爱和支持，会产生强烈的被抛弃感和无用感。他们心灰意冷、情绪低迷，觉得未来毫无希望，甚至会产生自杀的想法。

在犯罪群体中，老年犯所占比例较低，因体力、精力有限，兴趣狭窄，为人固执刻板，不易与他人交朋友，甚至遭到青年和中年犯的歧视，这使他们更容易陷入情绪低落、无助无望的状态，更加封闭自我、远离人群。这种状况极大削弱了罪犯集体教育对老年犯的影响力。老年人身体衰弱，容易生病，受病痛的折磨，加之监狱就医条件有限，他们害怕生病。监狱内服刑人员参差不齐，老年犯年老体弱，是监狱里的弱势群体。老年犯被家人会见的次数较少，这与老年犯对亲情的强烈需求形成较大反差，产生强烈的失落感和被抛弃感。

4. 改造态度具有相对稳定性

老年犯通常不再期望生活有大的变动，进入了平静期。他们大多抱有"既来之，则安之"的心态，尽管有时缺乏改造的主动性，常常是受管教民警的推动才会有所行动，但是从侧面来看，他们的改造态度相对稳定，不易改变，在整个改造过程中比较平稳。他们有较强的自律性，做事自觉、踏实，多数被分到比较清闲、自我管理的岗位，有时还能带病参加劳动。他们一般不参加罪犯中的纷争，表现出与世无争的心态。他们靠拢监狱民警，以期得到照顾。

老年犯由于阅历丰富，往往处世理智多于冲动，遇事权衡利害关系，追求实惠而又明哲保身。一方面，他们知道如果违反改造的规章制度，既会给自己带来不好的结果，也会给家人带来负面的影响；另一方面，虽然他们中也有人想以脱逃或抗拒改造的方式来逃避或对抗刑罚，但心有余力不足。尤其是刑期较长的老年犯，在长期关押过程中，难以适应外界的环境，甚至不惜再犯而入狱。他们在"平平淡淡混下去"的观念支配下平稳地进行改造。

二、女犯心理

按性别标准，可将罪犯分为男犯和女犯。由于女性在生理、心理上与男性存在较大差异，因而女犯在服刑期间也呈现出与男犯不同的心理特征。

（一）认识水平整体较低

女犯的认识水平高低主要与她们的文化水平相关。有研究表明，某女子监狱458名女犯中，文盲占4.58%，初中及以下文化程度者占65.06%，高中文化程度者占18.12%。文化水平较低者，相对容易出现犯罪行为。认知水平低主要表现在以下几个方面。一是认知范围的狭窄。一些女犯不能正确认识自己的罪行，容易钻牛角尖，不能正确理解监狱的规章制度，不是牵强附会，就是发生抵触。二是认知过程的直观性。女犯更容易接受直观的经验，特别是亲身经历的经验，否定理性，对抽象概念较难理解。三是认知的独立性差，女犯大多缺乏主见，易受他人暗示影响，认识易反复，思想不稳定。

女犯的认知水平整体较低，见识整体比较短浅，一般无远大理想，不关心国家大事，主要关注的是日常生活中的琐事，注重自己的内心体验和感受，以吃饱穿暖、平平安安、人际关系和谐、将来出狱有好的着落为目标。为了得到监狱民警的认可，她们一般会服从分配，而且能够吃苦，高质量完成所交代的任务。

（二）情感需要强烈且多样化

女犯的情感特点十分突出，她们对多种情感都有强烈需求，主要表现如下。

1. 强烈且外露的思亲恋家之情

一般来说，女犯的家庭观念比较重，入狱后常常放不下家里的事情，极易产生思家之情。有研究表明，某女子监狱721名女犯中，有74.1%的女犯思念父母、子女、丈夫。不少女犯因为思念亲人而神不守舍，尤其是思念孩子，严重者甚至茶饭不思，终日以泪洗面。如果有亲人的探访、来信或包裹，能够安抚她们的情绪，增加积极改造、争取早日出狱的动力；如果长期缺乏与家人的联系，则会灰心丧气、情绪低落。

2. 对亲密情感关系的渴求

女犯对和谐的人际关系有较强烈的需求，她们喜欢结交朋友，喜欢共同行动。她们容易建立亲密的友谊关系，常常三五成群、结伴而行，在生活中相互照顾，在遇到困难时相互支持。但是女犯的友谊关系比较复杂，常常因为利益冲突或生活琐事发生冲突而结束，随后又各自寻找新的友谊关系。同时，她们容易形成小团体，孤立或排斥其他人。

3. 攀比心和嫉妒心较强

女犯往往虚荣心比较强，爱出风头，希望获得他人的关注。在这种心理的驱使下，她们常常与他人比较，不甘心落后于人，嫉妒心理比较重，容易产生仇视心理。如果别人比自己长得更漂亮、生活用品更高档、更受监狱民警信赖等，则会嫉妒得寝食难安，并因此而千方百计寻机报复，获得心理平衡。

4. 较强的依附归属感

由于传统观念的影响，女性常常认为自己是社会中的弱者，需要依靠强者来保护自己。只有这样自己才能获得安全感并能够过上比较好的生活。另外，女犯常常有自卑心理，认为自己不能够掌握自我命运。这样就加重了其对男性的依附心理。在监狱中，女犯的依附对象容易转为监狱民警，她们将个人的命运和希望寄托到他们身上，希望获得他们的赏识和怜悯。有时，她们也会依附于女犯中的强者。

（三）意志的两极性

一方面，女犯在抵制诱惑上，表现出薄弱的意志。她们常常抵挡不住物质的诱惑和情感的引诱，容易上当受骗，走向犯罪的道路。有研究表明，很多犯有性罪错的女犯缺乏对不良文化的抵抗力，意志不坚定且贪图享乐、好逸恶劳。在物欲横流的世界中，她们不能控制自己的物欲，易受外界的诱惑，从而通过"性"来犯罪，追求奢华的生活。在服刑期间，她们也容易受到消极因素的影响，遇到困难或挫折时，她们会出现内心动摇或停滞不前的状态。

另一方面，女性犯罪人在犯罪过程中，往往表现出顽强的意志。她们计划详细，不达目的誓不罢休，表现为顽固与执拗。而且案发后，常常表现得较为顽劣，有时为了庇护男性犯罪人，甚至愿意一个人承担全部责任。

（四）爱美虚荣，追求享受

"天性爱美"注定了女性的虚荣心要比男性的强。有的女性犯罪人为了自身能够受人尊重，引起别人的羡慕，便在生活上追求高消费或是超前消费，衣着要名牌，服饰求时尚，当自己的经济能力无法满足自己的欲望时，就可能铤而走险，实施犯罪。

监狱生活相对于社会生活，毕竟是清苦的，因此，女犯对吃穿住用的需要比较重视，改善伙食、看电影与电视、进行多种文娱活动，成为女犯企盼经常得到满足的需求。女犯比男犯爱美，平时就比较注意穿着和环境整洁，比较关心自己的容貌，注重保持青春健美。

三、初犯与累犯心理

按犯罪经历标准，可将罪犯分为初犯与累犯。在相同的改造条件下，对各项改造措施会呈现出不同的心理反应。

（一）初犯心理

初犯和偶犯都是初次犯罪即被判刑入狱的犯罪人，只是初犯是相对于累犯而言。初犯占在押犯的大多数。他们初次作案就被抓获，因而刑罚对他们的心理效应鲜明而强烈，能够较好地发挥威慑、辨别、遏止、预防等功能。其犯罪意识、犯罪恶习不深，教育改造易于发生作用。初犯在服刑期间主要有以下典型的心理特征。

1. 法律意识薄弱

一般来说，初犯的法律意识比较薄弱，对法律知识了解较少，尤其是文化水平较低的初犯，他们不了解自己的行为将会导致什么样的法律后果。在利益的驱使下，或在他人的教唆下，一时冲动，最终酿成大错。绝大多数初犯感情冷漠，以自我为中心，在犯罪过程中，无视受害者的感受，不能够认识到自己的违法犯罪行为所带来的危害。

2. 自责悔罪

与累犯相比，初犯的道德感和良心并没有完全丧失，会对自己的行为进行反省。在刑事侦查、起诉和审判过程中，会主动坦白自己的罪行，表示后悔，认为自己的行为给被害人造成了较大的伤害，愿意向被害人道歉，并补偿被害人损失。初犯心里会产生一定的罪恶感，在良心上会感到自责、内疚。

3. 情绪波动性大

对于初犯而言，监狱是一个完全陌生的环境，需要一定的时间来适应。刚入狱服刑的他们很难适应这种全新的生活，会产生焦虑、紧张、不安、抑郁等情绪问题。一旦遇到困难或挫折，则很容易引起他们较强的情绪波动，有时甚至产生活不下去的想法。在入狱后的相当长时间内，他们依旧沉浸在悔恨和愧疚之中，缺乏生活的积极性。

4. 改造意志薄弱

初犯缺乏自主意识，难以抵制诱惑，容易接受暗示，易受环境的影响。所以他们容易受到惯犯、累犯的教唆而做出一些不当行为，甚至思想也会受到他们的影响而变得自私冷酷。由于改造生活比较艰苦，大多数初犯对困难和挫折的耐受力较差，容易在改造过程中出现思想的波动和行为的反复，改造意志较薄弱。需要监狱民警加大督促力度，时常关心和帮助，才能稳定进步。

5. 被动性强

在陌生的监狱环境中，初犯需要通过观察学习、模仿他人行为，才能够更好地融入新的生活环境。为了能尽快适应监狱环境，他们常常会向长期服刑的老犯人请教，并愿意听从他们的指挥。他们尊重监狱民警，并服从监狱民警的管教，能够自觉遵守监规纪律，有一定的上进心，能够约束自我行为。同时，因为被动性强，他们对各种信息不加区分地接受，极易受不良改造风气的影响，或在老犯人的教唆下变坏。

（二）累犯心理

累犯包括一般累犯和特别累犯。根据《刑法》第六十五条的规定，一般累犯是指年满18周岁因故意犯罪被判处有期徒刑以上刑罚并在刑罚执行完毕或者赦免以后，在5年内再犯应当判处有期徒刑以上刑罚之故意犯罪之人。根据《刑法》第六十六条的规定，特别累犯是指犯危害国家安全罪、恐怖活动犯罪、黑社会性质的组织犯罪，受过刑罚处罚，刑罚执行完毕或者赦免后，在任何时候再犯上述任一类罪之人。这里对成立累犯的时间条件没有任何限制，体现了对构成特别累犯，更加从重处罚的精神。累犯的共同特点是犯罪经历较长，犯罪经验丰富，在犯罪历程中形成了自私、贪婪、冷酷、凶残、放荡等卑劣个性，"混世"能力强，对监狱生活熟悉且消极适应。累犯主要有以下典型的心理特征。

1. 反社会意识强烈

大多数累犯初次犯罪只是为了获得某种需求的满足。但是一种需求满足后，另一种需求会随之而来，欲求无限扩大，一旦不能通过正规合法渠道获得满足，就很容易实施犯罪。此外，累犯与社会联系减少，对他人缺乏感情，将他人作为宣泄对象。有研究发现，很多累犯是犯罪持续性很长的罪犯，这些罪犯在其生命早期就出现反社会意识。多次犯罪加强了他们的反社会意识，其犯罪行为破坏性较大。他们再次犯罪被捕之后，常常满不在乎，无所畏惧。

2. 情感消极，态度固化

大部分累犯有较长的犯罪史，犯罪意识在犯罪过程中得到反复强化，逐渐形成"犯罪人格"。他们将违法犯罪看作自己的"职业"，入狱服刑则是"休息"，是为下一次犯罪活动做准备。他们甚至炫耀自己的犯罪行为，无内疚感和羞耻感。这类罪犯还会在监狱里传教犯罪经验、技能及方法，重新犯罪的概率较大。他们虽然经过多次改造，但是已经形成犯罪定势，不知悔悟，并抵触监狱的管教，比较难以改造。

3. 投机狡诈，对抗社会

多数累犯积累了一定的服刑经验，适应监狱生活的能力强，对监狱民警惯于阳奉阴违、两面三刀，当面奉承，背后捣乱。他们表面上顺服，但是实际上抗拒改造，暗地里密谋策划。在与同监犯人交往中，他们常常为了自己的利益不择手段。

累犯典型的人格特征是顽固、偏执。有些累犯在服刑期间受到多次监纪处分甚至被增加刑期，逐渐引发其固有的反社会意识，甚至达到与社会势不两立的程度。尽管他们大多数是普通刑事犯，但日积月累，由对某人某事的不满发展为对社会的仇恨，由经济上的贪婪转化为思想上的反动，由在狱内消极应付地改造发展为蓄意破坏，干扰正常的改造秩序。

四、轻刑犯与重刑犯心理

按刑期标准及罪行的轻重，可将罪犯划分为轻刑犯、普通犯和重刑犯。刑期不同代表对罪犯惩罚强度的不同，并因此带来罪犯在改造中的处遇不同，受到的教育改造不同，因而必然使罪犯在服刑期间有不同的心理反应。这里主要分析轻型犯与重型犯心理。

（一）轻刑犯心理

轻刑犯一般是指刑期不满3年的罪犯。轻刑犯心理是与重刑犯相比而言的，主要包括以下几方面。

1. 认识不清，消极抵触

有些轻刑犯虽然被判了刑，但是他们不能清晰地认识自己罪行的危害，有的甚至认为自己没有错，所受处罚过于严厉；也有些轻刑犯意识到由于自己刑期较短，客观上没有减刑机会，缺乏改造动力，甚至有消极抵触的心理。

此外，少数矫治人员消极对待轻刑犯的抵触行为，认为其剩余刑期不长，干脆"睁一只眼，闭一只眼"，这更加助长了他们的消极抵触行为。

2. 服刑压力小，情绪浮躁

从监狱的管理实践看，轻刑犯在服刑期间会负责各类岗位，如小组长、记录员、监督员、卫生员等。这些岗位监管相对宽松，劳动条件较好，相对轻松。处遇上的宽松使他们产生了某种优越感。所以，他们体验到的服刑痛苦相对较轻。再加上刑期短，很快就能够重返社会，他们的服刑压力较小。轻刑犯大多希望平安顺利地度过刑期，而且十分看重自己的优势地位，一般都会服从监狱管理，很少闹事或违规，改造行为平稳。

轻刑犯刑期较短，入狱后不久就进入服刑后期，需要为出狱后的生活考虑。所以在服刑初期和后期，他们的心理活动变化较大、稳定性较差，时而乐观，充满希望，积极参加各种改造活动；时而悲观，认为出狱后前途渺茫，从而消极对待改造活动。特别是服刑后期，随着出狱的时间越来越近，他们更加焦虑不安，心情难以平复。他们一方面希望快点出狱，另一方面又担心出狱后的生活。这导致他们在改造过程中很难稳定自己的情绪，难以集中精力投入改造，影响教育改造的效果。

3. 改造动力缺乏，得过且过

通过艰苦劳动和突出表现获得减刑或假释是激发罪犯安心改造的原始动力。但是轻刑犯刑期较短，获得减刑的机会和幅度非常有限。加之他们认为自己不久就会被释放，没有必要为了减几天刑而过分劳累；再者获得减刑者大多为重刑犯，从而许多轻刑犯认为减刑似乎与他们无缘。

此外，由于刑期短，所学技术较少，轻刑犯一般只做辅助性零工，其危险性又小，故常被监狱民警忽略。因此，轻刑犯觉得表现好与不好关系不大，从而回避思想改造，逃避艰苦劳动，注重物质生活改善，在行动上不求进取，得过且过，其改造质量往往难以保证。

（二）重刑犯心理

重刑犯一般有比较严重的罪行，所受惩罚严厉，刑期较长，一般是指被判处10年以上有期徒刑、无期徒刑和死缓的罪犯。与轻刑犯相比，重刑犯主要有以下典型的心理特征。

1. 认知歪曲，否认自己的罪行

服刑初期，许多重刑犯不但不承认自己的罪行，而且认为自己是无罪判刑或轻罪重判，怀有强烈对判罚不服的心理，因而对矫治机关和矫治人员心生怨恨。他们往往会决意申诉，希望能够改判。进而导致其在改造过程中表现出消极懈怠、怨天尤人、抗拒抵触、报复心极强等消极心理。

罪犯心理分析

2. 刑期压力大，否定性情感强

刑期越长，罪犯对自由和正常生活的渴望就越大，所承受的心理压力也就越大，悲观绝望情绪越多。面对漫长的刑期，重刑犯对减刑的渴望十分强烈，这种心理影响了他们的行为表现。在监狱生活中，他们会更刻意地控制自己的行为，来迎合减刑制度。但这种被动的迎合，并不是重刑犯真正的改变，与重刑犯内心的冲动和欲望是极度违背的。长此以往，极易造成"监狱人格"的变异。在服刑初期，失去生活兴趣，行为被动、消极，顾虑重重。较大的刑期压力和严重的悲观情绪往往使重刑犯自暴自弃，做出违反监规、对抗管教、行凶、脱逃等破坏行为。只有经过相当长时间的适应和监狱民警的教育，重刑犯产生了在新环境下的生活兴趣，刑期压力才会得到适当缓解。

重刑犯中有许多人不认罪服法，认为自己是无罪判刑或轻罪重判，有强烈的"冤枉""吃亏"的感觉，因而对司法机关和社会心生怨恨。重刑犯中申诉的比轻刑犯多，不少罪犯幻想大赦、特赦、改判，不思改造，决意申诉，纠缠不止。在改造中怨天尤人，发泄不满，抗拒劳动和教育，报复心极强，人身危险性很大。此外，重刑犯因其罪行严重、刑期较长，极易引起婚姻家庭破裂。如果家庭破裂，重刑犯极易产生悲观、失望、怨恨等消极情绪，在这些消极情绪的影响下，重刑犯或者因对前途失去信心而放弃改造、混刑度日，或者因对其家人心生怨恨而不惜冒被加刑的风险越狱脱逃去实施报复行为。

3. 矛盾心理突出，意志薄弱

重刑犯从内心深处对服刑改造生活和监狱民警十分反感，但法律的威慑效应，又使他们不得不面对现实，为求生存而采取较好的改造态度。理智与情感的矛盾，经常使重刑犯处于心灵的搏斗与挣扎之中，内心极为痛苦。

这在服刑初期和服刑中期较明显，是重刑犯改造中的困难时期。此时罪犯意志比较薄弱，不能承受意外打击，有些罪犯可能因绝望而自杀。

4. 改造动机活跃

重刑犯适应服刑生活以后，就会产生服刑场所特有的各种各样的需要。许多罪犯由幻想步入实际，开始用努力、踏实的改造行动争取获得减刑，力争早日回归社会。

他们关心监区物质文化生活的改善，希望更多地学习知识、技术，提高自己的劳动技能，以便取得更好的劳动成果。临近释放，期望能得到社会的谅解，出狱后能有合法、稳定的职业。这些求变心理，在监狱民警的引导下，可以成为激发重刑犯积极改造的动力。

操作训练

本单元学习情境任务评析

导致李某出现所述心理与行为的因素主要有以下几种。

1. 认知因素

过早进入社会,是非不分,恶习较深,有时做事不计后果、责任感不强。法律常识缺乏,不能正确理解法律,荣辱观有问题。缺乏独立性,依赖性很强,易被指使,自我认识模糊。是非颠倒,好坏不分,美丑不辨,看问题视角狭隘,想法单一,对所遇到的事情缺乏判断力。在遇到冲突或矛盾时,一般采取简单的暴力方式解决问题。劳动能力不强,对劳动改造存在畏难情绪,对自己的消极行为缺乏正确的认识。

2. 情感因素

缺乏高级的社会情感,如共情、羞愧感、内疚感等,表现比较冷漠。情感脆弱,一旦遇到情感挫折就容易产生愤怒、嫉妒、仇恨等消极情感。当需求未得到满足或目标达成受到阻碍时就会产生愤怒的情绪,当愤怒情绪达到不可抑制的程度时就会驱使犯罪人进行直接的攻击行为。自小就形成自以为是,缺乏同情心、冷漠、心胸狭窄、斤斤计较,容易无中生有或者无事生非,脾气暴躁,容易冲动、莽撞,自控力不强,为达到目的不计后果的性格。

3. 意志因素

倾向于内向、固执、偏激、情绪不稳,对刺激反应强烈,易焦虑、冲动,自控能力差。缺乏常人所具有的内部自制力,当遭受挫折时,要么不能有效地控制消极情绪,最终形成强烈的愤怒情绪,进而演变成暴力行为;要么将消极情绪过分压抑,在遇到更强烈的刺激时,长期压抑的情绪爆发,从而产生更严重的暴力行为。改造表现时好时坏,极易出现反复。即使是微弱的外部刺激也有可能激起犯罪人情绪的爆发、行为的异常。

综合各种因素及对李某个人资料的分析与评估,对症下药,监狱民警制定"一对一"的个人矫治方案。经过四个阶段的矫治,李某基本上树立了正确的世界观、人生观、价值观,能做到认罪悔罪,忏悔自己过去的行为给社会带来的危害。在监管改造中,李犯服从管教,自觉遵守监规纪律,积极完成学习任务和劳动任务,思想稳定。

思考:

从罪犯心理分析的角度,探讨李某的暴力型罪犯心理表现。

思考练习

1. 我国监狱对罪犯如何分类，有哪些分类标准？
2. 暴力型罪犯、财产型罪犯、性欲型罪犯各有哪些典型的心理特征？根据他们的典型心理特征来分析其改造重点各是什么？
3. 毒品型罪犯、职务犯罪罪犯、邪教型罪犯、过失型罪犯各有哪些独特的心理特征？如何对他们进行有针对性的改造？
4. 未成年犯与老年犯的心理各有何特点？
5. 盗窃犯李某，女，入狱后在改造上不求上进，混刑度日。在日常生活中经常顺手牵羊，窃走他犯物品，爱在他犯面前炫耀自己，刻意追求吃喝、打扮，却不愿参加劳动。对监狱环境适应较快，在干警面前表现积极，在犯人中却故意制造事端。请分析该罪犯的服刑心理。
6. 初犯与累犯的心理有什么不同？
7. 轻刑犯与重刑犯在服刑过程中的心理特征有何差异？

学习单元 7
罪犯违规心理

知识导航

一、学习内容导图

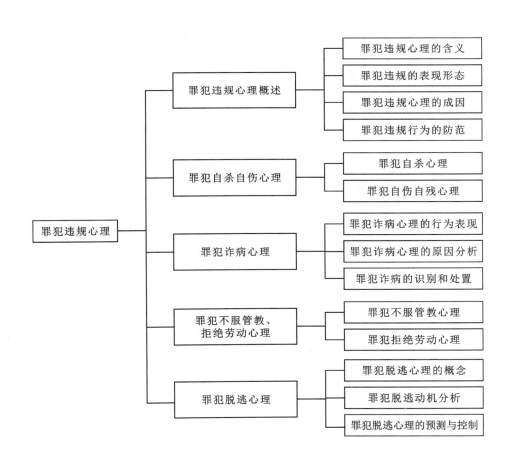

二、学习任务目标

（1）了解不同违规心理的表现形式。
（2）掌握不同违规行为的形成原因。
（3）能够正确处置各种违规行为。

三、学习情境导入

服刑人员多次违规，屡教不改

罪犯张某，1980年3月12日出生于四川省甘孜州，家庭条件较差，小学毕业以后四处打工为生。1999年，张某在广东省佛山市因抢劫罪被判处有期徒刑2年。公安机关于2015年3月在其工程项目地查出毒品1435.3克。张某被法院以贩卖毒品罪判处有期徒刑13年6个月。2019年5月16日，张某被押送至四川省某监狱服刑改造。张某入监后一直认为自己不该受到刑事处罚，申诉被驳回后仍然继续缠诉。

张某从小家庭困难，受到同龄人的排斥。从13岁起就长期在外打工，与其接触的人员普遍素质不高。其在耳濡目染下逐渐养成好勇斗狠、漠视法律的思想，相信通过自己的拳头和头脑可以过上美好的生活。张某文化程度较低，相信拳头就是道理，解决问题的主要方式就是暴力，认为钱可以解决一切问题。有长期吸毒史，毒品对其脑神经造成伤害。

张某自2019年5月投入监狱改造以来，先后在多个监区改造，改造总体表现为：无较大违规违纪，小违规次数较多，且多次与他犯发生争执、抓扯，不服从民警的教育管理，故意顶撞民警等。罪犯积分考核详细记载的张某扣分记录如下：行政警告处分1次，扣分在7分以上10次，扣分在5分以上13次，扣分在4分以下23次。

思考：
从罪犯心理分析的角度，探讨张某违规心理的成因。

项目学习

学习任务1　罪犯违规心理概述

罪犯违规是监狱机关改造罪犯的过程中较为常见的一种现象。违规心理是产生违规行为的内部基因，是罪犯不适应监狱的规章制度、行为守则、生活方式和价值标准的一种极端反应。违规行为产生的心理因素是相当复杂的，既可能是反改造心理，也可能是非反改造心理。违规行为的产生不仅会对罪犯自身心理转化带来不利，而且会造成监狱正式规范的功能失调。

一、罪犯违规心理的含义

罪犯违规心理是指罪犯在服刑期间，由于心理障碍或在服刑条件、社会环境、婚恋家庭等因素突然发生变化的条件下衍生出来的一种侵犯心理行为。罪犯违规心理主要表现为外向攻击和内向攻击两种形式，前者引发不服从管理、经常完不成劳动任务、私藏现金、反抗管教、抗拒劳动、越狱脱逃、传授犯罪方法、行凶报复、打架斗殴等行为；后者引发自残、自杀、绝食等行为。

罪犯的违规行为分为一般违规行为和又犯罪行为。一般违规行为是指罪犯在服刑期间，违反监规纪律的行为。不仅包括程度严重的违规，如反抗管教、抗拒劳动、自杀等，而且包括一般意义上的违规，如不服从管理、经常完不成劳动任务、私藏现金等。又犯罪行为的内容、种类与狱外犯罪或重新犯罪相比又有其特殊性。狱内又犯罪中的凶杀、盗窃、强奸等犯罪类型除与狱外犯罪有相似之处外，有不少犯罪类型是狱内又犯罪所特有的，例如脱逃罪、破坏监管秩序罪、组织越狱罪、暴动越狱罪以及聚众持械劫狱罪等。

二、罪犯违规的表现形态

不同罪犯的违规心理及生理特征和情境存在差异，使其违规行为呈现出不同的表现形式，归纳起来主要有以下几种。

（一）预谋型违规

这种违规是指罪犯事先有一定目的、有一定准备的违规。少数罪犯的犯罪行为习惯难改，长期生活在改造场所中，熟知监狱有目的违规，轻者消极怠工，散布反改造言论，自伤自残，重者煽动闹事进行暴力反抗，甚至脱逃越狱，达到反改造目的。

（二）突发型违规

这种违规是罪犯并无违规预谋准备，只是因突然发生对个人改造生活至关重要的情况或受环境、气氛条件刺激而引发的违规。这种违规没有目的、动机，多数是与人的情绪变化有直接联系。例如，激情状态下发生的违规行为，不良环境导致的违规行为，等等。

（三）习惯型违规

这种违规是经常的、重复的、习惯性违规。罪犯主要表现出大错不犯、小错不断，无视监狱纪律的约束，松散的行为习惯已经定型，明知故犯。罪犯缺乏自尊心和荣誉感，不思进取，消极麻木，破罐子破摔。

（四）境遇型违规

这种违规是指罪犯在接触到诱发、促进违规行为发生的环境时引发的违规。这种违规的境遇作用是不容忽视的。换言之，若无此种处境，违规行为有可能不发生。例如，罪犯起哄、骚动时，就有一些罪犯在其中实施盲目从众行为。

（五）群体型违规

这种违规是指三人以上发生的违规。它包括一般的群体违规，如违反监狱制度伙吃、伙喝等；还有一种比较严重的群体违规，即形成狱内犯罪团伙进行抗改活动。

三、罪犯违规心理的成因

违规行为是违规心理的外化表现，罪犯违规心理是罪犯违规行为的内驱力。

（一）个体因素

1. 罪犯的不良心理

罪犯违规心理的产生无疑与罪犯的不良心理有关。罪犯好逸恶劳习惯与监狱机关劳动改造手段相冲突，引发大量违规违纪，是罪犯违规的主因。其他如罪犯的敌视心理、逆反心理、虚荣心理等原有不良心理都可能对罪犯违规心理的形成起作用。违规罪犯认识上具有片面性、主观性和情绪性。他们认识问题往往以自己的好恶为标准，为自己当时的情绪状态所左右，认为一切监规纪律与己无关，我行我素。违规罪犯情绪的主要特征是情绪反应强烈、极易冲动，情绪不稳定，喜怒无常。

2. 对判决与惩罚不满

罪犯把自己的犯罪行为推给客观因素，不认罪不服法，对监狱规章制度持不接受态度。其中的部分罪犯虽然也承认犯罪、服从判决，但否认主观方面有错，认为自己犯罪是在工作、学习、就业等方面遇到了不好的领导、老师或没有得到合理安置造成的。另有部分罪犯不认罪、不服判，对政法机关不满，导致服刑期间不服管、不守纪。如某强奸犯，认为自己犯罪是在"精神不正常"、神志不清的情况下发生的，按照法律规定应不负刑事责任，最多是违法，构不成犯罪。就此拒绝参加劳动，认为参加劳动就等于承认自己有罪，因而拒不服管。

3. 对前途悲观失望

有些罪犯从犯罪的狂热中跌落下来，幻想破灭，丧失了生活的勇气和服刑的信心，对前途悲观失望，因而自暴自弃，玩世不恭，甚至万念俱灰，对监狱组织的一切活动都毫无兴趣。当他们因服刑表现消极受到监狱民警的批评教育后，仍然不思悔改，心怀不满，直至违规抗改。

4. 狱内适应不良

有些罪犯，特别是恶习较深的流窜犯和惯犯、累犯，以及过失犯、激情犯罪者或者被捕前有一定社会地位的罪犯，因适应不了狱内生活而产生违规心理。

5. 罪犯生理因素

身患疾病的罪犯，过分关注身体健康，怕在监狱得不到好的医治，或者因病程长，心理负担重，情绪波动大，心态消极，易犯过失违规或被动违规。精神异常及有拘禁性精神障碍的罪犯容易违规。少年罪犯的生理心理发展不平衡，自我表现欲强烈，容易违规或者被他犯利用而违规。

（二）情境因素

1. 监狱民警

监狱民警是消除罪犯违规心理的主因，但是监狱民警工作失误或不作为，也可以成为影响罪犯违规心理形成的重要因素。

一方面，个别监狱民警职责不清、素质不高，导致对罪犯的违规行为惩罚与管教不当、处理失误。主要表现之一是对罪犯骨干重奖励、轻处罚，有的只使用不管理，致使罪犯骨干出现违规违纪行为，也影响了其他罪犯的改造积极性。

另一方面，个别监狱民警对违规罪犯不敢管、不去管。一是怕管理太严激化矛盾；二是重视罪犯的劳动表现，轻视思想改造，一手软一手硬，只要罪犯劳动表现好，对违规行为管理上不作为，促使罪犯违规心理的产生和违规行为泛滥。

2. 监狱环境

监狱环境因素不仅是监舍、围墙等物质的方面，还包括氛围、文化等精神的方面。一个好的监狱环境，能形成一种积极向上的氛围，可以减少违规心理的产生，降低违规行为的发生。而混乱、压抑、颓废的监狱环境，常常会激发罪犯违规心理与违规行为。

3. 罪犯相互作用与罪犯群体因素

罪犯相互作用是罪犯互动关系中较突出的部分，因罪犯相互作用不良而引发的矛盾纠纷在狱内违规事件和案件中的比例较高。罪犯间矛盾、纠纷的产生往往是罪犯性格、利益关系、价值取向、处事方式的冲突造成的，另外还会由罪犯个人弱点、情境因素而引发。

罪犯群体对罪犯违规心理产生影响，健康的罪犯群体能抑制乃至消除罪犯的违规心理；而罪犯团伙的煽动，团伙内成员间的相互暗示、教唆与模仿，使罪犯的违规意识得到加强，共同的违规活动得以协同展开，违规行为就容易发生。

4. 其他客观因素

一方面，是社会消极因素的刺激。社会不良现象等消极因素，使罪犯在服刑中感到压抑、迷惑和痛苦，发展到一定程度就可能转化为违规抗改心理。

另一方面，是家庭变故因素的作用。家庭的波动变化对罪犯的服刑生活影响较大。一是家庭对罪犯的态度变化，如遗弃、冷落，使罪犯自暴自弃而违规抗改；二是家庭变故的信息罪犯知晓而监狱民警不知，不能得到及时的教育调控，容易导致罪犯产生违规心理与行为。当我们对现实中某罪犯的违规心理与行为作具体分析时，可以发现，可能只是上述因素中的某一方面或某几方面在起作用，也许还有上述因素以外的其他因素在起作用。

四、罪犯违规行为的防范

罪犯违规行为的产生，尤其是产生以后得不到有效控制，将大大破坏监管秩序的稳定，动摇监狱规范的权威性和公正性，影响大多数罪犯的心理、行为倾向及服刑改造的积极性，也对违规者自身带来不利。罪犯违规行为的防范，是指运用综合力量，采取多种办法，促使罪犯遵守行为规范和监狱各项规章制度，维护监狱劳动、学习、生活秩序与环境稳定的过程。

（一）正确认识罪犯的违规行为

罪犯违规行为的发生在某种程度上具有必然性。大多数罪犯存在主观恶性，罪犯的思想认识与监狱的规范要求之间存在冲突，使得罪犯违规行为的发生具有某种必然性。

监狱民警还要认识到，罪犯违规不能只归因于罪犯个人本身，有时个别监狱民警的不当言行是罪犯违规行为发生的直接原因。

（二）罪犯违规行为防范的具体措施

1. 通过教育的方式抑制罪犯违规行为

要针对罪犯的违规现象实施专门的教育和训练，使罪犯看得到、摸得着、行得通，既有现实价值，也容易迁移到其他情境中。这种教育训练包括规范教育、心理矫正和自律训练。

通过规范教育，有目的、有计划地对罪犯进行法律法规和监督纪律教育，以保证罪犯的行为按照监狱规范要求的方向发展。

攻击性能量可以通过宣泄得到释放。违规心理源于罪犯的攻击性冲动和人格缺陷。监狱民警对罪犯人格的完善和不良心理的矫正，是减少罪犯违规行为的基础性、根本性工作。心理疏导有助于罪犯解决心理矛盾与心理冲突。罪犯的违规，在某些情况下是攻击性能量积累造成的。

自律训练，就是强化自身的行为控制，将自己的行为控制在法制轨道上。

2. 通过惩罚的方式控制罪犯的违规行为

主要是通过惩罚的威慑作用给罪犯造成一定的心理压力，使罪犯产生痛苦的情感体验，进而形成条件反射，产生避免受处罚的意念，自动戒除不良念头，克制越轨行为。

同时，惩罚也能在罪犯群体中起到震慑和惩戒作用，教育其他罪犯明辨是非，纠正不良的思想和行为，迫使罪犯遵从监狱规范，不敢或不再违反法律法规和监狱纪律。

知识拓展

罪犯受到警告、记过或者禁闭等处罚的条件和程序

1. 处罚的条件

我国《监狱法》第五十八条规定，罪犯有下列破坏监管秩序情形之一的，监狱可以给予警告、记过或者禁闭：

> (1) 聚众哄闹监狱，扰乱正常秩序的；
> (2) 辱骂或者殴打人民警察的；
> (3) 欺压其他罪犯的；
> (4) 偷窃、赌博、打架斗殴、寻衅滋事的；
> (5) 有劳动能力拒不参加劳动或者消极怠工，经教育不改的；
> (6) 以自伤、自残手段逃避劳动的；
> (7) 在生产劳动中故意违反操作规程，或者有意损坏生产工具的；
> (8) 有违反监规纪律的其他行为的。
> 依照上述规定对罪犯实行禁闭的期限为七天至十五天。
> 2. 处罚的审批权限和程序
> (1) 警告、记过由分监区罪犯考核小组提出，监区罪犯考核管理小组初审，监狱罪犯考核领导小组办公室审核，监狱分管罪犯考核工作的领导审批。
> (2) 禁闭由分监区罪犯考核小组提出，监区罪犯考核管理小组初审，监狱罪犯考核领导小组办公室审核，监狱长审批。
> (3) 对罪犯的处罚，应填写《扣分（警告、记过、禁闭）通知书》，并送达罪犯本人。

学习任务 2　罪犯自杀自伤心理

一、罪犯自杀心理

自杀是个体在完全有意识和能控制自己行为的状态下，主观完全自愿地以某种方式有意地结束自己生命的一种行为。个别人在遇到挫折或者困难时，因为无法解决而产生巨大压力，极易出现无助感和绝望感，进而出现自杀的想法，甚至出现自杀行为。

与普通人相比，罪犯在自杀工具的获取及自杀行为实施的时间、空间上都受到很大的限制，但是仍然有一定的自杀率。监狱或看守所90%以上自杀成功的罪犯是采用上吊方式。除此之外，还有跳楼、吞食异物、服毒、绝食拒医、头撞墙柱、割腕等。

（一）罪犯自杀心理形成的阶段及行为表现

罪犯自杀心理的形成，大致可分为三个阶段。

1. 自杀心理的萌芽阶段

此阶段主要表现为情绪障碍，在心理状态上表现为一种不能忍受的情感。刺激本身不是直接导致情绪产生的原因，个体在对刺激进行评价之后，才会对刺激做出反应。当刺激过于强烈，超出个体的承受能力或解决问题的能力时，就会导致心理失衡。在巨大的压力之下，个体主要表现为情绪低落，甚至出现厌世的情绪，比如谈话中流露出轻生的想法，行为表现与往常不一样。此阶段存在的共同心理状态表现为一种无助、无望的感受。

罪犯在行为上可表现出厌世情绪，语言上会流露出轻生的想法，行为可见反常现象，甚至对自杀方式、工具都有所考虑。首先表现为急性自杀危象或称高度危险致死期，一般持续数小时或数天，少数可长达数月或数年。此阶段极易发生自杀，但如能及早察觉并给予正确的帮助和指导，使之从绝望无助的情绪中摆脱出来，亦可使危象缓解或解除。但缓解后的3个月仍是自杀易发生的危险期。

2. 自杀心理的发展阶段

围绕自杀与否进行全面考虑。人都有求生的本能，即使是有自杀倾向的人也会陷入生与死的矛盾冲突之中，所以此阶段的自杀心理比较复杂。生的欲念和死的企图处于不断斗争中，当事人时常表达"活着没有意思"之类的想法，实际上这是在向外界求救。同时，其也会全面考虑自杀与否这件事，既会留恋亲人和过往的美好，也会顾虑自己的死亡给亲人带来的不好影响。

罪犯在行为上可能流露出泄气、悲观、失望甚至绝望的表现，对家人或熟悉的同改可能用一定的方式含蓄地把自杀念头表达出来或交代后事，也可能会向他人询问自杀的方法。此阶段的罪犯由于思想极端混乱，一旦陷入自杀念头就不能自拔，极有可能会实施自杀行为。这时，他们考虑自杀的细节，如具体的方式及详细的时间、地点等，也会安排好自己的身后事，如财产的分配、家人的安置等。大部分自杀者对自杀的决心没有那么坚定，希望获得他人的帮助，甚至有边自杀边喊救命的案例。

3. 自杀心理的绝望与行为实施阶段

个体感到绝望，唯一的想法就是要自杀。此阶段个体已经做出了自杀的决定，从矛盾冲突中解脱出来，情绪逐渐恢复，焦虑得到缓解，表现出异常平静。

罪犯在行为上表现得与之前一样，好像什么事情都没有发生过，正常学习、工作、生活，设法办好生前要办理的事，就地取材决定自杀方式，准备自杀工具，选择自杀时间、地点。遗书大多说明或暗示自杀理由。等待时机一到，即采取结束生命的行为。

不过，由于每个罪犯的具体情况不同，比如童年经历、生活环境、性格以及遭遇事件等，自杀心理的表现也不同，并且自杀心理发展的三个阶段的时间长短、具体表现也可能相差甚大，还有可能表现为无明显阶段性特征。当然，自杀心理也没有一成不变的模式。

（二）罪犯自杀的原因

罪犯自杀心理的形成是罪犯的犯罪心理与刑事处罚、不良恶习与监狱客观环境矛盾斗争的结果，是罪犯不正当欲望被监狱环境制约后绝望心理最集中的体现，也是罪犯求得自我心理解脱最消极的表现形式。罪犯自杀的原因包括以下几方面。

1. 躲避罪恶感的心理折磨

这类罪犯有强烈的负罪感，深受良心的谴责。负罪感是一种主观感受，是指当人做了违背自己良心的事情，在事后对自己行为产生的后悔或罪过的情绪。有些罪犯被判刑入狱后，对自己所犯下的罪行深刻反省，自感罪恶深重，无法弥补自己所犯下的罪责，认为自己死不足惜。有些人认为自己的存在是亲人和受害人的痛苦和不幸的根源，只有自己消失，才能消除对他们的伤害，才能使人们尽快忘记自己，才能彻底摆脱内心的折磨。

案例链接

> **罪犯蒋某为躲避罪恶感的心理折磨而自杀**
>
> 蒋某，23岁，中专毕业后在某交电公司修理部工作。一日深夜，蒋某以买东西为名敲门进入修理部附近一食品小卖部，强奸了一名女子。经法院查明，该女子未满十四周岁，于是法院以强奸幼女罪判处蒋某10年有期徒刑。
>
> 蒋某入狱后深深悔恨，难以自容，经常自语"这不是我干的"。他认为自己的美好前途已毁于一旦，个人生命没有再存在的必要。何况，服刑坐牢，还要累及亲人。于是写下诀别信，认为死是自己最好的归宿。

2. 躲避严格的监禁生活

有研究发现，相较于短刑期罪犯，长刑期罪犯更容易产生自杀行为。由于服刑时间长，他们要经历漫长的监狱生活和劳动改造。又因为封闭的监狱环境，与外界接触较少，他们极容易产生前途渺茫的想法。如果减刑期望值较小，改造希望渺茫，就会加剧消极情绪。一旦遇到某些刺激，特别是家庭破裂、身体状况不好等，就想一死了之，躲避长期监禁之苦。

案例链接

罪犯李某为躲避严格的监禁生活而自杀

李某,因盗窃罪被判无期徒刑。其性格内向,沉默寡言。

入监一年有余,因身体状况不佳等原因,自认为遭到遗弃、被人看不起,心理压力很大,面对漫长的服刑生活,感到无助、无望。平时情绪波动很大,曾多次拒绝家人会见,叫家人忘了他。连续数日,因疾病发作并趋向严重,精神萎靡,于半夜借小便之机,避开监管人员而自杀。

3. 躲避余罪爆发或又犯罪的从重打击

有些罪犯很清楚真相大白后的严重后果,认为自己无法承担,感到绝望无助,很容易产生自杀的想法。有研究发现,自杀罪犯中的重刑犯所占比例较高。这些罪犯大多数与社会联系较少,缺乏情感支持,性格较为内向,挫折承受力较差。由于性格、习惯等原因,他们在日常服刑生活中遭遇挫折较多。长期生活在挫折之中,不能应对,压力持续加剧,极易产生自杀心理。此外,有少数罪犯企图以假自杀来对抗管理或者威胁民警,甚至弄假成真。

(三)罪犯自杀心理干预与处置

1. 罪犯自杀心理摸排

有社会心理学家经调查发现,大约2/3自杀成功者,并不是非自杀不可,只是由于在自杀的前期和最后执行阶段没有得到应有的帮助,相关人员没有采取防范措施,才产生无法挽回的结局。因此,对自杀者的干预与处置具有重要意义。

可采取以下措施来干预和处置罪犯的自杀行为。

1) 关注自杀征候

大多数企图自杀的人,在前期的行为、言谈、情绪和生活背景方面存在一些特征。主要包括:

(1) 有自杀家族史,如父母自杀身亡等;
(2) 曾有自杀未遂史,有研究发现,自杀未遂者的自杀风险比普通人要高;
(3) 已经制订具体的自杀计划,有明确的自杀方式、时间、地点;
(4) 最近经历了亲人去世、离婚等事件;

(5) 其家庭因各种损失、遭人虐待、暴力等而失去稳定；

(6) 本人陷入特别的创伤损失而难以自拔；

(7) 本人是精神病患者；

(8) 有药物和酒精滥用史；

(9) 最近有躯体和心理创伤；

(10) 有失败的医疗史；

(11) 有抑郁症，或处于抑郁症的恢复期，或最近因抑郁症住院；

(12) 正在分配个人财产或安排后事；

(13) 有特别的行为或情绪特征改变，如冷漠、退缩、隔离、易激惹、恐慌、焦虑或社交、睡眠、饮食、学习、工作习惯的改变；

(14) 有严重的绝望或无助感；

(15) 陷于以前经历过的躯体、心理或性虐待的情结中不能自拔；

(16) 显示一种或多种深刻的情感特征，如愤怒、攻击性、孤独、内疚、敌意、悲伤或失望。

如果一名罪犯符合以上所列特征中的 4～5 条，那么其自杀风险较高。监狱民警需要采取预防措施，进行自杀心理干预。

2) 发现自杀线索

大多数有自杀倾向的罪犯会深感矛盾或内心冲突，不仅会提供一些自杀线索，而且可能以某种方式请求帮助。这些线索可能是言语的、行为的或处于某种状况或综合征的线索。

(1) 言语线索，主要指口头或书面表达，如直接说"我不想活了，活着也没什么意思"或委婉地说"我一点用也没有，只是个累赘"。

(2) 行为线索，主要表现为自伤行为，如尝试割腕等自杀方式，或告别行为，如将自己平时很珍惜的东西毫无留恋地送给他人。此类行为线索不仅表明其有自杀的想法，还表明其在"寻求帮助"。

(3) 状况线索，包括各种重大的突发事件，如亲人死亡、离婚、难以忍受的躯体疾病或其他生活状况的巨变。

(4) 综合征线索，包括各种想自杀的表现，如严重的抑郁症状、孤独、绝望以及对生活的不满。

3) 进行分类评估

每一个想自杀的罪犯都具有不同的特点，对监狱民警来说，无论罪犯是否存在强烈的死的愿望或绝望感并伴随自杀方式，都必须鉴别其自杀意念的强度以及自杀危险的程度。评估罪犯自杀危险水平的传统方法是监区或分监区监狱民警召开犯情分析会，通过对危险罪犯的思想状况分析来确定其是否存在自杀危险。评估罪犯自杀危险水平较为有效的方法是采用危机干预的分类评估量表（THF），通过对罪犯情感、认知、行为三方面作定性定量分析，获得罪犯自杀危险性评价。

知识拓展

危机干预的分类评估量表

一、危机事件

简要确定和描述危机的情况。

二、情感方面

简要确定和描述目前的情感表现（如果有几种情感症状存在，请用♯1、♯2、♯3标出主次），处理情感严重程度量表（见表7-1）。

愤怒/敌对：

焦虑/恐惧：

沮丧/忧愁：

表7-1　情感严重程度量表

根据求助者对危机的反应，在下列恰当的数字处打圈

1	2	3	4	5	6	7	8	9	10
无损害	损害很轻		轻度损害		中等损害		显著损害		严重损害
情绪状态稳定，对日常活动情感表达透彻	情感对环境反应适切，对环境变化只有短暂的负性情感流露，不强烈，情绪完全能由求助者自控		情感对环境反应适切，但对环境变化有较长时间的负性情感流露，求助者能意识到需要自我控制		情感对环境反应有脱节，常表现出负性情感，对环境变化有较强烈的情感波动。情感状态虽然比较稳定，但需要努力控制情绪		负性情感体验明显超出环境的影响，情感与环境明显不协调，心境波动明显，求助者意识到负性情感，但不能控制		完全失控或极度悲伤

三、认知方面

如果有侵犯、威胁或丧失，则予以确定，并简要描述（如果有多个认知反应存在，请用♯1、♯2、♯3标出主次），处理认知严重程度量表（见表7-2）。

生理/环境方面（饮食、水、安全、居处等）：

侵犯　　　　　　　威胁　　　　　　　丧失

心理方面（自我认识、情绪表现、认同等）：
　　侵犯　　　　　　　威胁　　　　　　　丧失
社会关系方面（家庭、朋友、同事等）：
　　侵犯　　　　　　　威胁　　　　　　　丧失
道德/精神方面（个人态度、价值观、信仰等）：
　　侵犯　　　　　　　威胁　　　　　　　丧失

表 7-2　认知严重程度量表

根据求助者对危机的反应，在下列恰当的数字处打圈

1	2　3	4　5	6　7	8　9	10
无损害	损害很轻	轻度损害	中等损害	显著损害	严重损害
注意力集中，解决问题和做决定的能力正常。求助者对危机事件的认识和感知与实际情况相符合	求助者的思维集中在危机事件上，但思想能受意志控制。解决问题和做决定的能力轻微受损。对危机事件的认识和感知基本与现实相符	注意力偶尔不集中，感到较难控制对危机事件的思考；解决问题和做决定的能力降低。对危机事件的认识和感知与现实情况所预计的在某些方面有偏差	注意力时常不能集中。较多地考虑危机事件而难以自拔。解决问题和做决定的能力因为强迫性思维、自我怀疑和犹豫而受到影响。对危机事件的认识和感知与现实情况可能有明显的不同	沉湎于对危机事件的思虑，因为强迫、自我怀疑和犹豫而明显地影响了求助者解决问题和做决定的能力。对危机事件的认识和感知可能与现实情况有实质性的差异	除了危机事件外，不能集中注意力。因为受强迫、自我怀疑和犹豫的影响，丧失了解决问题和做决定的能力。因为对危机事件的认识和感知与现实情况明显有差异，从而影响了其日常生活

四、行为方面

确定和简要描述目前的行为表现（如果有多种行为表现存在，请用♯1、♯2、♯3标出主次），处理行为严重程度量表（见表7-3）。

接近：

回避：

无能动性：

表 7-3　行为严重程度量表

根据求助者对危机的反应，在下列恰当的数字处打圈

1	2	3	4	5	6	7	8	9	10
无损害	损害很轻		轻度损害		中等损害		显著损害		严重损害
对危机事件的应对行为恰当，能保持必要的日常功能	偶尔有不恰当的应付行为，能保持正常必要的日常功能，但需要努力		偶尔出现不恰当的应付行为，有时有日常功能的减退，表现为效率的降低		有不恰当的应付行为，且没有效率。需要花很大精力方能维持日常功能		求助者的应对行为明显超出危机事件的反应，日常功能表现明显受到影响		行为异常，难以预料；并且对自己或对他人有伤害的危险

五、量表严重程度小结（评分）

情感：

认知：

行为：

合计：

2. 罪犯自杀心理干预

除冲动性自杀外，自杀有一个过程，需要一定的时间考虑，准备工具、选择地点等，有一些异常的心理行为等外在表现。监狱民警通过评估确认有自杀风险的罪犯后，需要立即采取措施，以防止罪犯自杀行为的实施。

1）心理疏解

使罪犯不想自杀。民警对罪犯自杀心理的原因进行分析，及时与罪犯交流，作情感疏导，解决实际问题。

一是集聚正能量。认识生命价值、人生意义。自尊，自信，自重，自爱。进行生命教育，动员社会广泛力量。举办各种文化活动，丰富罪犯的文化生活，缓解罪犯的消极情绪，改变其潜在的不合理想法，增强罪犯对生活的希望。此外，还可以通过开

展生命意识与责任等形式的教育活动，帮助罪犯找到生命的意义，从而珍惜生命、善待生命、热爱生命。同时，也可以发挥社会帮教、亲情关爱作用，组织罪犯撰写家书、亲情电话等活动，加强罪犯与亲人之间的联系，获得亲人的情感支持，激发其对生活的希望。构建心理评估与矫治平台。与心理评估和矫治机构合作，邀请专业的心理学工作者参与罪犯日常心理健康维护以及罪犯心理危机干预活动，及时发现罪犯的各种心理困惑，提供及时有效的心理咨询，能够有效地缓解其绝望情绪，遏制其自杀念头，重建其自我认知，教会其用正确的方法面对困难和挫折，科学地预防、干预罪犯的心理危机及自杀现象。

二是疏导负能量。启发罪犯发泄，面对监狱民警或其他罪犯把委屈、悔恨、内疚、愤怒尽情地诉说出来，以减少内心压力。监狱民警要及时与有自杀危机的罪犯交流，发挥个别谈话教育作用。通过耐心细致倾听，寻找其自杀的根本原因。大多数自杀者都是面临一些自认为解决不了的问题或者困难，从而希望通过自杀来摆脱当前的困境。如果能够找到他们的问题，并针对问题提出有效解决的方式，也就可以缓解自杀者的绝望情绪，从而降低自杀风险。处于绝望状态下的自杀者一般看不到自己拥有的资源，监狱民警可以引导他们看到自己拥有的资源，比如自身的能力、亲人的支持、政府的帮扶政策等，从源头减少自杀行为的发生。对引起罪犯自杀危机的原因进行针对性的分析，特别要注意解决罪犯的实际困难。同时，也可以教会罪犯一些调节情绪的方法，如放松训练、情绪宣泄、认知训练等，从而培养其适应能力，提高其心理健康水平。

2）行为控制

使罪犯不能自杀。民警对罪犯自杀行为的管控措施，包括直接管理、定置管理，不留死角。管人、管物、管地，"三管"齐下，减少罪犯的自杀机会。

一是盯得住人。"两包夹、三联号"，落实包夹管控。民警直接管理，落实半小时（或一小时）点数制。

二是管得住物品。监狱实行"全塑化"管理，除了劳动现场，所有罪犯使用的物品全部为塑料制品。强化劳动工具、罪犯服药管理，特别是落实违禁品管控、清查。

三是守得住场所。落实罪犯劳动改造现场走动式巡查、"四固定"等空间管制措施。

二、罪犯自伤自残心理

（一）罪犯自伤自残概述

罪犯自伤自残是指罪犯损坏身体器官或生理机能的行为。常见的自伤自残行为有吞食异物、自损肢体、以头撞墙、拍针（体内植入异物）、往身体某部位注射异物、切割静脉血管和绝食等。但是自伤自残不代表有自杀意向，需要与自杀相区别。

自杀与自伤自残的主要区别如下。一是功能不同。自杀的功能是彻底摆脱目前的困境，有结束自己生命的决心，所以大部分有自杀经历的人会多次尝试自杀，直到成功为止。这也表明有自杀经历的人的自杀风险更高。而自伤自残主要的功能是调节情绪，所以大部分自伤自残的人并不想结束自己的生命，他们只是通过自伤自残行为来减轻自身的心理痛苦，是一种主动性、非致命性的行为；甚至自伤自残可能是为了抵抗自杀的冲动，通过自伤自残来缓解自杀想法，但因自伤自残行为造成意外死亡的情况也存在。二是实施方式不同。自杀者常常有周密的自杀计划，会提前准备好工具，选择合适的时间和地点，一般不会被人发现，所以自杀一般发生在深夜的无人场所。而自伤自残一般没有计划，当情绪控制不住的时候也会发生在公共场所，但是行为比较隐晦，如捶桌子、掐自己、挠自己。划手腕、割伤自己的自伤自残行为较为多见。

当然自杀和自伤自残也有相关性，但不是因果关系。也就是说，有自伤自残行为不一定会引起自杀行为。值得注意的是，有自伤自残行为的人的自杀风险会比没有自伤自残行为的人高。有自杀风险的自伤自残是有计划性的，很多自伤自残行为是用来调节情绪的，情绪的起伏是不受个人控制的，所以是没有计划的。如果罪犯会选择时间、地点，思考如何不被人发现，对这种自伤自残行为就要更加警惕。如果还伴随自杀的前期征兆，如觉得活着没有意思、将自己的贵重物品送给他人，就需要提高警惕，有时自伤自残可能代表自杀未遂。

（二）罪犯自伤自残的原因

自伤自残按目的可以分为情绪性自伤自残和功能性自伤自残两种类型。前者是为了摆脱内心的痛苦而采取的一种消极的宣泄方式，而后者是为了达到某种目的而采取的一种具有"威胁"性的手段。

1. 情绪性自伤自残

情绪性自伤自残的根本目的是通过身体上的痛苦来摆脱心理上的痛苦。身体上的痛苦能够暂时性地转移其对心理上的痛苦的关注。同时，自伤自残行为可能导致生理上的变化，可以短暂地增加个体的愉悦感。但是这种行为也会随着对疼痛耐受性的增高而加重自伤自残行为，也容易成瘾。罪犯心理上的痛苦主要表现为自责自罪、害怕批评的心理压力、受不公待遇后的委屈不满等。随着情绪的缓解，自伤自残行为可以得到缓解。

2. 功能性自伤自残

功能性自伤自残的根本目的是以此为手段来达到保外就医或提高自己在监狱中的地位等目的，具有"威胁"性，影响比较恶劣。功能性自伤自残在达到目的之后就会缓解。因为没有达到目的而长时间实施这种异常行为，会引起心理上的异常，从而演变成"真正"的自伤自残。功能性自伤自残行为主要表现为：一是间隔时间短，如多次吞食异物；二是持续时间长，如连续一周不进食；三是非自杀性，罪犯不会真正伤害自己，会把握伤害的程度，并寻找机会下台阶。

（三）罪犯自伤自残的处置

除了可以参照自杀干预的某些措施外，罪犯自伤自残的处置要针对不同的原因采取不同的方法。

1. 对罪犯的情绪性自伤自残，必须设法使其摆脱内在心理压力

情绪性自伤自残的根本原因是情绪问题，调节其情绪，帮助其摆脱内心的痛苦是减少自伤自残行为的根本方法。可以采用心理咨询、情绪宣泄或放松训练等方法，也可以增加文体活动来丰富监狱生活。另外，监狱民警的关怀和理解也能够有效缓解罪犯的心理压力。根据罪犯不同的情况采取不同的措施，如对因承担过重劳动任务而产生心理压力的罪犯，可以适当调整其劳动量；对因不适应监狱环境而产生心理压力的罪犯，可以进行心理疏导，给予技术指导；对因受到不公正待遇而产生心理压力的罪犯，可以纠正不公正做法，给予其安抚。

2. 对罪犯的功能性自伤自残，监狱民警要表明态度，予以批评教育，不能迁就

功能性自伤自残是违规心理恶性发展的结果。监狱民警要严格遵守监狱管理制度，坚守原则，明确表达对此类自伤自残行为的态度。在保证罪犯生命安全的前提下，进行批评教育，不能因罪犯的"威胁"而妥协。同时，应该探明其自伤自残的原因和目的，这样才能真正找到解决的方法。为了起到警示作用，也可以组织其他罪犯一起分析，开展互帮互助活动。监狱民警在对自伤自残罪犯的错误思想与心理进行批评教育后，还应当要求罪犯写出反思材料，让其深刻反思，真正认识到自己的错误，从而减少自伤自残行为。

3. 少数自伤自残的罪犯存在边缘型人格障碍

此类罪犯的自伤自残还有进一步发展为自杀的可能。因此，在进行人格整合治疗或其他心理疗法的同时，注意防止其自杀行为的发生。

学习任务 3　罪犯诈病心理

一、罪犯诈病心理的行为表现

诈病是指身体健康的罪犯，无病伪装有病，轻病诈称重病。诈病是狱内罪犯逃避劳动改造的惯用手段之一。罪犯诈病类型，一种是用一些不合乎常理的言行伪装成精

神性或神经性疾病；另一种是用其他的一些手段伪装各种身体疾病的症状。

罪犯诈病心理的行为表现主要包括以下三个方面。

（一）运动机能方面

假装肢体瘫痪或感觉障碍，两手震颤，失音不能讲话，癫痫。常见假装肢体瘫痪或感觉障碍，但肌张力正常，对刺激有反应。如果长期不活动，也会导致机体出现功能失常，如人体形成负平衡等；假装双手颤抖，但抖动过于明显且无规律；假装失语不能讲话，只用手势或笔谈；假装癫痫，故意双目紧闭，手足乱舞，但意识清楚。

（二）感觉方面

伪称头痛、头晕，在人前呻吟或两手抱头，或假装恶心呕吐、双目失明等。假装夜盲，夜里走路跌跌撞撞，无人时又恢复正常；假装耳聋，听不清别人讲话，但当众批评他时，表情会有变化；假装各种内脏疾病，但是医疗检查正常。

（三）精神活动方面

假装精神病，主要表现为胡言乱语、手舞足蹈、动作奇怪，但是不能维持很久，往往会突然恢复正常；有的拒绝饮食，身旁无人时却大吃大喝；在装病发作前，没有精神病史，也无初期症状，发作之后症状混乱、矛盾，经过仔细观察，症状离奇，各种临床和辅助检查与发现的"阳性体征"不相符合。

案例链接

罪犯伪装癫痫病

罪犯梅某某，男，1989年5月生，初中文化。因犯强奸罪、敲诈勒索罪、容留他人吸毒罪，2020年1月被判处有期徒刑11年3个月，同年5月被送至某监狱服刑改造。入监后，梅某某面对漫长的改造刑期，多次企图以诈病方式取得民警照顾，被监狱民警识破后，内心恐惧、焦虑，加之因长期吸毒，身体健康状况较差，自以为难以适应改造生活，一度对前途悲观失望，被监狱评估认定为高度危险等级罪犯。

梅某某曾结识过一个患有癫痫病的罪犯，目睹癫痫病发作时的状况，并通过其亲身"传授"，对癫痫病的症状及所服用的药物等情况非常熟悉，在服刑和强戒期间，通过诈病方式，成功取得了民警照顾。此次入监后，梅某某由于刑期较长，为了达到逃避劳动改造的目的，欲故伎重施，但又担心被民警识破受到处理，加之身体健康状况和劳动能力较差，日常考核分数较少，改造信心不足，对前途悲观失望。

二、罪犯诈病心理的原因分析

罪犯诈病动机主要有以下几种。

（一）取得监狱民警的同情

罪犯为了取得监狱民警的同情，获得轻松的劳动岗位及换监区、换服刑环境，或者为了减刑，投机取巧，伪装疾病，投机改造。

（二）好逸恶劳的恶习驱使

这种动机在诈病罪犯中较为普遍，受好逸恶劳的恶习驱使，企图长期逃避劳动，或者企图从事轻体力劳动。多为盗窃犯，好吃懒做、怕苦怕累，消极改造、混刑度日。

（三）取得保外就医的资格

罪犯为了取得保外就医的资格，从而逃避服刑生活，主动表现其"异常言行"，以引起注意。

（四）对抗监管改造

罪犯因不安心改造而以诈病抗拒，或因不满民警的管理又不敢正面顶撞而采取装病的"软性"对抗行为。有些罪犯以诈病为借口取得外出就诊的机会，伺机脱逃。

三、罪犯诈病的识别和处置

（一）罪犯诈病的识别

对监狱罪犯诈病的鉴别要做到治疗与观察相结合，医务民警与管教民警紧密配合，科学鉴别与思想教育相结合。

（1）详细询问罪犯的症状和致病原因，分析其是否符合诊断标准，是否有自相矛盾的地方。

（2）将罪犯的思想表现、健康状况等提供给医务民警。要将罪犯自入监以来的思想身体状况，日常起居情况，家庭变化情况以及"犯病"后的心理、言行、神态气色等情况，提供给医务民警作为诊断参考。

（3）细致地进行身体检查，揭穿其伪装。借助科学的诊断仪器，如心电图、X光等，进行系统检查。对于一些诊断不明确的病例，要反复检查、集体会诊，不轻易下结论，可采取布置人手暗中观察、"假病"给安慰剂"假治"或"假病真治"等手段来揭穿其伪装。也可以采用跟踪观察、不定期检查、布置信息员等手段来辨别真假。

（二）罪犯诈病的处置

（1）及时将罪犯送去检查和治疗。要体现人道主义精神，及时将罪犯送检送治。

（2）揭露其伪病的实质，给予必要的批评教育。发现罪犯诈病要揭露其行为目的，给予针对性的批评教育。有些罪犯诈病行为被揭穿后，会产生逆反心理。批评教育要注意方式方法，在安抚其情绪的同时剖析其思想根源，从而使其能够认识到错误，并认清诈病行为的危害。要想从根源上消除诈病行为，不仅要强化罪犯劳动意识，同时要教育罪犯认同监狱管理规章制度。

（3）采取针对性的心理矫治方法，纠正诈病不良心理。针对不同的诈病原因采取不同的矫正方法，如对多次诈病的犯人可以采取行为训练、人格矫正、心理咨询多种方式相结合，标本兼治。大部分诈病者缺乏专业的医学知识，在陈述病情时会避重就轻，可以通过多次仔细询问找出漏洞，从而揭穿诈病行为。也可以将计就计，采取"小病大治"等手段来揭穿诈病，在治疗过程中说明药物对人体可能产生的伤害，动摇其诈病的信念。

学习任务 4　罪犯不服管教、拒绝劳动心理

一、罪犯不服管教心理

（一）罪犯不服管教的行为表现

不服管教是指罪犯对监狱民警管理教育的不服从甚至抗拒行为。

根据其主观态度，不服管教的行为表现分为积极作为和消极不作为两种，按作为时的表现形态又可分为不理不睬、故意挑衅、公然顶撞三种主要形式。

> **案例链接**
>
> **罪犯陈某不服管教 殴打民警又犯新罪**
>
> 2023年6月3日，某监狱民警张某某在第六监区执勤巡查时，发现罪犯陈某脱离互监小组，为了加强对罪犯的管理，便对陈某给予强化学习的处理决定。
>
> 陈某不服从决定，与民警张某某发生冲突，并出手殴打民警张某某，被在场的民警和服刑人员制服。这时，罪犯陈某走到民警张某某身边，突然用水杯殴打民警张某某的头部，再次被在场的民警和服刑人员制服。经鉴定，民警张某某的损伤程度构成轻微伤。
>
> 陈某不服从管教，并出手殴打监狱民警，严重违反了监管秩序。人民法院以破坏监管秩序罪，又判处陈某有期徒刑9个月。

（二）罪犯不服管教心理形成的主观因素

影响罪犯不服管教的原因较多，主观因素主要体现在以下三个方面。

1. 片面偏激的认知，导致敌视或逆反

罪犯不服管教心理的形成，从根源上可以分为固有对抗和诱发对抗。前者来源于罪犯的敌视心理，后者来源于罪犯的逆反心理。

固有对抗是由于罪犯已有立场、观点与监狱机关对其管教的目标不一致而产生的。这种敌视心理是罪犯固有的，具有主观性，主要是其反社会倾向或对社会不满的情绪导致的，与外界环境无关，主要表现为"对一切不利于自己的都充满敌意"。罪犯常常认为服刑是"禁锢"了自己的自由，民警的管教是"损害"自己的利益，所以在服刑过程中不仅不服从监狱管理，甚至与监狱民警对抗。

诱发对抗是由于外在的情境，如监狱民警的管教方式或当时情境中的某些特殊事件或者诱因，使罪犯不服从监狱民警的管教，甚至怀疑、厌烦、抵触民警的管教。这些诱因导致罪犯产生逆反心理，即罪犯对监狱的教育和约束在心理上产生的一种反控制的意向互动。如有些监狱民警进行教育时不结合实际，照本宣科，或硬性灌输，使罪犯产生逆反心理，诱发其与民警对抗。

> **案例链接**
>
> **罪犯李某不服从调配顶撞民警**
>
> 临近春节，某监区为了加强安全管理，统一调整罪犯号房。
>
> 在调换房间过程中，服刑人员李某不服从调配，在号房门口辱骂、顶撞民警，以言语挑衅："真是闲得没事干，一天到晚搬来搬去，都搬了几百次了，不知道在搞什么东西……"在被民警制止后，依旧不依不饶，甚至企图动手打民警。
>
> 李某随即被其他罪犯制止并强行拉回号房，回到号房后，该犯仍对民警进行谩骂。

2. 强烈的自我显示欲望

有些罪犯不服从管教，主要是为了展示自己的"与众不同"，受到强烈的自我显示欲望驱使。他们希望通过不服管教的抗改行为在其他罪犯面前树立一个"敢于抗争，蔑视一切"的"英勇"形象，从而以对抗管教为荣。为了展现自己的"勇敢"和"英雄气概"，有时故意挑衅闹事，顶撞民警。受惩罚后，也不认为自己有错，下次继续，以此获得狱中的威望、他人的赞许和心理上的自我满足。

3. 恶习太深，积重难返

大部分罪犯不服管教是由于其原有不良习惯根深蒂固，难以改变。这些不良的思维方式或行为习惯是在过往生活中习得并在长期反复过程中固定下来的，甚至形成无意识定向。一旦形成，根深蒂固，积重难返。即使在严格的管教条件下，仍然会顽固存在，使罪犯在服刑时对抗监狱民警、违反监规纪律、破坏监管制度。这些行为常常受"情不自禁""不由自主"的行为定式所驱使，罪犯有时甚至没有意识到自己的行为是违规的。

（三）罪犯不服管教的处置对策

罪犯不服管教的行为在监狱管理过程中时有发生，处理时稍有不慎，则容易引发过激行为，导致事态严重，造成恶劣影响。因此，在处理此类问题时，应该注意以下三点。

1. 镇服罪犯，控制局面

罪犯不服从管教的行为主要发生在公开场合或个别教育时。在公开场合的不服从管教行为更容易受周围环境的影响，特别是想要展现自我的这类罪犯，人越多，其越来劲。如果处理不好，则容易给其他犯人带来不良影响。这种情况下，要立即阻止，严厉处置，以防他人效仿。在个别教育过程中出现不服管教行为，民警要予以制止，批评教育，以防再犯。当然，不管在何种场合，一旦发现罪犯不服管教，当事民警必须严肃对待，果断采取措施，当场予以制止，进行严词训斥、口头警告、行为限制、环境隔离等，以控制局面。

2. 控制情绪，缓和矛盾

对不服管教的罪犯进行口头警告无效时，监狱民警应及时调整教育策略和措施，以防矛盾进一步激化。

（1）环境转移法。将不服管教的罪犯带到值班室、教育室等相对隔离的地方进行个别教育，给民警和罪犯一个心理缓冲的机会。而那些自我表现欲强烈的罪犯则会因失去观众和"表演"舞台而有所收敛。

（2）主体回避法。如事发现场有其他民警在场，为了避免矛盾激化，当事民警可以适时回避，将不服管教的罪犯交予其他民警处理。如果是比较严重的冲突，也可以上报监区处理。

（3）矛盾后置法，即冷处理。对消极改造的罪犯，在口头警告无效后，可以采取将矛盾放一放的方法，在完成其他工作后再做处理。

3. 据实论理，循因施教

对不服管教罪犯的教育应该具体问题具体分析，切忌空泛讲大道理。管教的目的是帮助罪犯认识和改正错误的教育行为，从而将罪犯改造为守法公民。这个目的是从罪犯利益出发的，要让罪犯认识到改造是有利于自己的，才会有动力积极改造。在处理不服管教事件时，监狱民警要表明自己的工作立场与态度，指出不服管教的严重后果，以及希望其达到的改造标准。同时，在弄清楚罪犯不服管教的原因的基础上进行针对性教育，这样才能让罪犯心服口服。

二、罪犯拒绝劳动心理

组织罪犯劳动是实现监狱宗旨的主要途径，同时也是基本手段。它能使罪犯培养劳动观念，矫正自身所存在的恶习，掌握一定的劳动技能，解教以后能够自食其力。有劳动能力的罪犯拒不参加劳动，不仅是一种违法行为，而且影响其他罪犯服刑改造，因此监狱民警必须认真对待。

（一）罪犯拒绝劳动的原因

对罪犯拒绝劳动的原因，可以从心理和环境两个方面进行分析。

1. 心理原因

罪犯拒绝劳动的心理原因主要体现在以下四个方面。

（1）敌视心理。由于罪犯的反社会倾向严重，敌视整个社会包括监狱机关，常常以拒绝劳动来表达自己的不满。

（2）畏惧劳动心理。大部分罪犯有好逸恶劳的恶习，在劳动改造过程中，常常吃不了苦，害怕劳动。

（3）悲观失望心理。尤其是长刑期的犯人，对改造没有信心，对未来失去希望，没有改造的动力，从而拒绝劳动。

（4）不认罪服法。罪犯没有认识到自己的罪错，不认为自己应该受到惩罚。

2. 环境原因

罪犯拒绝劳动的环境原因主要体现在以下三个方面。

（1）家庭变故。如配偶要离婚、交往对象要断交、年迈的父母或年幼的子女无人照顾，导致罪犯对未来绝望而情绪低落进而拒绝劳动。

（2）监狱民警处理问题的方法不妥，导致罪犯不接受。如分配劳动任务不合理，导致罪犯产生抗拒心理。

（3）罪犯由于身体虚弱或患有疾病难以承受监狱高强度的劳动而拒绝劳动。

（二）罪犯拒绝劳动的对策

根据罪犯拒绝劳动的不同原因，可采取不同的对策。

1. 因好逸恶劳或敌视心理而抗拒劳动

监狱民警首先要对罪犯进行耐心的说服教育。如果说服教育无效，则应采取坚决有效的措施，如让其写检讨、开展批评帮教会、考核扣分等，对仍拒不认错的罪犯可予以禁闭，使其反省。

2. 对改造信心不足的罪犯，要帮助其建立改造信心

在严格管理的前提下，对罪犯施以教育感化，给予一定的适应转化期。在其做得好的时候及时给予鼓励，在其犯错的时候及时指出并耐心授予正确的行为方式，使之逐步树立改造信心，消除抵触抗拒心理。

3. 对不服判决的罪犯，要向其说明人民法院的生效判决具有法律的强制力，必须执行

若对判决有异议，可以通过正常途径行使申诉权，但在申诉期间不能中止履行罪犯的义务。对罪犯进行教育，使其认识到自身错误，从而能够积极主动参加改造。对经教育后依旧不改的罪犯可以采取相应的强制措施。

4. 对发生家庭变故的罪犯，尽可能地提供帮助

要设法调解罪犯家庭矛盾，或者通过当地政府为其解决一些家庭实际困难等。同时，也要引导其认识到自己在家庭中的责任，只有积极改造，争取早日出狱，才能继续承担家庭责任。

5. 因监狱民警处理问题不妥或分配任务不合理导致的抗拒劳动

监狱民警应认识到自身问题，及时改正，妥善处理后续工作。监狱民警在工作中要依法办事、公正无私，不能感情用事。

思政园地

反对一切不劳而获、投机取巧、贪图享乐的思想

劳动是人类的本质活动，是推动人类社会进步的根本力量。马克思指出，任何一个民族，如果停止劳动，不用说一年，就是几个星期，也要灭亡。劳动光荣、创造伟大，是马克思主义劳动观的基本观点，是对人类文明进步规律的重要诠释，也是深深植根于中华民族血脉的精神基因。党的十八大以来，习近平总书记多次围绕劳动的价值、弘扬劳动精神、构建和谐劳动关系等内容进行深刻阐述，多次礼赞劳动创造，讴歌劳模精神、劳动精神、工匠精神，勉励广大劳动者勤于创造、勇于奋斗。

2012年11月，习近平总书记同采访十八大的中外记者见面时指出，人世间的一切幸福都需要靠辛勤的劳动来创造。

2013年4月，习近平总书记在同全国劳动模范代表座谈时的讲话强调，人民创造历史，劳动开创未来。劳动是推动人类社会进步的根本力量。并指出，必须牢固树立劳动最光荣、劳动最崇高、劳动最伟大、劳动最美丽的观念，让全体人民进一步焕发劳动热情、释放创造潜能，通过劳动创造更加美好的生活。

2015年4月，习近平总书记在庆祝"五一"国际劳动节暨表彰全国劳动模范和先进工作者大会上的讲话指出，劳动是人类的本质活动，劳动光荣、创造伟大是对人类文明进步规律的重要诠释。

2016年4月，习近平总书记在知识分子、劳动模范、青年代表座谈会上的讲话指出，我们要在全社会大力弘扬劳动精神，提倡通过诚实劳动来实现人生的梦想、改变自己的命运，反对一切不劳而获、投机取巧、贪图享乐的思想。

学习任务 5　罪犯脱逃心理

一、罪犯脱逃心理的概念

罪犯脱逃行为是指在押罪犯在服刑期间为逃避惩罚和改造，以非法手段获得人身自由的行为。罪犯脱逃行为主要有两种表现：一是罪犯逃离了服刑场所；二是罪犯逃避了刑罚。

罪犯脱逃心理是指推动罪犯产生脱逃行为的心理总称。罪犯脱逃心理是罪犯脱逃行为的内驱力，而罪犯脱逃行为则是罪犯脱逃心理的外部表现。

罪犯脱逃行为不仅严重侵犯了法律的权威和尊严，而且严重扰乱了监管秩序，给社会和公众带来了极大的危害和潜在的威胁。

二、罪犯脱逃动机分析

罪犯脱逃动机是指罪犯服刑期间试图脱逃的心理起因。罪犯脱逃动机主要体现在以下几个方面。

（一）抗拒惩罚改造，逃避生产劳动

有些罪犯在受到刑罚后，不仅不认为自己有错，还认为执法机关不公正，从而拒不服刑、拒不认罪。其原有反社会人格或其他不良心理会诱发或加强其反社会心理，进而表现为对惩罚和改造的抗拒，而脱逃行为就是抗拒心理的一种外在表现。

劳动改造对罪犯来说是具有强制性的，很多罪犯因自身好逸恶劳而不愿意进行劳动，认为劳动是一件痛苦的事情，是极不情愿干的"苦差事"。此外，个别监区迫于经济压力或片面追求经济效益，在"生产经营棒"的指挥下，生产围着效益转、效益围着指标转，层层加码。这使一些罪犯为了完成高定额的劳动指标，不得不超时劳动，超负荷运转，从而不堪重负，一些体弱多病的罪犯更是如此。因此，一些罪犯就会想方设法躲避劳动，而较为直接的方法之一就是脱逃。

（二）向往自由生活，追求享乐

在封闭式的监狱管理中，罪犯以往生活中的种种自由均受到不同程度的剥夺和限制。同时，罪犯在监狱中的生活和行为均受到监狱规章制度的制约，而且这种制约具有强制性，对罪犯造成精神上的痛苦。人生来就向往自由。在没有受到约束的时候，

自由不会显得很重要。一旦受到约束，自由便显得尤其重要。所以对于失去自由的罪犯而言，其对自由的向往更为强烈，这种巨大的心理落差导致其心理极度痛苦，为了摆脱这种痛苦，其不惜付出任何代价，最为直接的反应就是想方设法逃离监狱。

除了封闭式的管理，监狱生活相对来说比较简朴。很多罪犯正是为了追求享乐才违法犯罪的。入狱后的生活与之前的生活形成较大反差，让他们无法适应。即使我国监狱为了保证罪犯的权益，大大地改善和提高了监狱的物质条件，但是依然不可能像社会上的物质生活那样丰富。当物质生活得不到满足的时候，有些罪犯就产生脱逃行为，尤其是持有享乐主义人生观的罪犯更是希望逃离监狱。此外，除了对物质的追求外，罪犯对精神生活也有一定的追求。监狱的生活相对比较单调，罪犯常常会感到苦闷、无聊。

（三）思亲念家，处理家庭生活事件

爱和归属是人类的基本需要。封闭和压抑的监狱环境会加剧罪犯对情感支持的需要，其思家之情会比常人更加强烈。对依赖性强的罪犯来说，当生活受到限制，行动失去自由，遇到困扰时，会更需要情感支持，思乡念家之情更切。有些未成年犯对家人更加依赖，因不能常常与家人联系，更难以排解思亲之苦。罪犯过于强烈的思乡之愁和恋亲之苦，也会成为诱发罪犯脱逃动机的潜在因素。另外，一些服刑期长且适应能力差的罪犯，脱逃的动机更强。

除了思乡念家外，家庭变故也是罪犯企图脱逃的潜在诱因。家庭变故主要包括亲人死亡或身患重病，遭遇自然灾害失去经济来源，婚姻危机，或父母、子女无人照顾等。家庭是罪犯重要的情感支柱，甚至是服刑改造的动力。一旦失去家庭，罪犯就很有可能失去改造的动力。所以当家庭发生重大变故时，罪犯希望能够去解决问题以维持家庭，从而企图脱逃。

（四）反抗执法不当，躲避他犯欺侮

刑罚具有预防又犯罪的作用，但是这种作用的实现是建立在科学立法、严格执法、公正司法基础上的。个别监狱民警在处理罪犯问题上执法不公正，会造成罪犯的不满和怨恨。一些罪犯以脱逃来抗争执法不公。除执法不公外，个别监狱民警处理问题不当，如缺乏"人性化"，管理方式简单粗暴，以一味压制或放任不管的方法处理问题等，都会造成罪犯的不满和怨恨。尤其是对罪犯的心理问题进行"压"和"堵"，而不是疏导。这些均会导致罪犯的合理需求得不到正常满足，过度压抑自己的情绪。一旦发生关键事件，将如同导火索般，使罪犯的情绪爆发，脱逃就是情绪爆发的表现之一。

罪犯群体比较复杂，不同的罪犯在群体中有不同的角色和地位。罪犯在互动过程中常常会出现人际冲突。有些罪犯为了掩饰内心的极度自卑，反而采取侵犯他人的方式或暴力手段来获得他人的尊敬。另外，一些罪犯有强烈的表现欲、权力欲或攻击欲，通过暴力等手段成为监狱群体里的"牢头狱霸"。除了此类罪犯，有些拥有一定

权力的罪犯，如监狱中的"四犯"（监狱中担任监组长、医务犯、劳役犯、事务犯等特殊职务的四种罪犯，有管纪律的、管生产的、管生活的、管学习的）也有可能成为"牢头狱霸"。"牢头狱霸"常常使用各种手段来虐待或欺辱其他罪犯。当被长期虐待或欺辱的罪犯不堪忍受时，为了避免暴力的欺压，其寻求自我保护的方式之一便是逃离监狱。

（五）消除恐惧心理

罪犯企图脱逃的恐惧心理主要来源于两个方面。一方面是惧怕余罪暴露。有的罪犯余罪没有被发现，也没有主动交代，将其埋藏在自己心里。但是又担心有朝一日会东窗事发，刑期加重，从而忐忑不安、惶惶不可终日；有的罪犯得知同犯被抓，害怕其供出自己，刑期加重。另一方面害怕疾病得不到治疗或治疗效果不好等。在恐惧心理的支配下，为满足安全的需要，罪犯常常产生脱逃动机。尤其是在罪犯认为自己逃与不逃都是死时，脱逃动机更为强烈，也更易实施脱逃行为。

三、罪犯脱逃心理的预测与控制

狱内罪犯的脱逃行为的发生在一定程度上有其必然性，但我们可以通过对脱逃心理的预测和控制，减少罪犯的脱逃行为。

（一）罪犯脱逃心理的预测

行为能显示人的心理活动。通过观察和分析行为，能够了解人的心理活动。罪犯脱逃心理必然会通过情绪、言语和行为等方式表现出来。罪犯脱逃心理的外化与逃跑行为的实施需要一个过程，罪犯要做一定的心理、物质和技术准备等。所以，罪犯脱逃心理的预测应当是可能的。罪犯脱逃心理的预测方法如下。

1. 量表测试法

此种方法是通过一些自评或他评量表来评估或推断罪犯的脱逃心理和行为的可能性。目前尚无专门测量罪犯脱逃心理或行为的量表。罪犯的主观恶性大、反社会人格特征与脱逃心理和行为相关性较大，因此主要通过对罪犯人格的测量和重新犯罪可能性的测量以及人身危险性的评估来加以推断。目前常用的人格量表有明尼苏达多项人格测验、卡特尔16种人格因素问卷以及中国罪犯心理评估个性分测验等。常用的再犯预测量表有刑释人员再犯风险评估量表和刑释人员再犯预测量表。

2. 心理综合诊断法

心理综合诊断法通过观察、访谈和测量等多种方法，收集与脱逃心理行为有关的罪犯个体信息，进行全面的综合分析与判断，建立心理档案，并对罪犯脱逃行为的可能性做出估计。心理综合诊断法主要包括以下几个方面。

(1) 人格特点，如具有反社会或边缘性人格特点的罪犯脱逃可能性较高。

(2) 成长史与犯罪史，累犯脱逃的可能性高。

(3) 现实改造态度和表现，落后型和抗拒型的罪犯脱逃的可能性较高。

(4) 心理适应情况，心理不适应的罪犯发生脱逃的可能性较高。

(5) 参照群体的氛围和不良团伙情况，改造氛围差、加入不良团伙的罪犯脱逃的可能性较高。

(6) 狱内生活事件及自我应对方式，生活事件频发、心理压力大、应对方式不良的罪犯脱逃的可能性较高。

(7) 人际状况，缺乏情感支持、人际冲突多的罪犯脱逃的可能性较高。

掌握罪犯的上述情况后，通过综合分析与诊断，可以推测出罪犯脱逃心理的可能性的大小。可依照脱逃心理的强度分为四种类型：① 可能有脱逃心理；② 有脱逃心理；③ 脱逃心理严重；④ 有脱逃危险（即将采取脱逃行为）。应将资料和诊断情况归入罪犯心理档案。

3. 异常行为预测法

此种方法是通过对罪犯异常行为发生与否的观察和分析来推测其脱逃的可能性。一般来说，罪犯在脱逃前会有激烈的内心冲突，常常会有异常的外显行为表现。这些异常行为主要表现在以下几个方面。

(1) 突然积极改造。罪犯平时改造不积极，为了骗取监狱民警的信任，突然变得非常积极。

(2) 准备资金和物资。罪犯脱逃需要现金和相关物资，现金和相关物资的来源主要有三种：一是借助会见或通信向亲属要；二是盗窃；三是向其他罪犯索要或兑换。

(3) 掌握监狱民警的活动规律。为了避开监狱民警的监视，罪犯需要掌握监狱民警的活动规律，寻找空隙，伺机脱逃。

(4) 熟悉环境，俗称"踩点"。目的是熟悉环境便于脱逃，主要包括：熟悉地形；观察警戒设施；打听交通状况；了解社会情况，等等。

除上述异常行为表现外，罪犯在言语、情绪和表情上也会出现一定的征兆。例如有的罪犯平常快人快语却变得沉默少言；有的罪犯情绪烦躁不安，吃不下饭，睡不好觉，面部气色难看等。

（二）脱逃心理的控制

1. 创设良好改造氛围，消除脱逃动机，使罪犯不想逃

良好改造氛围的创设，改造质量的提高，可以激发罪犯积极的改造需要和动机，消除脱逃动机，使罪犯心甘情愿地接受改造，不想逃，也不愿跑。具体做法如下。

（1）监狱民警要做到公正执法、科学管理和文明改造。这有助于调动罪犯的改造需求，使其对法律持正确的认识和评价，消除其反社会心理和抗改心理。

（2）了解罪犯需要特点，保障罪犯的合法权益，满足罪犯的合理需求。在法律许可的范围内，尽量为罪犯创设良好的物质和精神环境，最大限度地满足罪犯合理的生理、心理和精神需要。应尽量杜绝或减少超时或超强度的生产劳动，丰富罪犯的文化娱乐生活。

（3）教育好罪犯改造集体，净化群体氛围，使罪犯集体成为一种重要的教育力量。净化罪犯群体氛围，就要铲除"牢头狱霸"，扶正压邪。罪犯群体成员间应互监、互助、互教。

（4）正确及时地处理好罪犯的家庭生活事件，帮助罪犯解决实际困难。这有助于消除罪犯脱逃的不良诱因，控制其不良情绪和情感，使罪犯能够安心改造。

（5）矫正罪犯自我评价，树立改造信心，使罪犯具有对美好未来的向往。通过对罪犯自我意识的矫正，培养罪犯对未来愿望的追求，消除罪犯的悲观心理，增强罪犯的改造信心。

2. 增强刑罚的威慑力，消除侥幸心理，使罪犯不敢逃

罪犯的侥幸心理，在罪犯脱逃动机的形成过程中起着强化作用。因此，消除罪犯的侥幸心理，增强罪犯对脱逃后果的畏惧心理，使罪犯在产生"想跑"的念头时，在同脱逃动机激烈斗争的过程中，使畏惧心理成为主导动机，从而消除脱逃动机。增强罪犯的畏惧感应从以下三个方面着手。

（1）强化刑罚的震慑力。对脱逃罪犯的惩罚应从重从快。

（2）弱化他犯的模仿和暗示作用。对于脱逃罪犯应尽快抓捕归案，并以此为典型，将惩罚结果反馈至每个罪犯，通过替代强化的作用，使其他罪犯消除脱逃想法或意图。

（3）改变罪犯的不良认知，消除其幻想。应进行"三个跑不了"和"四个要增加"的针对性教育。"三个跑不了"是指人跑不了、刑期跑不了、罪恶跑不了。"四个要增加"是指刑期要增加、罪恶要增加、痛苦要增加、亲人的怨恨要增加。要使罪犯意识到不论自己如何聪明，如何有本事，也不管社会情形怎样，总是"法网恢恢，疏而不漏"。也要使罪犯认识到"逃跑无出路，抗改无前途"，使罪犯因惧怕被抓后的处罚和痛苦，即便想逃也不敢逃。

3. 强化防逃意识，落实防逃措施，使罪犯逃不了

罪犯的脱逃心理也是对外界环境刺激的一种反应结果，而脱逃行为的实施成功与否也与外界环境和条件直接相关。因此要强化监狱民警的防逃意识，落实好各项防逃措施，使罪犯在即使想逃也敢逃时，却逃不了。

（1）应充分意识到防逃的重要性，增强安全意识，防止麻痹思想。

（2）应树立科学的防逃观念。监狱民警中主要存在着三类防逃意识误区：一是认

为只要硬件设施好，对罪犯强压硬看，罪犯就无法脱逃；二是认为只要对罪犯实施人性化管理罪犯就不会跑；三是认为罪犯脱逃是必然的，不管自己怎样做，罪犯总是要脱逃的。监狱民警既应当意识到罪犯脱逃的不可避免性，也要深知防逃的可能性；既要注重硬件防逃设施的建设和先进防逃技术的应用，也要知晓提高改造质量和加强软件建设的根本作用；既要严格、公正执法与刚性、规范化管理，也要意识到科学、文明执法及柔性化、人性化管理的重要性，等等。

操作训练

本单元学习情境任务评析

据监狱民警对张某的改造表现阐述可知，张某猜疑心较重，总是认为民警的处罚是针对他个人，是监狱顽固罪犯类型的典型代表之一。

罪犯张某不服管教的主观因素主要体现在以下方面。

1. 片面偏激的认知，导致敌视或逆反

不服管教心理的形成，从根源上可以分为固有对抗和诱发对抗。前者来源于罪犯的敌视心理，后者来源于罪犯的逆反心理。

固有对抗是由于罪犯已有立场、观点与监狱机关对其管教的目标不一致而产生的。这种敌视心理是罪犯固有的，具有主观性，主要是其反社会倾向或对社会不满的情绪导致的，与外界环境无关，主要表现为"对一切不利于自己的都充满敌意"。罪犯常常认为服刑是"禁锢"了自己的自由，民警的管教是"损害"自己的利益，所以在服刑过程中不仅不服从监狱管理，甚至与监狱民警对抗。张某在服刑期间多次向他犯散布不认罪的言论，认为自己无罪，是别人冤枉他；对改造积极的罪犯进行挖苦讽刺，多次违反监规纪律。

诱发对抗是由于外在的情境，如监狱民警的管教方式或当时情境中的某些特殊事件或者诱因，使罪犯不服从监狱民警的管教，甚至怀疑、厌烦、抵触民警的管教。这些诱因导致罪犯产生逆反心理，即罪犯对监狱的教育和约束在心理上产生的一种反控制的意向互动。如个别监狱民警进行教育时不结合实际，照本宣科，或硬性灌输，使罪犯产生逆反心理，诱发其与民警对抗。张某脾气暴躁，规矩意识、身份意识较差，数次与他犯发生争执和抓扯，多次不服从民警的教育管理，顶撞民警的执法，对监狱改造的认知有严重偏差，性格偏执，面子思想严重，江湖气息浓厚，人际沟通能力较差。

2. 罪犯张某在劳动中偷奸耍滑，找各种各样的理由抗拒劳动、逃避劳动

张某拒绝劳动的心理原因主要体现在以下四个方面。

（1）敌视心理。由于罪犯张某的反社会倾向严重，敌视整个社会包括监狱机关，常常通过拒绝劳动来表达自己的不满。

（2）畏惧劳动心理。张某有好逸恶劳的恶习，在劳动改造过程中，吃不了苦，害怕劳动。

（3）悲观失望心理。张某对改造没有信心，对未来失去希望，没有改造的动力，从而拒绝劳动。

（4）不认罪服法。张某没有认识到自己的罪错，不认为自己应该受到惩罚。

思考：
从罪犯心理分析的角度，探讨张某违规心理的成因。

思考练习

1. 罪犯违规为的表现形态有哪些？
2. 罪犯违规心理的成因有哪些？
3. 如何防范罪犯违规行为？
4. 如何对罪犯自杀行为进行干预？结合实例制定罪犯自杀干预措施。
5. 试析罪犯诈病心理。
6. 试析罪犯的脱逃动机与脱逃心理的预防和控制。

学习单元 8

罪犯异常心理

知识导航

一、学习内容导图

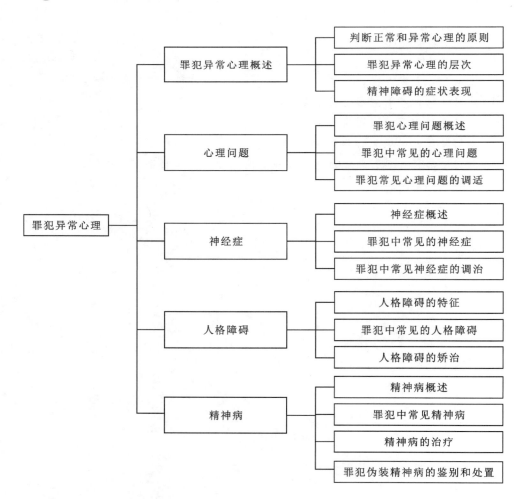

🔍 二、学习任务目标

（1）了解罪犯正常和异常心理的原则。
（2）了解罪犯异常心理的层次。
（3）了解罪犯异常心理中精神障碍的症状表现。
（4）了解罪犯中常见的心理问题。
（5）掌握罪犯伪装精神病的鉴别和处置。

🔍 三、学习情境导入

罪犯陈某是否患精神病？

陈某原判17年，案情涉及黑社会性质等重大犯罪，属于法律上界定的累犯、故意杀人、强奸、抢劫、绑架、放火、爆炸、投放危险物质或者有组织的暴力性犯罪等严重危害社会的罪犯，根据《刑法修正案（八）》的规定，该犯在减刑、假释上受到限制。

该犯犯有"组织、领导黑社会性质的组织"等罪行，具备一定的组织能力、反侦查能力，心理素质较为稳定，监区心理咨询师对该犯的印象是：不合群，身份意识较差，善于察言观色，内向但胆大，冷静而心细。其入监时，中国罪犯心理评估个性分测验显示：除焦虑感63分（正常不超过60分），提示有轻度焦虑外，内外倾、情绪稳定性、同众性、冲动性、攻击性、报复性、信任感、同情心、自信心、聪慧性、心理变态及犯罪思维模式分数均为中等，心理素质很好。

某一天，该犯突然出现精神病症状。需要民警做出初步判断：陈某是否真的患了精神病？

思考：
请根据所学知识分析罪犯陈某是否患有精神病？

> 项目学习

学习任务 1　罪犯异常心理概述

🔍 一、判断正常和异常心理的原则

根据现代心理学的基本概念，心理是客观现实的反映，是脑的功能，以下原则可以作为判断个人心理正常和异常的基础。

（一）主观世界与客观世界的统一性原则

心理是客观现实的反映，所以一切正常心理行为或事件，都应当在形态与内涵方面同客体环境具有统一性。不管是谁，不管在什么样的社会历史条件和文化背景下，假如一个人认为自己已经看见或听见了什么，在客观环境中，当时还没有出现引起他产生这种感觉的驱动条件，如果这个人的精神行为不正常，那么，我们便可以断定，他产生了妄想。另外，如果某个人的思想内容脱离了实际，或思想逻辑违背了客观事物的规律，这时，人们便可以认为，他产生了妄想，这也是人们评判人的精神状态和行为的关键。在精神医学中，还将有现实检验能力当作区分人类心理健康和异常的重要指标，而实际上，这一点就包括在这些指标里面。若要用客观实在来验证自己的认识与思维，则需要以意识和客观实在统一为基础。这些指标，对于识别精神分裂症的错觉、妄想等现象都非常有用。

（二）心理活动的内在协调性原则

人的精神活动尽管被分成感觉意识、情绪情感、意志活动等部分，但其本身是一种整体的统一体，不同心理活动间存在着协调一致的关系，通过这种和谐统一性，可以保持人在反映客观世界过程中的高度正确与合理。如果一个人见到了什么令人愉悦的事物，会产生喜悦的心情，一边手舞足蹈，一边快乐地向别人叙述自己心中的感受。那么，人们就会说他是正常的精神活动。但如果不能这样，一边用低沉的声调，向别人叙述着令人喜悦的事情，或者一边对苦恼的事情，进行着快乐的反应，人们就可能认为他的心理活动缺乏和谐统一性，处于异常状态。典型的强迫性神经症，就表现出了认识和意志活动的不协调性。

（三）人格的相对稳定性原则

每个人在漫长的人生道路上，都会产生自身特有的性格与心理特征。而这些性格特征一经产生，便具备了相对的稳定性。在没有外界重要影响的情形下，性格通常是无法发生显著改变的。如果在没有明显外界因素影响的情形下，某个人的性格发生了变化，则人们会质疑这个人的心理活动发生了异常。这就是说，人们也可将性格的稳定性当作辨别心理健康或异常的标尺。譬如一个很节俭的人，却忽然挥金如土，或是一个待人接物很热心的人，却忽然变得非常冷漠，倘若人们在其生存环境中，寻找不到能够导致其产生变化的因素，那么，人们就可以说，其精神活动开始脱离常轨。

名人名言

> 在艰苦中成长成功之人，往往由于心理的阴影，会导致变态的偏差。这种偏差，便是对社会、对人们始终有一种仇视的敌意，不相信任何一个人，更不同情任何一个人。爱钱如命的悭吝，还是心理变态上的次要现象。相反的，有器度、有见识的人，他虽然从艰苦困难中成长，反而更具有同情心和慷慨仗义的胸襟怀抱。因为他懂得生活，知道世情的甘苦。
>
> ——南怀瑾

二、罪犯异常心理的层次

根据罪犯异常心理的严重程度，可将其分为四个层次，即心理问题、神经症、人格障碍与性心理障碍、精神病。

神经症、人格障碍与性心理障碍、精神病都属于精神疾病或者称精神障碍。相关数据显示，监狱内各类精神障碍的患病率为10.93%。其中人格障碍的患病率为7.97%，神经症的患病率为1.00%，精神发育迟滞的患病率为0.59%，精神分裂症的患病率为0.44%，情感性精神障碍的患病率为0.26%，其他占0.67%。

三、精神障碍的症状表现

1. 感觉障碍

主要有感觉过敏、感觉减退、感觉倒错、内感性不足等。

2. 知觉障碍

主要有错觉、错视、幻觉和感知综合征等。

3. 注意障碍

包括主动注意障碍和被动注意障碍等。

4. 记忆障碍

主要有记忆增强、记忆减退、遗忘、错构、虚构、潜隐记忆和似曾相识症等。

5. 思维障碍

主要有思维奔逸、思维迟缓、思维贫乏、思维松弛、病理性赘述、思维不连贯、思维破裂、思维中断、象征性思维、逻辑倒错性思维、诡辩性思维、持续重复模仿、刻板言语等思维形式障碍，以及思维妄想（包括罪恶妄想、被害妄想、关系妄想、夸大妄想、钟情妄想、嫉妒妄想等）、思维插入等思维内容障碍。

6. 情感障碍

包括喜、怒、哀、惧、爱、憎、悲、忧等体验和表情。常见的情感障碍主要有情感高涨、欣快、低落、焦虑、脆弱、激动、迟钝、淡漠、倒错、恐惧、矛盾等。

7. 意志行为障碍

主要有意志增强、减退、缺乏、倒错、矛盾及强迫观念、强迫动作、木僵、违拗、动作刻板、模仿、作态与行为怪异等。

8. 智能障碍

主要有先天性智能低下、后天获得性痴呆等。

学习任务 2　心理问题

一、罪犯心理问题概述

心理问题通常是指轻微的心理失调。每个人都会遇到各种各样的逆境和挫折，也会表现出不同的情感反应。与心理问题不同，正常的情感反应是"适度"的，反应的强度、持续时间和形式都有其原因有效控制。

罪犯经历了犯罪、逮捕、审判、监禁，遭受了常人难以想象的挫折，因此几乎所有的罪犯都有这样那样的心理问题，但在服刑的不同阶段，罪犯会有不同的表现。长期以来，由于人们对心理健康的认识不足，采用传统的以罪犯思想改造为主的执行模式，心理问题往往被当作思想问题来对待，不被监狱民警重视。心理问题虽然不一定导致心理障碍，但都是心理障碍的萌芽，因此，如果不进行及时的治疗，不仅会影响罪犯的正常改造，还可能引发身心疾病。

思政园地

> 罪犯陈某，男，37岁，小学文化，因抢劫罪被执行终身监禁，2021年8月转入某监区进行刑事改造。
>
> 在改造初期，陈某因劳动操作不当，致使一根肋骨骨折，在恢复后无法从事繁重的体力劳动，觉得难以获得考核积分，对改造失去信心，对未来悲观失望。另外，在康复期间，妻子提出离婚，从而抑郁、沉默。
>
> 通过一段时间的耐心教导，陈某才慢慢端正了心态，通过自学，不但获得了专业知识，还解除了郁闷的心情，充实了业余生活，明白了人生的道理。让浮躁、怨恨的心情逐渐平静了下来，重新激起了应对人生坎坷的斗志，并坚持着改造的信念。此后，陈某积极改造，并达到了良好的改造成效。
>
> 监区办事处接到了陈某的来信，陈某在信中说道："谢谢监区民警对我无微不至的关怀，让我在改造中受到挫败后再次振作，扬起了远航的风帆。"原来这是封为答谢监区民警的教导与挽救，而专门写给监区所有民警的感谢信。

二、罪犯中常见的心理问题

（一）逃避、孤立型心理

有的罪犯在被押后即形成回避性心态，有意将自我封锁起来，不愿与同改交往，也不愿向民警汇报思想，甚至连自己的父母、妻子、儿女等都不愿会见，由此形成禁锢和防御心理，使别人无法走进其内心世界，也无从实际发觉其所思所想，对其心理矫治教育改造十分不利。

罪犯大多与他人相处不融洽，有的甚至众叛亲离，作案后入狱，更得不到家人的温暖和关怀，有的家庭甚至弃之不顾，对其视而不见，入狱两三年后仍无人探望。这种罪犯长期处于孤立状态，性格孤僻，与他人相处不融洽，从而形成孤僻的性格，还可能导致自卑、自虐、仇恨、自杀、脱逃。

罪犯心理分析

罪犯不能如正常人那样自由自在地生活，要时时受到来自监狱民警的严格管束。他们有的因自身缺陷，如身体残疾、家庭贫困、反应迟钝、技能不强等，感到己不如人。有的因犯罪受罚，感到无脸见人、受人歧视、无法承担家庭责任等。也有的因改造生活受挫，如违规受罚、奖励落空、关系紧张等而自惭形秽，等等。

（二）敌意、仇视型心理

有的罪犯以各种理由厌恶他人乃至社会。这种心理多是由家庭暴力、不幸婚姻、分配不公、财产纠纷、执法不当、法律知识缺乏及心理因素如心理偏执、积累矛盾、不宽容等造成的。仇视心理极有可能导致矛盾、情绪失控，这是造成狱内犯罪的重要原因。

敌对是一种与愤怒相联系的情感状态，包括对他人的厌恶、蔑视和不信任。一个人的敌意主要来自认知中的极端偏见，一旦由于偏见对他人产生敌意，一方面会产生阻碍其认知的后果，使人的理智下降，情感占据上风，引起不满和对抗，在某些情况下，也会导致攻击性行为；另一方面容易生气，诱发身心疾病，甚至直接导致心脏受损。敌对情绪由于强弱程度不同而有不同的表现，从斜视、讥笑、摇头等表现到言语争吵、行为攻击。敌意在罪犯中占有一定的比例，其对象主要包括监狱民警、他犯以及处理其案件的司法工作人员。

罪犯在改造过程中的敌对情绪大多是针对监狱民警或改造表现积极的罪犯，因此会对监管改造产生严重的负面影响。一方面会影响监狱民警在罪犯中的威信，引发各种形式的对抗；另一方面会破坏罪犯之间的正常监督关系，削弱群体限制的作用。同时，具有长期敌意的罪犯往往成为监狱中的顽危犯。

（三）脆弱、自绝型心理

有些的罪犯极度敏感脆弱，常常为一些无关紧要的事情而流泪，对警官的批评或者他犯的疏远表现出情绪低落、伤心落泪。有的罪犯发现与自己要好的罪犯同他犯悄悄私语，或者管教民警安排某个罪犯去做某事而没有安排自己，失落感油然而生，常常躲在暗处默默落泪。

部分罪犯入狱后表现出情绪低落，自我调节能力很差，心理负荷不断累积，缺乏释放的时机和空间，加之看不见前途和希望，往往形成自虐自杀心理及吞物、割腕、自缢等行为。不论是主动自杀或是被动自杀，其心理活动均会体现为抑郁、悲观、沮丧、狂妄、自暴自弃，把自杀当作习惯性举动，遇到同改欺负、警官批评或婚姻破裂等家庭变故时，常常形成自杀念头，妄想死后能够彻底解脱。

（四）躺平、厌事型心理

一些罪犯，在思想改造和生活过程中，以为自己反正犯罪了，即使在监狱里改造得再好也是有罪，故而反将自己完全解放了，做什么也完全不在意，出工就混，读书就睡，生活无拘无束，不思进取，对前程和未来也毫不理会，说那是今后的事情，等过去了再说，常常具体表现为面容麻木、四肢笨拙、精神不专注、反应迟钝、贪图享乐等。

不少罪犯在学习过程中都存在着懒惰心理，不管劳动改造还是学习生活，热情都不高涨。有的罪犯可能对某一件事情特别感兴趣，比如看了视频，就认为自己可以每天二十四小时内都有视频看，有的则只对打扑克感兴趣，对任何事情都没有作为，一提到打扑克马上就两眼放光，充满渴望。面对分配的任务不是愁眉苦脸就是唉声叹气，或者情绪紧张、烦躁不安等。有的罪犯虽然在社会中担任了重要职位，如主管、总裁等重要职务，但在要求其担任罪犯组长或为监区服务时，其表现出麻木淡漠或者厌烦沮丧，甚至有的会冲动、暴怒，完全不配合。上述问题的产生，可能与罪犯的社会经验、行为动机、个性心理等有直接联系，会给罪犯的改造带来很大的影响。

（五）惧怕、焦虑型心理

不少罪犯顾虑过多，心理压力太大，有的觉得愧对父母，有的认为自己对不起妻子和孩子，有的害怕妻子离异，父母和孩子得不到抚养，担心自己的企业得不到经营，财产被分割，特别是担心家人在其入狱后心里会有很大的变化。他们每天都会叹气、焦虑、紧张、恐惧、忧虑，监管民警采取各种辅导教育的方法都不能消除其焦虑情绪。这类罪犯经常抱怨其慌乱抑郁、手脚出汗、常做噩梦、冷汗淋漓，还会有尿急、尿频、尿失禁等症状。

（六）虚荣、自恋型心理

在改造中有的人表现出自恋情结，处事以自我为中心，自身保护性极强，不允许他犯和警官指责他，说他的错。而且勤于表达，处处争强好胜，不愿服输，自我评价过高，过去的学业、工作、家庭都要比其他人的好，觉得自己的歌声比他犯动听，写字比他犯飘逸，着装比他犯得体，身材比他犯强壮。自己的物品样样比他犯好，不赞成其他人随意用自己的东西。不高兴任何他犯表现比自己强，一旦强了就会继续找他犯比试，还专门请出民警做裁判。这种自恋心态的产生主要与其在家庭受到的溺爱，以及自我承受能力差等有直接关联。

为了获得监狱民警或他犯的另眼相看，在罪犯群体中获得相应地位，有的罪犯或千方百计显示家庭富有，或大肆炫耀自己的社会关系，或吹嘘与监狱领导或监狱民警非同一般的关系，更有甚者做出抗拒改造的举动。

虚荣心既可能强化罪犯的自卑心理，又可能促使罪犯沉沦，还可能被不求上进的罪犯利用，对罪犯群体形成隐患，会助长狱内罪犯之间的攀比之风，恶化罪犯与监狱民警之间的关系，污染改造风气，削弱罪犯积极改造的意志。

三、罪犯常见心理问题的调适

罪犯心理调适是心理健康教育、心理辅导等的综合运用。

（一）心理健康教育

心理问题大多与逆境、挫折等密切相关，但不是每个人都会因此产生心理问题，关键在于是否具备心理健康知识、正确的心理健康态度、心理自我调节与控制的能力等。罪犯的心理健康水平本来就低，又面临着被剥夺自由的挫折，还对心理健康知识几乎一无所知，因此，其较正常人群的心理问题更为普遍、更为严重。

罪犯的心理健康教育主要涉及心理健康基础知识、与心理问题产生相关的心理学原理、异常心理自我调节与控制的方法、良好心理品质的培养、如何寻求狱内心理咨询等内容，并主要采取集体教育及诸如墙报、监狱小报、心理卫生手册等辅助教育的方式。考虑到罪犯心理形成于入监初期，罪犯的心理调适也开始于入监初期，而且入监初期是罪犯心理问题的多发时期，因此，罪犯心理卫生教育应当作为罪犯入监教育的重要内容，抓早、抓实。

（二）心理辅导

心理辅导包括集体心理辅导和个别心理辅导。

1. 集体心理辅导

集体心理辅导是针对罪犯中的共同心理问题而采取的疏导措施，与心理卫生教育明显不同。主要表现为：目的不完全相同，前者致力于解决罪犯群体心理问题，后者致力于增长罪犯的心理卫生知识，转变健康观念，提高自我调控能力；形式不完全相同，前者采取集体咨询和心理卫生教育有机结合的方式，后者主要是运用宣传教育的方式。

当然，从广义上讲，集体心理辅导也可以理解为心理卫生教育的一种特殊形式。罪犯虽然有着不完全相同的犯罪经历和个性心理基础，但他们处在同一监禁改造环境中，常常会由共同的诱因，如剥夺、适应等，产生一些共性的心理问题。针对这些共性的心理问题，集体心理辅导将心理卫生教育和咨询紧密结合起来，既有一般心理卫生知识的传授，又有针对共性心理问题的咨询和疏导，因而是解决罪犯中的共性心理问题的最佳途径。

开展集体心理辅导关键要做好以下三个方面的工作。一是把握问题。辅导人员要做深入细致的调查研究工作，准确把握罪犯中有哪些共性心理问题，这些问题有哪些具体表现，又主要是哪些原因引起的，可能造成怎样的危害等。二是分析问题。给辅导对象详细分析心理问题的表现、危害和原因等，使罪犯产生改变的愿望。三是解决问题。传授给罪犯相关的心理卫生知识和心理自我调节与控制的方法。罪犯中共性心理问题的产生具有蔓延性、反复性等特点，集体心理辅导要善于抓苗头，反复抓，抓反复。

2. 个别心理辅导

由于认识能力、理解水平等存在个体差异，加之，除共性心理问题之外，还有不少个体心理问题，需要运用个别辅导予以解决。集体心理辅导是一对多模式，个别心理辅导是一对一模式。个别心理辅导对罪犯心理问题的把握、分析和解决都是在辅导过程中完成的，要综合运用个别咨询技术和方法，按照释放情绪、缓解冲突，摸准问题、正确导向，解剖问题、恰当归因，以及"授之以渔"、解决问题四大步骤进行。

学习任务 3 神经症

一、神经症概述

神经症，又称神经官能症，是一组精神障碍的总称，主要表现为持久的心理冲突，且对冲突往往使用夸大的或潜意识方式处理，病人觉察到或体验到这种冲突，并因之而深感痛苦且妨碍其心理功能或社会功能，但没有任何可证实的器质性病理基础。神经症的发病原理尚不清楚，一般认为，个体神经系统功能减弱与不健全的性格特征有关。世界卫生组织推算，人口中的5%～8%有神经症或人格障碍，是重性精神病的5倍。

根据吕成荣等人的调查，罪犯各类精神障碍患病率为10.93%，其中神经症的发病率为1.00%（下文未标注的数据都来自本调查）。在检出的患有神经症的罪犯中，以抑郁性神经症、神经衰弱、疑病和焦虑性神经症为多见，主要表现为头痛、失眠、紧张、焦虑及对躯体的过分关注等。

二、罪犯中常见的神经症

现将罪犯中不同类型的神经症，按发病率由高到低排列并做如下分析。

（一）抑郁性神经症

抑郁性神经症是一种以心境低落为主要特征的情感性障碍，它既可表现为轻度的情绪不佳，也可表现为严重的抑郁。作为一种负性情绪，其基本症状是丧失信心，表现为对改造生活失去兴趣，对前途悲观失望，内心郁闷、孤独，外表闷闷不乐，精神萎靡不振。一方面，由于情绪低沉而思维迟钝、行动迟缓，并常导致罪犯紧张、焦虑和不安的情绪体验；另一方面，不良的情绪体验又进一步加剧其抑郁程度，经过如此恶性循环，使其产生严重的自我贬低、自我蔑视情绪，并由此出现自杀意向，并且这种自杀意向往往难以预防。随着抑郁情绪的延续和发展，罪犯一般会产生生理反应，程度不同地出现一系列的躯体症状，如头痛、失眠、乏力、背痛、消化系统功能紊乱、性功能障碍、体重减轻等。抑郁性神经症是罪犯中最为常见的神经症，占罪犯神经症总数的30％左右。具有抑郁性神经症的罪犯常有自杀倾向，有的甚至多次试图自杀。

罪犯中的抑郁性神经症，既与罪犯遭受的强烈的和持续的刺激有关，又与其内向的性格有关。曲爱群对512例重刑犯的SDS（抑郁自评量表）分析显示，罪犯的抑郁情绪与刑期长短、服刑时间长短成正相关，刑期或服刑时间越长，抑郁者就越多。同时，抑郁情绪还与罪犯在狱内受到的否定性评价及管理的严厉程度呈正相关。

（二）神经衰弱

神经衰弱是一种以脑和躯体功能衰弱为主的神经症，也是常见的心理神经疾病。

神经衰弱多发于罪犯入监初期，尤其是女性罪犯和职务罪犯的发病率相对较高。大多因不能正确对待婚姻家庭问题、人际矛盾、改造生活挫折等，而引起恐惧、悲伤、抑郁等负性情绪，以至大脑长期过度紧张而导致大脑的兴奋与抑制机能失调。它以精神易兴奋却又易疲劳为特征，表现为紧张、烦恼、易激惹等情感症状，以及肌肉紧张性疼痛和睡眠障碍等生理功能紊乱症状。

（三）焦虑症

焦虑症是一种以焦虑情绪为主的神经症。焦虑症罪犯的焦虑恐惧，往往在没有明显诱因或无相关的特定情境的情况下突然发作，时间可达数小时之久，然后，又突然或逐渐消失，恢复常态，但经过一段时间又会复发，如此周而复始。

焦虑症罪犯的症状，主要表现为心理和躯体两个方面。心理症状突出表现为内心恐惧，恐惧的内容，对罪犯来讲，主要表现为害怕余罪被揭发、身体有毛病、精神要崩溃，担心家庭破裂、妻离子散、刑期漫长、难以出狱等。情绪常处于低沉状态，大起大落、波动不定，记忆力减退，注意力不集中，工作、学习效率下降，对生活失去信心，并可能导致自杀行为。躯体症状主要表现为阵发性心脏剧烈跳动、胸闷、头晕、头痛、手足发抖、脸色发白、全身微汗、疲劳乏力，严重的还会在躯体的某一部位出现病理性体验，如胃纳不佳、消化不良、失眠、尿频等。躯体症状主要是由心理上的焦虑所引起的，而心理上的焦虑又主要源于罪犯较低的心理素质，缺乏基本的适应能力和应变能力。

（四）恐惧症

恐惧症是一种表现为对外界的一定事件、物体或处境产生莫名其妙的、持续的惧怕心理的神经症。恐惧症的一个明显特点是伴有惊恐性发作，并常导致罪犯产生回避行为，出现焦虑症状和自主神经功能紊乱等。恐惧症可表现为对特定的人、事、物、场所等恐惧，常见的有社交恐惧症等。

恐惧症的产生原因主要是个体受到过某种惊吓刺激而形成条件反射，或受过恐惧暗示。当然，也有一些恐惧症的原因难以查清。但不管是何种原因引起的恐惧症，一般都要经历一个恶性循环的过程，既因害怕而回避，又因回避而强化恐惧，以致害怕后恐惧，恐惧后更害怕。

（五）癔症

癔症也称歇斯底里，是在癔症人格特质基础上，由心理刺激引起的一种神经官能症。就病因而言，它虽然与癔症性人格、神经系统的器质性损害，甚至与遗传等因素有关，但主要是心理因素，面对重大生活事件，如家庭不幸、婚姻破裂、狱内人际关系紧张、受到不公正待遇等，遇到内心冲突，感到委屈、恐惧、忧虑等内心痛苦，或受到他人暗示、自我暗示等都可引起此病发生。

在狱内，此病多见于女性罪犯，发病时主要表现为各种各样的躯体症状、意识改变、选择性遗忘、情感暴发和精神病样等。对这些症状，不能以神经系统的损害来解释，但如果是第一次发病，那么，可以在发病的前一周内追溯到明显的心理刺激因素。在以后的发病中，即使没有明显的心理刺激因素，也多与受到类似体验的暗示或自我暗示有关。正因如此，个别情况下，还可能在特殊的罪犯群体中出现流行性癔症，即由一人癔症发作，其他在场的人也相继出现类似症状。

癔症在狱内发作，罪犯经常会出现无理取闹、损坏公私财物、谩骂、殴打他人、伤害自己等行为，因此，对狱内秩序具有较大的破坏作用。

（六）疑病症

疑病症，又称疑病性神经症，是一种以过分关切自己的身体健康，对自己身体状况存在不切实际的疑病恐惧，担心或相信自己患有一种或多种严重躯体疾病的持久性的先占观念为主的神经症。病人持久地认为自己有病，不仅常向自己的亲朋好友诉说自己的病因、病症等，而且反复就医，不相信医学检查和化验结果，不认同医生的解释。病人由于长时间地伴有感觉性疑病症状或观念性疑病症状，还常引起烦恼、恐惧、焦虑和抑郁等不良情绪。

正常人有时也会因身体不适或不很严重的疾病产生疑病观念，但一经检查化验证明正常或问题不很严重时，这种疑病观念就会很快消除，所以不能称为疑病症。一些罪犯因久病不愈而怀疑监狱医院的医疗技术水平不高，并反复强调自己有重病，要求到狱外医院检查，有时，将其送到狱外医院检查没有发现什么新的问题，

罪犯心理分析

罪犯仍会纠缠要外出治病。在这种情况下，虽不排除疑病症可能，但也确有一些罪犯想以此获得保外就医或逃避劳动。患有疑病症的罪犯，容易产生消极悲观情绪，并可能引起自杀。

（七）强迫症

强迫症，又称强迫性神经症，是一种以反复出现的强迫观念和强迫动作为基本特征的神经症。病人意识到这些强迫观念产生于自己内心，是不必要的和多余的，但又无法摆脱，因此，在有意识的自我强迫与反强迫的强烈冲突中，备感焦虑和痛苦。而强迫行为作为反复出现的刻板行为或仪式动作，只是病人无法摆脱强迫观念，试图以此减轻内心焦虑的结果。

强迫症的基本症状是强迫观念和强迫行为或动作，在不同病人身上又会有不同的具体表现，但各种不同的症状，既可是以一种为主，也可是几种并存。强迫观念的核心症状是自己无法控制的、反复出现的思想、观念、表象、冲动等，主要表现为强迫怀疑、强迫联想、强迫恐惧、强迫性回忆、强迫性意向等；强迫动作或行为是一种不由自主的顺应行为，其目的是缓解强迫观念所引起的内心焦虑，具体表现为强迫检查、强迫询问等。

具有强迫症的病犯大多在入狱前就已经发病，入狱以后，由于活动空间受到严格限制，人际关系更复杂，因此，易引发斗殴、自杀等安全问题。

三、罪犯中常见神经症的调治

（一）罪犯中常见神经症的调治的原则

神经症较一般心理问题严重，但仍属于轻度心理障碍。具有这种心理障碍的罪犯能够正常劳动、学习和生活，从表现上看与正常的罪犯没有多少区别，但由于他们内心是痛苦的，因此，如果得不到及时调治，很容易产生自杀、精神病等严重后果。神经症的调治主要采用心理和药物治疗相结合的方法，具体遵循以下原则。

1. 减轻症状原则

神经症常伴有焦虑、抑郁等情感障碍，紧张性头痛、血管性头痛等躯体症状，以及失眠、噩梦等睡眠障碍。这些症状虽不是病理性改变所致，而只是一种脑功能失调，但由于它会给罪犯带来不适感，并由此加重症状，因此，神经症的调治要根据症状的轻重，首先选择心理和药物治疗的方法，减轻症状。当症状轻微时，可用支持性会谈的方法帮助罪犯减轻症状。但当症状严重时，需要用抗焦虑药，使其镇静和恢复睡眠，不过，药物使用时间不宜太长。

2. 解决问题原则

对于神经症，药物治疗虽然可以帮助减轻症状，但它的最终解决仍需心理治疗。病犯的问题及问题的严重程度各不相同，但只要有可能，问题应该由病犯自己解决。当然，在此过程中，病犯亲属的配合、监狱民警的帮助都是十分重要的。当病犯的问题严重且持久时，还要求助医生等，对病犯要进行全方位的治疗。

3. 改善关系原则

神经症大多只有暂时性的问题，但也有相当多的病犯由于原来的人格障碍的基础不易改变，或诱发因素未能得到解决，或缺少社会支持，使问题变得持久和迁延不愈，因此，要从根本上解决病犯的问题，需要系统调治。既要改变其人格障碍的基础，又要尽可能帮助消除诱发因素，更要重视改善其与监狱民警和其他罪犯的人际关系，以获得更多的社会支持。

神经症的调治固然重要，但预防更应引起重视。监狱通过各种措施提高罪犯的心理调治能力，这本身就具有防止其发展为神经症、人格障碍甚至精神病的积极意义。与此同时，针对神经症的发病与社会心理因素密切相关，监狱还应当通过依法、科学、高效地运用监管权力，以控制和减少一切可能诱发罪犯神经症的狱内和狱外因素。

（二）神经症的调治方法

神经症的产生一般与罪犯的性格及心理、社会应激因素等有关，由于病情的迁延与反复，其调治重点为对症处理。药物疗法对于控制精神病性症状很有效，而心理治疗不但能够帮助罪犯减轻症状，还能够起到治本的目的。将药物疗法和心理治疗结合，是防治神经症性障碍的最好方法。

1. 药物治疗

常用药品一般是抗焦虑药、抗忧郁药和促神经代谢药。治疗的重要目的是抗焦虑症、镇定催眠现象、抗痉挛、放松骨骼肌。服药治疗的好处是对控制靶症状的作用较快，也可以减轻病症。但在用药前要向罪犯解释用药最有效的时机及其在治疗过程中或许会遇到的疾病发生状况，使之有足够的心理准备，以提高疗效的可靠性。

2. 文体活动调节

运动能够让新陈代谢速度加快，还可以让神经症罪犯的不良情绪得到舒缓。绘画、跳舞、唱歌、慢跑、打球、游泳等文体活动，可以让神经症罪犯的恢复速度变得更快。

3. 心理治疗

不同的心理学流派对神经症的发生机理有不同的阐述与处理方式。某些与心理治疗流派技术无关的非技术性因素，包括社会、人际关系、个人情感因素等，如治病者对罪犯的重视，罪犯对治病者的信赖，以及罪犯对治病的强烈动机和渴望等，在提高效果方面也有较大作用。神经症罪犯最常见的心理治疗方法有以下几种。

1) 认知行为疗法

由于神经症罪犯具有个人易感特质，产生非理性或错误的认识常诱发特殊情感或行动。认知行为疗法的基本原则，是利用改善有限的认知与行为的方式来改善不良意识，从而消除不良情绪与行为。它的主要出发点是在罪犯合理的认识方式上，通过改善罪犯对自己、对他人或对事物的认识及方式来解决心理健康问题。

认知行为疗法对焦虑症等有较好的疗效。认知行为疗法处理焦虑症时，其原则是去除焦虑内容和焦虑反应间的条件性关联，抵抗回避反应，并在此过程中改正自身不合理的认识。很多罪犯从患病过程中开始学习怎样避免使其产生害怕的事件而不危害自身的日常社会功能。焦虑症罪犯对事件的某些歪曲的认识是导致病情迁延不愈的因素之一。焦虑症罪犯易产生两种逻辑错误：一是过高估负性事件发生的可能性，特别是与自身相关的事件；二是过度灾难化或戏剧化地设想事情的后果。采用认知行为疗法可以使罪犯认清病症的属性，在焦虑症发作时对焦虑体验有更合理的认识，从而防止进一步加剧焦虑症。

最常用的认知行为疗法，包括感觉系统脱敏治疗、满灌治疗、厌恶疗法。感觉系统脱敏疗法的基本原理是在罪犯保持身体松弛状况下，让能引起微弱不安的刺激在其眼前反复出现，达到不再引起罪犯不安时，加大刺激的力度并如法炮制，直到罪犯不安情绪彻底消失为止。对恐惧症、强迫症、焦虑症等特别有效。满灌疗法是让罪犯直接暴露在产生剧烈不安反应的情境当中，使其感受最高限度的压力焦虑，随之剧烈的心理—生理反射自动消退、耗竭或自主调整、抑制以获得满足；要求罪犯推迟、缩短或者取消能缓解紧张情绪的活动，例如，减少洗手次数，缩短洗手时间，或者取消洗手。对恐惧症、强迫症、焦虑症有效。

2) 催眠疗法

采用催眠技术，改善罪犯的意识状况，利用治疗师的话语或行为整合罪犯的思想与心理，从而改变罪犯的不安心境与不良睡眠。多用于治疗运动强迫功能障碍、躯体形式障碍等。

3) 暗示疗法

利用言语、动作或其他方式，也可以结合其他治疗方法，使被治疗者在不知不觉中受到积极暗示的影响，从而不加主观意志地接受心理医生的某种观点、信念、态度或指令，以解除其心理上的压力和负担，实现消除疾病症状或加强某种疗效的目的。也可以自我暗示，让患者通过自己的认识、言语、思维等心理活动调节和改变其身心状态。暗示疗法常用于治疗癔症、强迫症等。

4) 放松疗法

放松疗法是一种教罪犯完成身体与心情松弛的方法，透过调整呼吸、松弛身体的方式，来去除杂念。放松疗法对处于紧张状态者有很好的疗效。在有条件的前提下，可在生物反馈治疗仪的监测下，开展松弛锻炼。

讨论交流

罪犯雷某有神经症吗？

罪犯雷某自述：近两个多月来总会考虑些毫无意义的事情，比如洗碗时是多用一点水好，还是少用一点水好，折页时是正着折好，还是反着折好，虽然知道正折、反折都这样，但根据个人习性，仍然抑制不了还要想。在洗衣时总是担心洗不干净而不断地洗衣服，直至自己还以为可以清洗干净为止，却又总觉得浪费了不少水，对不起民警的指导，也因此而耽误了不少时间，对正常的思想改造生活和生产劳动都产生了一定程度的影响。脾气越来越急躁，出现事情就喜欢发火，常常觉得疲劳，工作的兴致也不及从前，还发生过睡眠不良，常常要到凌晨一两点才睡着。故感觉非常痛苦。

民警观察和了解到：罪犯雷某自幼身体健康，没有患过重大疾病。2个月以前的一次分监区大会上，监区民警对罪犯提出注意节约用水的要求，并对雷某工作中的若干不良情况提出了批评。从此，雷某在洗衣服和洗碗时都显得非常着急，常常怕浪费清水，状况日渐严重而无法自控，而且发现要清洗的时候又要重复清洗。受到上述情况的影响，求助者的劳动、日常生活受到干扰，但尚能坚持应对，只是表示痛苦，期待早日缓解，因此向监狱心理咨询师进行求助。

请针对求助者的情况进行诊断。

诊断依据：

（1）引起的心理冲突与现实间没有什么关系，涉及生活中不太重要的事情，且不带有明显的道德色彩。

（2）痛苦情绪体验持续时间为2个月，未超过3个月。

（3）精神痛苦较难解脱，对工作和生活有一定的影响。

（4）心理冲突的内容泛化。

（5）雷某虽有强迫症状，但持续时间较短，社会功能受损程度不大，未达到神经症的诊断标准，故考虑可能为神经症性心理问题。

罪犯心理分析

学习任务 4　人格障碍

一、人格障碍的特征

人格障碍是一种介于正常人格与精神病人格之间的类型。根据《中国精神障碍分类与诊断标准（第三版）》（CCMD-3）界定，人格障碍是指人格特征明显偏离正常，使病人形成一贯地反映个人生活风格和人际关系的异常行为模式。这种模式显著偏离特定的文化背景和一般的认知方式（尤其在待人接物方面），从而强烈干扰了其常规社交能力和职业能力，导致对社交情境的适应性较差，患者因此痛苦万分，且有一定临床意义。患者虽没有智力问题，但由于其长期适应不良的表现形式而无法纠正，且仅有个别患者在成人以后行为上才有所改变。人格障碍通常出现于童年期至青年时期，并一直延续发育至成人或终身。

有人格障碍的罪犯虽然智力正常，可以顺利进行学习和工作等，但没有办法如常人一样理智地处理日常事务，所以常常给人一种古怪的感觉。人格障碍可以区分为原发性人格障碍和继发性人格障碍两种。在没有神经系统疾患的情况下出现的是原发性人格障碍；在有神经系统疾患的情况下出现的是继发性人格障碍。

人格障碍有以下特征。

（1）人格障碍常常始于童年，然后在某种不良环境的影响下，到青春期人格特征出现明显偏离，而且这种偏离是广泛、稳定和长期的。有的终身不变，难以矫正。有的在中年以后，随着精力下降而趋于缓解。

（2）人格虽严重偏离正常，这种偏离表现为个人的内心体验与行为特征（不限于精神障碍发作期）在整体上与其文化期望和接受的范围明显偏离，但人格障碍者的意识活动和智力活动正常，因而，其日常生活和工作不受明显影响。

（3）人格障碍者的认知、情感、人际关系等方面存在异常偏离，但其对此缺乏自知之明，因而，不能吸取经验教训，并以正确的认识指导自己的行动。

二、罪犯中常见的人格障碍

人格障碍占罪犯所患精神障碍的 72.9%。现将罪犯人格障碍主要类型，按发病率由高到低排列并分析如下。

（一）冲动型人格障碍

冲动型人格障碍属于爆发型人格障碍中的一种亚型，以强烈的情绪爆发和明显的冲动行为为特征，是罪犯中最为常见的人格障碍，在罪犯人格障碍中占26%左右，多发于暴力型罪犯，通常男犯多于女犯。

具有这种人格障碍的罪犯，激惹性强，缺乏自制力，不仅常因生活或改造中的琐事与他犯发生争执和冲突，而且对监狱民警的管理教育和批评，有时也暴跳如雷，进行公开对抗。更有甚者，在受到细微的精神刺激下，会突然爆发强烈的愤怒情绪和冲动行为，以致产生攻击或自伤、自杀行为。与反社会人格障碍不同，其在情绪爆发时难以控制，但在间歇期处于正常时，又常对发作时自己的所作所为感到后悔。不过，悔而难改，每当有新的诱因出现，则会再次爆发冲动。由于不稳定的和反复无常的心境，导致其对行动的计划性和预见性不强，甚至产生自我形象和内在偏好的不确定。

（二）反社会人格障碍

反社会人格障碍，是最易产生违法犯罪的一种人格障碍，在罪犯人格障碍中占25%左右，一般居于人格障碍发病率的第二位。

有反社会人格障碍的罪犯，大都自幼就具有不良习性，常表现为逃课、斗殴、盗窃、出走等。成年后，这些不良习性继续发展，最终导致犯罪行为的发生。他们大多从入狱时，就已经形成了反社会意识，并显示出强烈的自私自利意识，以自己利益为中心，不但为人处事不诚恳、不坦诚，常做出损人利己的行为，也缺少应有的社会责任心，甚至对人冷酷无情，有时甚至六亲不认。在入狱之后，其各种不良行为虽在严格控制下得以收敛，但在受到挫折之后，易受个人情绪或偶然因素的影响，往往会变成狱内的捣乱分子。更为严重的是，这一类罪犯的行为虽严重，但其并无忏悔之心，常为自己的罪行开脱。所以，其属于难以控制的反社会改造分子，且是难以改造、容易又犯罪的罪犯。

（三）分裂样人格障碍

分裂样人格障碍是介于精神分裂症与正常人之间的一种过渡类型，也是罪犯中多发的一种人格障碍，一般占罪犯人格障碍的20%左右。

患有这种人格障碍的罪犯具有以下特点。一是性格内向，与他人疏远、隔离，除非生活、改造不得不与人接触，一般不与人交谈和交往，即使监狱民警找其谈话，也很少说话。常表现出孤僻、独处、退缩、少有乐趣、言行怪异。二是面无表情、情感冷漠，既不关心集体活动，又不关注自己的改造成绩，也不能正常表达自己的喜怒哀乐等情感。三是缺乏毅力，做事常有始无终；没有进取精神，参与任何改造活动都缺乏积极性；多幻觉，好内省，总生活在似与人隔离的世界之中。患有分裂样人格障碍的罪犯，由于缺乏表现自己和宣泄情绪的能力，在监内显得比较安稳，但其病情若得不到控制，极易发展成为精神分裂症。

（四）偏执型人格障碍

偏执型人格障碍以猜疑和固执为主要特点，始于成年早期，一般男犯的发病率要高于女犯，在罪犯人格障碍中占15％左右。

具有这种人格障碍的罪犯在临床上常表现出以下特点。一是过分敏感、多疑和警觉。由于对周围人缺乏基本的信任，对他人的善意常误解为敌意和轻视。二是心胸狭隘、固执己见。不仅对别人的过错长期耿耿于怀，而且听不得他人善意的批评和帮助。三是狂妄自大，自命不凡。一方面，感到怀才不遇，受压制、被陷害；另一方面，面对挫折和失败，常表现出沮丧、埋怨和推诿。这种人格障碍可成为妄想性精神病的病前人格基础。

（五）表演型人格障碍

表演型人格障碍是介于正常人和癔症病人之间的一种人格障碍，多发生于女犯，在罪犯人格障碍中占7％左右。

表演型人格障碍，以过分的感情用事或夸张言行吸引他人注意力为特点，并常有以下临床表现。

（1）情感丰富但不稳定，好感情用事。

（2）以自我为中心，往往以一些夸张性、戏剧性的表演动作引起别人对自己的注意。

（3）意志薄弱，暗示性高，容易受到他人和周围环境的影响。

（4）具有幻觉倾向，容易将憧憬当作现实。

三、人格障碍的矫治

罪犯的人格障碍大多始于童年，并主要是基于某种不健全的先天素质，或受到后天不良社会环境的消极影响而形成的，改变的难度很大。

人格障碍主要表现为自我评价的障碍、选择行为方式的障碍、情绪控制的障碍，其实质是不能根据外部环境的变化，及时调整自己的行为，即我们常说的社会环境适应不良。心理治疗，特别是认知疗法和行为矫正疗法，应该是矫治人格障碍的主要方法。具体包括对罪犯进行适应环境能力的训练，为罪犯提供行为方式指导和选择适当职业的建议，以及帮助其改善人际关系，提高处理人际关系的能力等。考虑到罪犯大多自卑，重视发现并发挥其优点和特长，也是矫治罪犯人格障碍的极为有效的方法。

罪犯的人格障碍是其与环境中的各种消极因素长期相互作用的结果，因此，矫治人格障碍既需要专业的技术，又需要较长的时间，更需要极大的耐心，同时还需要在治疗过程中防止病犯对治疗者产生依赖和纠缠。具有人格障碍的罪犯也常表现出焦虑、抑郁等症状，在对他们进行心理治疗的过程中，也可根据需要临时选用镇静剂、抗焦虑药物和抗抑郁药物等，但应当慎用。

学习任务 5　精神病

一、精神病概述

一般认为，正常心理、神经症或心理障碍与精神病三者之间是继续的或边界的，在行为特征或症状上却是递增的。精神病罪犯的人格较之于神经症或心理障碍者更为紊乱，更少系统性，他们不能区分现实与幻觉，从现实中退却，自囿于一个幻觉的世界之中，无视社会规范的约束，失去了生活的适应能力。精神病是一种严重的心理障碍，罪犯认知、情感、意志等心理活动出现持久的明显异常，不能正常学习和工作，动作行为难以被常人理解，显得古怪、与众不同，具有自杀或攻击、伤害他人行为，有不同程度自制力缺陷，自知力缺失。被判刑入狱对罪犯本身就是一种较大的精神压力，而处在监禁之中还受到来自家庭、前途、改造等方面的困扰，因此，罪犯较正常人更容易患精神病。

精神病人因失去生活适应能力，大多需要住院接受治疗。精神病在治疗，尤其是在康复过程中，虽然也需要心理咨询和治疗，但不是心理矫治的主要适应证。在监狱相对缺乏专业的精神病医生和专业精神病治疗和康复机构，正确、及时地发现精神病犯，并采取正确的监管、治疗措施，对于预防狱内行凶、自杀等具有重要的意义。

二、罪犯中常见精神病

现将较易发生危害行为的精神病介绍如下。

（一）精神分裂症

精神分裂症是一种慢性的重型精神病，是一种原因未明的常见精神病，以精神活动的不协调或脱离现实为特征，患病期自知力基本丧失。在狱内的罪犯精神病中占 0.44%，是精神病中发病率最高的一种。精神分裂症多种多样，其症状几乎包括精神病症状学中的绝大部分，但其核心症状是人格分裂，具体表现如下。

(1) 认知、情感、意志三方面内在活动的统一性受到破坏。在认知方面，有些罪犯出现躯体不适感、头部重压感或体内液体流动感；在情感方面，主要表现为对某些细腻或高级情感体验能力的丧失，该喜不喜，该悲不悲，甚至悲与喜倒错；在意志方面，约半数精神分裂症罪犯表现为意志行为改变和适应能力降低；在思维方面，主要表现为思维逻辑与思维内容障碍，说话东拉西扯，漫无边际，让人听了摸不着头脑。

(2) 个性特征有明显的改变，不爱交际、沉默寡言、怪僻、过敏、神经质、易激惹。

(3) 脱离现实，常有幻觉、幻听、妄想等症状。

精神分裂症多发于青壮年，没有男女性别上的显著差异，一般病程持续较长，且难以治愈。在临床上，精神分裂症可以分为单纯型、青春型、紧张型、偏执妄想型等类型，由于都存在意志行为、情感、思维等障碍，罪犯极容易由这些障碍导致行凶、杀人、毁坏器物等攻击性暴力行为，或自伤、自杀行为，从而对监管安全形成较大的威胁。

（二）情感性精神病

情感性精神病，是一种以情感异常为主要特征的精神病，其特征是周期性的躁狂状态和抑郁状态反复出现，其间有间歇期。

躁狂状态主要表现为情绪高涨、思维奔逸和行动增多。发病时罪犯神志清楚，对客观事物保持辨认能力，而且情绪高涨与其思维内容一致。其主要的心理病理机制是情绪高涨导致自我控制能力的减弱，因而容易导致伤人、诈骗、盗窃等违法犯罪行为。

抑郁状态主要表现为情绪低落、思维迟钝、动作减少等，病犯终日愁眉不展、心事重重，思维缓慢、记忆困难，活动减少、动作迟缓，有时还自怨自责。其主要病理和心理机制是自我感觉水平降低，因而既容易因强烈的悲观情绪导致自杀，也容易在罪恶等妄想支配下，引发自杀，甚至对最亲近的人实施伤害。

（三）偏执性精神病

偏执性精神病，是一种以妄想为主要临床特征的内源性精神病。与精神分裂症偏执型所具有的妄想不同，偏执型精神病的妄想持久而系统，不仅内容有一定的现实性，人格相对保持完整，而且情感反应和行为与妄想内容一致，所以，罪犯仍能保持一定的工作和社会适应能力。

偏执型精神病罪犯，大多有偏执性格，表现为固执己见、敏感多疑，不仅喜欢将自己的罪错归因于外部因素，而且常有"怀才不遇"之感，由此，在狱内人际关系紧张、改造表现一般。发病前，罪犯多受到过来自某一方面的精神刺激，如家庭变故、人际纠纷、改造受挫等。偏执性精神病罪犯因其意志行为受到妄想的影响和支配，容易歪曲现实，严重时甚至失去正常的辨认能力，因此，容易导致伤害、行凶等行为的发生。

（四）反应性精神病

反应性精神病，是一种由超强度的或持久一般强度的精神刺激所引起的精神异常。

在狱内，罪犯因突然遇到不幸、婚姻破裂、子女无人抚育、改造中与奖励无缘、受到惩罚等而导致的精神创伤是诱发该病的主要因素。反应性精神病一般预后良好，很少复发，但在发病期间，罪犯或因意识障碍，或因妄想、幻觉，容易发生自杀、攻击行为。

三、精神病的治疗

生物治疗是精神病的主要治疗方法。但在精神病犯症状已经改善或稳定的情况下，心理干预又是促进精神病犯康复的重要的、不可缺少的措施之一。

临床中建议精神病以早发现、早诊断、足疗程为主，可采用中西医结合，以中药、针灸等方式配合西医治疗，同时以心理治疗为辅。在治疗上需要关注患者的临床症状，了解其伤人和自伤风险，对于风险较大者需要给予强制治疗，对于风险较小者可遵循相关原则与患者商量，并确定治疗方案。对于患者来说，在治疗的过程中需要保持良好的心态，定期复查，根据自身病情进行调节，及时进行心理疏导是预防疾病复发的重要措施。患者需要克服自身的弱点，学会自我调节情绪，可增强抗病能力。

（一）生物学治疗

精神病犯大多失去独立生活能力，因此，需要住院治疗。生物学治疗主要包括使用抗精神病药、外科手术等化学或物理方法。

（二）心理社会干预

目前，社会上针对精神病人的心理社会干预，主要包括认知矫正、行为治疗、技能训练及职业安置等。

精神病犯因人身自由受限，难以参与心理干预，而在监禁改造环境中又不利于监管安全和病犯的康复，因此，可以考虑建立专门的罪犯精神病医院，让罪犯在专门设立的治疗性设施中进行生物学治疗和接受心理干预。

四、罪犯伪装精神病的鉴别和处置

（一）罪犯伪装精神病的"症状"特点

（1）意识状态佯装糊涂，认不清时间、地点、人物，但很注意观察周围环境变化，反应灵敏。

（2）言语思维过于离奇，如装神弄鬼、呼天喊地，自称"神仙附体""才子转世"等。但在谈话时，其思维过程无甚障碍，无跳跃、紊乱现象，前后比较连贯。回答问题时会略加思考，内容显得刻板，回答后又会小心观察对方的反应。

（3）动作夸张、紊乱，挤眉弄眼，装醉汉，甚至吃大小便，故意承受一般人难以忍受的痛苦。

（4）佯装情绪激动、哭笑无常、焦虑恐惧等，缺乏精神病人情感淡漠的特征。

（5）装病罪犯的"病程"长短不定，带有阵发性。往往胡闹一阵后作短暂休息以消除疲劳。而且人多时"症状"明显，晚上和独居时"症状"消失。

（二）罪犯伪装精神病的鉴别标准

1. 有无伪装动机

罪犯伪装精神病总是要达到一定目的，有明显的伪装动机。如果对罪犯伪装的动机不能判明，而且确有精神异常表现，不宜认定为伪装。

2. 有无精神病史

伪装精神病罪犯绝大多数过去精神正常，无精神病史。但也有少数罪犯曾有过精神不正常的历史，便以此为借口，装作旧病复发。此时要综合其他情况做好判别分析。

3. 是否符合精神病的症状表现

精神病罪犯的病程发展和症状组合有其自身规律，并不是由罪犯本身的意志所能决定的。许多精神病罪犯会有兴奋躁动、彻夜不眠、持续拒食等体力消耗很大的症状，是一般正常人无法伪装或难以持久的。

4. 是否有自知力

伪装精神病罪犯有自知力，善于自我保护。精神病罪犯一般缺乏自知力，不会自我保护。

5. 对检查治疗的态度

伪装精神病罪犯害怕检查时露出破绽，尽量回避检查。而且在检查时常常虚张声势，故意把一些极其简单的检查项目做错，如不会数简单的数目等。而精神病罪犯否认自己有病，或拒绝检查，或对检查持无所谓态度，能坦然面对。

监狱民警可以根据上述标准进行初步甄别。确诊精神病还是需要专业知识及相关检查，因此当监狱民警只是怀疑或者不能肯定自己的判断时，应当请精神科医生来诊断。

（三）罪犯伪装精神病的处置

罪犯伪装精神病是诈病的一种。虽然在监狱中伪装精神病的罪犯不多，但是其危害较为严重，不可忽视。

（1）对待精神异常的罪犯，首先应持"疑病从有"的态度。在未证实其诈病之前，都应将其当作精神病人来看待，及时加以疏导和药物治疗，并认真做好包夹控制和情况记录，为甄别真伪精神病提供素材。如果不以科学的态度去对待这类罪犯，而是武断地认定为诈病，并加以简单的训斥甚至惩罚措施，就可能加重罪犯的病情，促使罪犯产生自杀、逃跑、行凶等危险行为，会给监狱工作带来不良影响。

（2）对认定为伪装精神病的罪犯，应当指出其诈病的实质，纠正其逃避改造的错误动机。要加强正面教育，并按监狱有关规章制度处理，促使其诚实接受教育矫正。

操作训练

本单元学习情境任务评析

罪犯陈某案情重、刑期长，减刑和假释受限，改造前景不乐观，服刑前有丰富的社会经历，"起病"前有过精神病人接触史，加上心理素质稳定，具有伪装精神病的动机及能力。故监区心理咨询机构或心理咨询师应首先坚持对疑似病例以无病推论为指导，对所有新发精神病症状的罪犯持怀疑态度，特别是对具有以上特征的突发精神病人更应提高警惕，不轻易下结论。对其症状的观察时间应不少于2个月。此外还必须通过当面接触、外围掌握、书信电话倒查等手段，进一步了解其案情性质、个性特征、家庭背景、既往生活史、以前的精神状况以及生活起居等细节信息，并以客观公正的态度，完整如实地整理归纳以上情况，以此作为精神司法鉴定时的旁证材料。

1. 起病突然，有模仿学习的对象

该犯起病突然，病前没有受到强刺激，没有任何前兆，起病前曾在监狱接触过精神病人，起病时，监区内另一名犯罪嫌疑人正处于精神病发病期。

2. 动机明显，目标明确

该犯系涉黑罪犯，社会阅历丰富，社会关系复杂。据其事后交代，此次伪装精神病是要达到利用监狱遣送罪犯回原籍的机会先调回原籍改造，再让家里人在外边"活动"，继而实现保外就医的目的。

3. 症状"丰富"，但存在诸多疑点

陈某前后共出现过幻听、关系妄想、缄默、摇头傻笑、打人、冬天穿单衣、睡眠紊乱等异常表现。但仔细辨析：该犯住院期间未服用抗精神病药物，却始终意识清晰，记忆力完整，智力正常，经常锻炼身体和看书，平时少语、缄默，回避与其他精神病犯交往，不合群。特别是回避与警官交谈，与医生谈话欲言又止，似乎怕暴露什么。家属来看望时，言语无异常，妄想、幻听内容单一，反复说自己是"革命的后代"，"耳朵里听到声音"，但进一步深究，对细节不能描述，对现实减刑在意。在住院观察前表现有夜间睡眠差，白天时常会打盹，住院后，每天有良好的睡眠，等等，症状存在诸多疑点。

4. 鉴定时间仓促，鉴定依据不全面

精神疾病的鉴定不同于器质性疾病的诊断与鉴定，存在一定的主观性，并且受制于客观条件。目前监狱鉴定精神障碍普遍由专家进监门诊鉴定，存在时间紧、工作量大、问话难以深入、相关辅助检查难以开展的情况。因此，第三方（监狱）提供的旁证材料和信息，已成为精神司法鉴定的重要依据，但由于专业性原因存在日常观察误差等，以及旁证材料组织上可能存在片面性和倾向性。因此，理论上理应"可靠"的旁证材料未必可靠，这也许是导致第一次鉴定陈某顺利过关的原因之一。

5. 精神病诈病确诊存在理论与实践的差距

精神病诈病的认定一般认为只有被鉴定人自己承认伪装的事实后，才可以做出诈病的诊断。第二次鉴定时，虽然经过5个月的观察，收集了大量被鉴定人可能存在诈病的证据，但由于被鉴定人坚决不承认，因此只能得出，陈某目前诊断有精神病的依据不足，目前看似有一些异常言行，但不符合精神疾病的规律，故目前暂不作有精神病的结论。

此后，在押送陈某从监管病区至回监途中，陈某预感事情不妙，情急之下铤而走险，虽然双脚被早有防备的押送小组固定在车座底横杆之上，仍突然起身用戴着手铐的双手试图挟持身前的民警，企图脱逃，被当场制服。

隔离审查期间，陈某负隅顽抗，但终于在第7天意志崩溃，彻底交代了伪装精神病的过程与目的，至此，陈某诈病的诊断才得以最终确立。

思考：

请根据所学知识分析罪犯陈某是否患有精神病？

思考练习

1. 罪犯中有哪些常见心理问题？应该如何调适？
2. 罪犯中神经症的特征有哪些？治疗时应遵循什么原则？
3. 对于有人格障碍的罪犯，可尝试哪些矫治方法？
4. 如何鉴别罪犯是否伪装精神病？
5. 简述精神障碍的症状表现。

REFERENCE 参考文献

[1] 杜雨. 罪犯心理与矫正 [M]. 西安：未来出版社，1985.

[2] 曲啸. 罪犯心理学专题讲座 [M]. 北京：中国政法大学出版社，1986.

[3] 曹中友. 对劳改犯逃跑的预测和预防 [M]. 北京：群众出版社，1986.

[4] 《罪犯改造心理学》编写组. 罪犯改造心理学 [M]. 北京：社会科学文献出版社，1987.

[5] 何为民. 简明罪犯改造心理学 [M]. 哈尔滨：黑龙江人民出版社，1987.

[6] 刘灿璞，何为民，等. 罪犯改造心理学 [M]. 北京：群众出版社，1987.

[7] 曲啸，林秉贤. 罪犯心理学 [M]. 北京：群众出版社，1988.

[8] 曹中友，等. 罪犯改造心理学 [M]. 北京：中国政法大学出版社，1989.

[9] 连春亮，王欣. 剖析罪犯心理的艺术 [M]. 郑州：河南人民出版社，1993.

[10] 阮浩. 罪犯矫正心理学 [M]. 北京：中国民主法制出版社，1998.

[11] 何为民. 罪犯改造心理学 [M]. 北京：法律出版社，2002.

[12] 黄兴瑞. 罪犯心理学 [M]. 北京：金城出版社，2003.

[13] 杨威. 罪犯心理学 [M]. 北京：中国民主法制出版社，2009.

[14] 黄兴瑞. 人身危险性的评估与控制 [M]. 北京：群众出版社，2004.

[15] 贾晓谋. 犯罪与罪犯心理学教程 [M]. 西安：陕西人民出版社，2006.

[16] 陈立成. 罪犯心理障碍——识别与处置 [M]. 北京：群众出版社，2008.

[17] 张雅凤. 罪犯改造心理学新编 [M]. 北京：群众出版社，2007.

[18] 杨诚，王平. 罪犯风险评估与管理：加拿大刑事司法的视角 [M]. 北京：知识产权出版社，2009.

[19] 段晓英. 罪犯改造心理学 [M]. 桂林：广西师范大学出版社，2010.

[20] 马立骥. 罪犯心理与矫正 [M]. 北京：中国政法大学出版社，2013.

[21] 范辉清. 罪犯心理分析与治疗 [M]. 北京：法律出版社，2015.

[22] 管荣赋. 未成年犯不良交往矫正项目研发报告与指导手册 [M]. 北京：中国法制出版社，2018.

[23] 吴晓凤. 女犯心瘾戒断矫正项目研发报告与指导手册 [M]. 北京：中国法制出版社，2018.

[24] 刘洪．暴力犯愤怒控制矫正项目研发报告与指导手册［M］．北京：中国法制出版社，2018．

[25] 吴旭．罪犯再犯危险与矫正需求评估量表研发报告与指导手册［M］．北京：中国法制出版社，2018．

[26] 章恩友．罪犯改造心理学［M］．北京：法律出版社，2021．

[27] 邵晓顺．罪犯心理分析［M］．北京：中国政法大学出版社，2022．

[28] 蔡墩铭．矫治心理学［M］．台北：正中书局，1988．

[29] 吴宗宪．国外罪犯心理矫治［M］．北京：中国轻工业出版社，2004．

[30] 马斯特斯．罪犯心理咨询：第2版［M］．杨波，等译．北京：中国轻工业出版社，2005．

[31] 斯坦顿·萨梅洛．犯罪心理分析：修订扩展版［M］．姚峰，等译．北京：人民邮电出版社，2017．

与本书配套的二维码资源使用说明

  本书部分课程及与纸质教材配套数字资源以二维码链接的形式呈现。利用手机微信扫码成功后提示微信登录，授权后进入注册页面，填写注册信息。按照提示输入手机号码，点击获取手机验证码，稍等片刻收到 4 位数的验证码短信，在提示位置输入验证码成功，再设置密码，选择相应专业，点击"立即注册"，注册成功。（若手机已经注册，则在"注册"页面底部选择"已有账号，立即登录"，进入"账号绑定"页面，直接输入手机号和密码登录。）接着提示输入学习码，须刮开教材封底防伪涂层，输入 13 位学习码（正版图书拥有的一次性使用学习码），输入正确后提示绑定成功，即可查看二维码数字资源。手机第一次登录查看资源成功以后，再次使用二维码资源时，在微信端扫码即可登录进入查看。